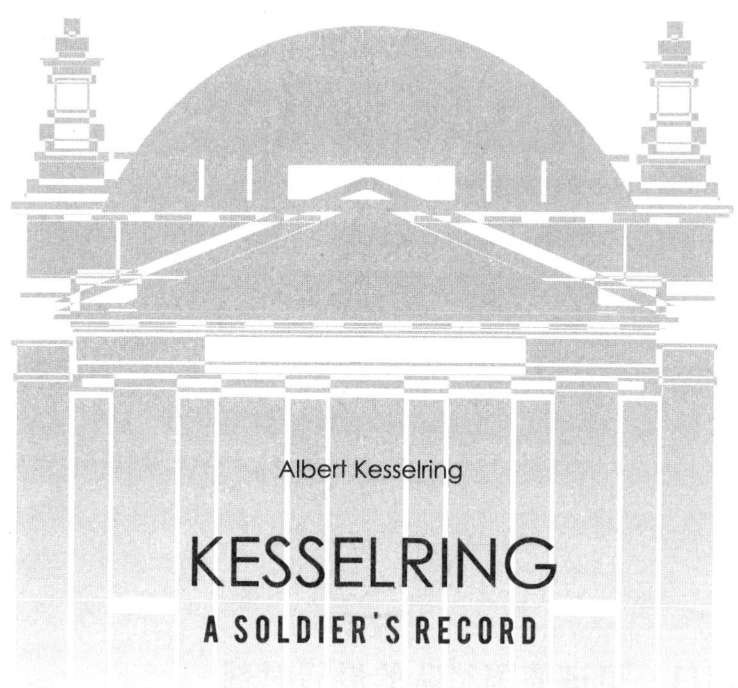

Albert Kesselring

KESSELRING

A SOLDIER'S RECORD

帝国落日

见证德国军队的最后时刻

[德] 阿尔贝特·凯塞林 | 著　夏夜 | 译

·北 京·

图书在版编目（CIP）数据

帝国落日：见证德国军队的最后时刻 /（德）阿尔贝特·凯塞林著；夏夜译．— 北京：文化发展出版社，2020.3（2025.1重印）
ISBN 978-7-5142-2926-4

Ⅰ．①帝…　Ⅱ．①阿…　②夏…　Ⅲ．①军事史—德国　Ⅳ．①E516.9

中国版本图书馆 CIP 数据核字 (2019) 第 296701 号

帝国落日：见证德国军队的最后时刻

著　　者：（德）阿尔贝特·凯塞林
译　　者：夏　夜
出 版 人：宋　娜
责任编辑：尚　蕾
责任校对：岳智勇
责任印制：邓辉明
装帧设计：郭　阳

出版发行：文化发展出版社（北京市翠微路 2 号　邮编：100036）
网　　址：www.wenhuafazhan.com
经　　销：各地新华书店
印　　刷：唐山楠萍印务有限公司
开　　本：710mm × 1000mm　1/16
字　　数：311 千字
印　　张：17
印　　次：2020 年 4 月第 1 版　2025 年 1 月第 3 次印刷
定　　价：48.80 元
I S B N ：978-7-5142-2926-4

◆ 如发现任何质量问题请与我社发行部联系。发行部电话：010-88275710

译者序

本书原名《直到最后一日的军人》，为二战德国空军元帅阿尔贝特·凯塞林（Albert Kesselring，1885—1960）的个人回忆录。在第二次世界大战的德国高级将领中，凯塞林是罕见的全能型军事人才，其长达四十多年的职业生涯之丰富堪称独一无二。他出身炮兵，是纳粹空军的缔造者之一，后来率军在意大利实施了一系列经典的抗登陆作战和山地阻滞战。他成功地指挥过空军和陆军两个军种作战，当过统帅也当过参谋长，管过后勤、财政、基建事务，处理过外交和国际法问题。他的名字和意大利战场乃至整个地中海战场紧紧联系在一起。

早期经历

1885 年 11 月，凯塞林出生于德国南方巴伐利亚一个中产阶级家庭，父亲是拜罗伊特市中学校长。虽然没有传统和尊荣的普鲁士军官家世，但凯塞林自小便立志从军，1904 年完成中学学业后入伍，以见习军官的军衔服役于巴伐利亚陆军第 2 徒步炮兵团[①]，随部队驻德法边境的梅斯要塞，其间参加了炮兵和工兵学院的进修，还完成了气球观测员的训练。第一次世界大战中，凯塞林中尉随团在东西两线都服役过，被授予一级铁十字勋章。但他的前线经历很短暂，大部分时间都担任军部和集团军的副官、参谋。由于表现优异，1917 年，他在没受过巴伐利亚战争学院培训的情况下就被推荐进入德国大总参谋部工作。

---

① 一战中德军炮兵分为野战炮兵（Feldartillerie）和徒步炮兵（Fußartillerie），后者相当于攻城炮兵，装备了陆军所有的重型火炮、大口径榴弹炮和臼炮。

一战结束后，德国进行大规模裁军。凯塞林负责自己所在的巴伐利亚第三军复员安置工作。其间由于与当地自由军团的一位领导人发生争执，被控卷入一起针对第三军指挥官的兵变并被捕入狱，不过很快获释，其后暂时下放到基层，当了两年的炮兵连连长。尽管这段波折被凯塞林本人视为生平最大耻辱，却并未改变他乐观积极的心性。

1922 年 10 月，凯塞林进入魏玛共和国国防部，跻身于“十万陆军精英”一员。1924 年至 1929 年，他任职于部队局，即掩人耳目的德军总参谋部。七年间，凯塞林在国防部多个职位上获得了宝贵的经验和历练，管过军队训练、组织、军需采购、装备研发、人事行政等工作，还负责过精简开支，研习过国际法。这段魏玛共和国军事生涯中尤其值得一提的是，他得到了被称为一战后德国国防军之父的冯•泽克特将军亲自调教和培养，受益匪浅，进步神速。1929 年凯塞林被派到慕尼黑任第 7 军区任首席参谋，次年晋升为中校。短暂回到柏林的国防部后，1932 年在德累斯顿任第 4 炮兵团营长，当年 10 月晋升为上校。

加入德国空军

1933 年年初，希特勒和纳粹党上台，凯塞林个人和他的国家的命运一起迎来历史性转折。为了给侵略扩张铺路，纳粹德国加紧重整军备，重点发展航空和装甲部队。这种形势下，陆军抽调了一批优秀军官到秘密筹建中的空军，其中就包括凯塞林。当年 10 月 1 日，他以平民身份出任德国航空部（即后来的德国空军最高司令部）行政主任，1936 年接替因空难身亡的韦佛将军成为德国空军第二任总参谋长。

和许多陆军出身的军官一样，凯塞林对空军的看法也倾向于负责“提供战术支援，辅助陆军行动”，正是在他任总参谋长期间，德国空军确立了战术空军的定位，取消了四引擎战略轰炸机项目。不久，一个被《凡尔赛和约》所禁止的黑色武装力量一跃成为当时世界上最可怖的空军，不但研发和列装有 Me109 战斗机、Ju87 俯冲轰炸机等先进机型，训练了大批优秀飞行员和技术人员，还组建了伞兵部队，诸如高射炮、探照灯部队等空军地面部队也初具规模。通过历时两年半的西班牙内战，德国空军秃鹰军团测试了新武器、新战术，还获得了无比宝贵的实战经验。此外，凯塞林转入空军后不久便意识到，要管理好飞行员，就必须具备关于飞行各方面的第一手知识。于是，他以 48 岁的高龄学会了驾驶飞机并引以为豪，从此他经常独自驾驶单引擎甚至多引擎飞机视察前线部队，战后据他在受审时声称，二战期间他总共被敌机击落了五次。

1937 年年中，凯塞林主动请辞，后调至德累斯顿任空军第三军区司令，1938 年 10 月 1 日回到柏林任空军第 1 集团军总司令，该集团军自 1939 年 4 月改名为第 1 航空队[①]，负责从易北河到图林根林山的德国东部地区，包括了东普鲁士和对东欧作战。就这样，从事十多年的参谋之职后，凯塞林开始了统帅生涯。

闪击战与不列颠空战

1939 年 9 月 1 日，德国闪击波兰，二战爆发。凯塞林率第 1 航空队支援冯•博克上将的北方集团军群。他主动与后者密切合作，并在许多方面听从博克的安排，适应陆战需要。得益于此，地面部队和空中支援紧密配合，迅速占领华沙，锁定胜局。经此一战，“闪电战”初露峥嵘，而凯塞林也充分发挥出了德国空军作为一支战术空军的灵活性。年底，他荣获骑士十字勋章。

波兰战役结束后，凯塞林原本负责在占领下的波兰新建空军基地和防空系统。次年开年后，第 2 航空队两名军官的飞机误降比利时，导致德国进攻西欧的计划方案落入英法之手。事后，第 2 航空队司令被撤职，其职务由凯塞林接替。西欧战役（也称法国战役）中，凯塞林仍旧支援冯•博克的 B 集团军群，通过进攻荷兰、比利时，为主攻的德国 A 集团军群吸引走英法主力。战役于 1940 年 5 月 10 日打响，由于实力差距悬殊，凯塞林的空军在荷兰和比利时上空占尽优势，十分顺利，但伞兵部队在海牙与鹿特丹遭遇激烈的抵抗。5 月 14 日，为了回应伞兵部队指挥官施图登特将军的援助请求，逼迫荷兰投降，凯塞林下令轰炸鹿特丹。虽然荷兰政府随即宣布投降，但一部分已经起飞的德国轰炸机没有看到取消轰炸的信号弹，完成了投弹，结果在城内引发大火，造成城市严重毁坏和平民伤亡。

到了 5 月下旬，英法联军大势已去，超过 30 万英国远征军被困在敦刻尔克等几个法国北部港口，命悬一线。此时希特勒下令地面部队“停止前进”，阻止英军自海路撤离敦刻尔克的任务落在了德国空军肩上，凯塞林对此表示了反对，他深知麾下部队连日作战，实力已大打折扣，不足以独自消灭英军。事实证实了他的担忧，靠着英国海陆空三军和法军后卫部队的共同努力，九天时间里共 33.8 万联军官兵最终从敦刻尔克撤离，为四年后的大反攻保存了希望的种子。尽管如此，德军在敦刻

① 航空队（德语：*Luftflotte*）是纳粹德国空军最大的指挥机构。

尔克的挫折被西欧战役的大捷所掩盖，7 月 19 日，希特勒在国会大厦大赏群臣，凯塞林越级晋升为元帅。

随着法国投降，大半个欧洲沦陷，纳粹德国的目标转向英伦三岛，计划先由空军夺取制空权，再由陆军渡过英吉利海峡，实施登陆入侵（即“海狮”计划），或者通过轰炸迫使英国屈服。人类历史上第一场战略空战就在这一背景下爆发了。无论对凯塞林还是德国空军而言，不列颠空战都是一种全新的战争形式，它由双方空军独自承担，且毫无先例可循。德军依旧由第 2 和第 3 航空队担当主力，两大航空队共有约 2000 架一线作战飞机（轰炸机、战斗机），占到总兵力的 87%，同时期英国皇家空军只有 656 架战斗机和 467 架轰炸机可用。

不列颠空战第一阶段，德军以封锁英吉利海峡和消灭英国空军为目标，对英国东南部和南部的港口、船队、机场和空军基地展开猛烈攻击。但这次，他们遇上了真正的对手，英国皇家空军虽然数量占据劣势，但装备精良、训练有素，他们携主场之利，奋起反抗，充分利用雷达预警，巧妙地与德军周旋、厮杀，最大程度地化解了进攻。1940 年 8 月的不列颠空战最高潮阶段，德军平均每天出动约 1000 架次，英军每天也达到 850 架次，双方损失都到了难以承受的地步，但英军能更快弥补损失。这时，以“无可救药的乐观主义者”著称的凯塞林犯下大错，由于情报部门严重高估了空战战果，受此误导，凯塞林以为消灭了敌人有生力量，遂大力支持希特勒的要求，力劝戈林将攻击重心从英国空军机场转向伦敦（而第 3 航空队总司令施佩勒元帅则表示了反对）。不列颠空战进入第二阶段，德军策略上的转变给了英国战斗机部队喘息之机，虽然德军自 9 月 7 日开始集中轰炸伦敦，却总是遭遇源源不断的英军战斗机拦截，以至于后来，轰炸机不得不转入夜间出动。9 月 17 日，希特勒宣布“海狮”行动无限期推迟，标志着德国空军输掉了这场争夺制空权的战争。虽然对英国的夜间轰炸和白天的袭扰持续到次年春季，但强度不断减弱。德国空军为这场战役付出了巨大的代价，按照德方统计，在战斗最激烈的 7 月到 10 月，超过 2000 架飞机永久报废，其中战斗损失约 1400 架。

在回忆录里，凯塞林心有不甘地将德国空军的失利归咎于希特勒对入侵英国三心二意、犹豫不决，导致缺少一个明确而长远的作战计划。由于历史局限性，他不知道，他的军队作为一支战术空军，不具备消灭英国空军的优势，更不可能征服拥有巨大战争潜力的英国。

入侵苏联

为了掩盖入侵苏联的意图，凯塞林奉命率第 2 航空队暂时留在法国，继续同英国空军对峙。直到 1941 年 5 月，航空队主力才挥师东进。6 月 22 日，苏德战争爆发，凯塞林负责为中央集团军群提供空中支援，这意味着他回归到最擅长的闪电战和对地支援任务。开战之初，第 2 航空队通过攻击机场，给了苏联空军近乎毁灭性的打击，随后顺利占领制空权，配合陆军向纵深不断推进，自身也取得了惊人的战果，至 6 月 28 日声称在空中和地面摧毁了 1500 多架敌机。6 月至 11 月间投弹量超过 2 万吨。由于巨大的空中优势，凯塞林也有恃无恐地多次亲自驾驶侦察机，飞临前线视察。

在战略方向上，凯塞林与中央集团军群司令冯•博克意见相同，认为应该直取莫斯科，向北或向南分兵都是错误。基辅合围战胜利结束后，德军重新转向莫斯科方向。10 月，第 2 航空队直接支援了德军对苏联首都的最后进攻，即“台风”行动。但随着严冬的到来，陆军举步维艰，虽然 10 月中下旬还能在维亚济马包围圈歼灭 60 万苏军，但已近强弩之末。莫斯科地区强大的防空系统也令德国空军蒙受了巨大损失。到 12 月，“台风”行动以失败告终。

当意识到莫斯科战役会拖到冬季，凯塞林立即为第 2 航空队订下了相对充裕的冬季物资，希望确保空军官兵们能安稳过冬。他本人并未看到兵败莫斯科的结局——1941 年 11 月底，凯塞林被调离东线，转到地中海战场。

抱憾马耳他

1941 年 11 月，凯塞林升为德军南线总司令，带着第 2 航空军（原属第 2 航空队）转调意大利。此时在北非，英军刚发动一场反攻，德意联军边战边退，补给尤其吃紧，这主要源于英国海军和空军对海上运输线的封锁。而凯塞林的主要任务就是夺回轴心国在地中海的主动权，为在北非作战的德军提供后勤保障和空中支援。

在职务上，凯塞林直接向德国国防军最高统帅部（OKW）负责，而隆美尔及其非洲军团名义上直属于意大利驻利比亚总督巴蒂斯柯元帅，再上一级是意大利最高统帅部，不受凯塞林直接管辖。在回忆录里，凯塞林对德意联军这套双重甚至多重指挥系统腹诽颇多。这一阶段，他必须运用高超灵活的社交和外交手腕周旋于希特勒、意大利军方和隆美尔之间，这方面，他处理得体，同上到墨索里尼、意大利总参谋长卡瓦莱罗，下到部队指挥官的意大利军队都建立了良好的合作关系，屡屡在他们与冲动的隆美尔之间充当调解人和润滑剂的角色。

为了满足德意非洲军的战争资源需求，凯塞林努力地组织和保护意大利至北非的护航船队，成功建立起局部空中优势。他以敏锐的眼光，从一开始便认识到英军基地马耳他对于整个地中海战场的至关重要的战略地位，派空军猛烈空袭该岛，一度使英军无力出动战舰与飞机打击轴心国船队。得益于此，隆美尔的补给情况大为改善，遂于 1942 年 1 月从利比亚的欧盖莱发动反攻，顺利夺取班加西和加扎拉，经过 5 月底的加扎拉之战，于 6 月 21 日攻占图卜鲁格要塞，到达军事生涯的巅峰。

凯塞林同意意大利人的观点，主张一劳永逸，占领马耳他，从而确保北非的交通和补给线畅通。为此他积极策划和推动了登陆和夺岛计划，即“仙武座”行动[①]。希特勒和意大利最高统帅部却犹豫不决、顾虑重重。事实证明，空袭只能暂时压制马耳他作为英国海空军基地的功能，却无法摧毁之，况且德意两军的战机数量有限、损耗巨大、缺乏配合，英军军力却在迅速增长，因此制空权得而复失是必然的。

当夺岛行动相继同隆美尔攻打图卜鲁格要塞和进军埃及的计划发生冲突，德意两军的统帅部舍前者而选择后者，这等于宣判了夺岛行动的流产。英国则凭借强大的海上力量，顶住了巨大的损失，坚持为马耳他提供补给，始终把控着这一战略要地。整个地中海战役期间，盟军以马耳他为基地，击沉了超过 70% 的意大利运输舰和 23% 轴心国商船舰队，切断了德意军队的补给线，直接导致轴心国兵败北非。凯塞林后来在回忆录扼腕叹道：

意大利在战役初期错失良机，未能占领马耳他，终以一着不慎、满盘皆输之名载入史册。

凯塞林虽然对于高层的决定表示了反对，甚至和隆美尔就“进攻马耳他还是埃及”的问题爆发过争执，但乐观的天性、低劣的情报令他也对形势估计不足。加扎拉战役中，他从希腊、西西里岛调来了原本为马耳他准备的空军和空降军，全力支持隆美尔，甚至在非洲军军长被俘，而隆美尔冲上前线、暂时失联的情况下，应众人请求，代理指挥了非洲军。当年 7 月，凯塞林被授予双剑饰骑士十字勋章。

1942 年 10 月，轴心国兵败阿拉曼（一个重要原因正是补给的恶化），战役关键

---

① “仙武座”行动（Operation Herkules）在意军代号为 C3。

时刻，凯塞林飞抵前线，认清了形势，指示隆美尔不必顾忌希特勒要求坚守战线的命令，他不惜先斩后奏，以南线总司令的名义授权后撤，这在很大程度上避免了轴心国军队在阿拉曼就遭到灭顶之灾。

突尼斯和西西里战役

1942年夏秋，希特勒一度考虑用凯塞林替换国防军最高统帅部部长威廉•凯特尔，可见他对前者十分器重，只是此事终因地中海战区离不开凯塞林而作罢。不久后凯塞林被授予除了非洲装甲集团军之外的北非和地中海地区所有德国海陆空军的指挥权，以应对盟军在地中海或者南大西洋沿海的登陆。从此，拥有实际兵权的凯塞林逐渐释放出过人的指挥才干，成为地中海战场上盟军最敬畏的对手。

1942年11月8日，盟军发动“火炬”行动，兵分三路，登陆摩洛哥、阿尔及利亚。由于地属维希法国的殖民地，凯塞林无法提前布防，但也早有准备，他迅速做出反应，调兵遣将。结果，一支弱小的德军不但设法在突尼斯建立起抵御西边盟军的桥头堡，还成功反击，将桥头堡向西推进。12月，阿尼姆上将指挥的德军第5装甲集团军在突尼斯成立。轴心国稳固了防线，一度占据了主动权。

凯塞林看准了美军初来乍到，羽翼未丰，希望阿尼姆主动出击，将敌人赶出北非，同时他也希望在东边的非洲装甲集团军能尽可能拖住蒙哥马利的英国第8集团军。这样一方面能保住利比亚，稳住意大利盟友的军心，一方面能阻止东西两端的盟军会师。令他大失所望的是，隆美尔并不理会他和意大利军方高层的命令，向着突尼斯一撤千里，最终在马雷斯防线稳住阵脚，与英国第8集团军形成对峙。另一方面，隆美尔的后撤给德军带来内线优势。1943年2月，德军在卡塞林山口（Kasserine Pass）突然发动进攻，重击了美军。但由于隆美尔和阿尼姆两人协调不力，这次进攻虎头蛇尾，无疾而终。轴心国彻底大势已去，随后在盟军的总攻下防守全面崩溃，至5月13日投降，约25万德意官兵成为俘虏，如此灾难性的后果仅次于斯大林格勒战役。即便如此，凯塞林还是在突尼斯成功拖住了盟军6个月的时间，将其阻挡在欧洲之外。

早在1943年初，凯塞林和德军高层就开始思考盟军在地中海的下一步动作，是登陆法国南部、巴尔干地区，还是撒丁岛、西西里岛等意大利周边岛屿、南部沿海地区，或者直取罗马？凯塞林凭借战略眼光和老到的经验，准确把握住盟军保守的心态和高度依赖空中掩护的习惯，排除了具有重要战略价值但风险极大的法国、罗马等地，重点布防了意大利诸岛和南部沿海。后来的萨莱诺登陆、安齐奥登陆，他也以类似的思路猜中了敌人意图，用他战后的话说：“基于盟军过往的策略，衡量各种可能性对我而言并不复杂。”

西西里登陆前夕，德军在该岛部署了2个师，在意大利南部预备了2个师。由于岛上的12个意大利师士气低落、战斗力低下，且盟军拥有压倒性的海上和空中优势，凯塞林很清楚，以轴心国的实力，如果不能在敌人最脆弱的登陆之初一举击败之，那么西西里岛是守不住的。入侵登陆两天后（7月12日），他亲自飞赴西西里视察，见到意军的防御濒临崩溃，不过他最担心的情况：盟军以二次登陆切断德军退路，这看似也不太可能发生，因而当务之急是拖延盟军的推进，为撤退争取时间，为此他调来2个预备师增援西西里，连同高射炮部队一起归入第14装甲军，军长胡贝出色地完成迟滞战的任务。盟军虽然在海陆空三方面占尽优势，一直到8月17日才完全占领西西里岛，此时岛上约4万德军、6万意军已经带着全部重型装备，以近乎完整的建制，经墨西拿海峡全身而退，上演了一出轴心国版的“敦刻尔克奇迹”。

绝境逢生：意大利投降和萨莱诺登陆

随着战火烧进国土，墨索里尼的统治风雨飘摇。德国方面担心意大利将退出战争，甚至倒戈一击。为了应对这种局面，隆美尔奉希特勒之命，屯兵意大利北部，凯塞林则被视为亲意派而受到冷落。这也是德军内部在意大利战场的战略问题争执不下的直接体现。基于半岛地形和对意大利人的不信任，以隆美尔为代表的一派认为包括罗马在内，意大利南部和中部都不可守，应该主动放弃，依托亚平宁山脉建立防线，死守意大利北部。因为盟军携兵力优势，只要在意大利纵深实施一两次两栖登陆，再配合意大利军队从背后捅刀，在南部的德军就成了瓮中之鳖，与其这样白白牺牲掉，不如节约下来，用在更有价值的地方。凯塞林提出了强烈反对，他的观点是：防守罗马以南既是必要的，也是可行的。因为盟军不敢超出陆基战斗机作战半径，而德军如果过早地将这片地区拱手相让，不但无法节约人力物力，南德、奥地利乃至巴尔干更是直接暴露于从意大利起飞的盟军空军轰炸范围内。

1943年7月25日，西西里激战正酣时，墨索里尼在政变中倒台并被囚禁。以巴多格里奥元帅为首的新政府暗自同盟军接洽、媾和，同时为了瞒住德国，连意大利国王都亲自向凯塞林保证，会继续并肩作战。但很明显，意大利投降只是时间问题。

1943年夏天，凯塞林面临的局面前所未有的复杂、险恶。军事上，他要防御盟军登陆，还要时刻提防意大利倒戈，做好解除其武装的准备；政治上，不但要利用过去积累的人脉同意大利人周旋，还要同希特勒和最高统帅部周旋，甚至同隆美尔争夺权力。以至于到了9月8日，盟军登陆萨莱诺，而意大利正式宣布投降，凯塞林反而有解脱之感。就在同一天午后，盟军带着意大利方面提供的情报，准确轰炸了凯塞林位于罗马郊外的司令部。凯塞林虽幸免于难，也是焦头烂额，从最高统帅部作战处长约德尔的电话里才得知意大利投降的消息。当时连希特勒和德军最高统帅部都做好了放弃凯塞林的军队的心理准备。不过，由于盟军和意大利互相猜忌，德国人最害怕的事——直取罗马，截断凯塞林的军队退路——并没有发生。

凯塞林在第一时间按计划启动了解除意军武装的“轴心”行动。面对当地五个意大利师，两个德国师在短短两天时间里控制了罗马，迫使城内意军投降，双方没有发生特别激烈的武装冲突。肃清后顾之忧后，凯塞林向辖区内意军宣布，只要放下武器回家，概不追究。这正好顺合了意大利士兵普遍厌战的心理，他们果然乖乖听话，没有给德军制造太多麻烦。隆美尔负责的北方则截然不同，除非加入德军作战，意军皆被送至德国强迫服劳役，其中有不少人逃走后在当地组织起游击队活动，后来令德军吃尽苦头，凯塞林也在处理游击队问题上吃了大亏。

在萨莱诺登陆场，德军也是反应神速，反击凌厉，一度占了上风，以至于美国第5集团军司令克拉克竟然萌生从海上撤退的想法，最后靠着海军强大的舰炮支援才算瓦解了德国人的反击。9月16日，美第5集团军同配合登陆的英国第8集团军会合，功亏一篑的德军稳步后撤。

之后，德军按照凯塞林的部署，充分利用秋冬的雨季、泥沼、山川等天然屏障，实施了一系列山地迟滞战，分阶段撤往一些外围防线，同时抓紧时间，加固名为“古斯塔夫”的主防线，该防线位于罗马以北约100公里，东西横贯整个亚平宁半岛，以防线正面西段的卡西诺山为核心，四周崇山峻岭，山下是利里河谷和直通罗马的公路，德军依托天险精心构筑防御工事，布设了严密的雷区。盟军一直被拖到1943年11月才向外围防线发动进攻，年底逼近古斯塔夫防线。

由于凯塞林的出色指挥，希特勒确定了长期坚守意大利的战略。1943年11月，他解散隆美尔的B集团军群，将驻意德军合编为C集团军群，交由凯塞林统一指挥。其中，第10集团军的15个师坚守罗马南边的“古斯塔夫”防线，第14集团军8个师驻防意大利北方。

巅峰之作：卡西诺和安齐奥战役

经过岁末年初短暂的僵持和休整，1944 年 1 月上旬，盟军打响了进攻古斯塔夫防线的战斗，初步取得一些成功。德军第 14 装甲军军长请求支援。经过一番考量，凯塞林于 18 日决定从罗马地区调走两个用于抗登陆的预备队。22 日凌晨，美军第 6 军轻松在罗马南边的安齐奥海滩登陆。2 天后，美军第 36 师试图渡过拉皮多河，由此开启了对“古斯塔夫”防线新一轮大规模攻势。

虽然有些措手不及，凯塞林凭借早先制定的机动防御预案，在美军登陆当天以惊人的反应速度从意大利北部调兵遣将，增援安齐奥。与此同时，面对区区两个营的德军，美军第 6 军过于小心谨慎，不急于向内陆突破，反而滞留滩头、稳固防守。结果，仅仅过了 24 小时，飞速赶来的德军就用炮火封锁了通往罗马的六号公路，初步摆脱了腹背受敌的危险局面。三天内，一个稳固的防御体系成形：第 14 集团军（8 个师）围困安齐奥滩头；第 10 集团军继续固守古斯塔夫防线。

凯塞林渴望将被困在滩头的敌军赶下海，但心有余而力不足：德军第 14 集团军群于 2 月两次反击，在盟军猛烈舰炮和空中打击下功败垂成，双方一时陷入僵持。与此同时，为了突破“古斯塔夫”防线，盟军在三个月里三次攻打卡西诺山，付出惨烈的伤亡代价，甚至不惜用轰炸机将山顶一座有着上千年历史的修道院夷为平地[①]。即便如此，德军第 1 伞兵师仍然牢牢扼守卡西诺，该师的顽强甚至赢得了敌人的尊重。

盟军统帅哈罗德•亚历山大元帅加强力量、调整部署，于 5 月 11 日发动代号为“王冠”的总攻（此战也被称为第四次卡西诺之战），以 15 个师对德军 4 个师。经过苦战，擅长山地战的法国远征军最先在德军侧后取得突破。不久古斯塔夫防线右翼几乎完全暴露，凯塞林急调来第 14 集团军的几个师，但于事无补，他除了决定全面撤退别无选择。在他亲自催促下，第 1 伞兵师于 17 日不情愿地撤离了“他们的卡西诺”。至此，曾经阻挡了盟军 7 个月之久的“古斯塔夫”防线终于土崩瓦解。

5 月 22 日夜晚，美军第 6 军也从安齐奥滩头发起进攻，不久，在齐斯泰尔纳镇方向形成突破，随后与古斯塔夫防线正面的美军主力先头部队会合。此时整个 C 集团军群都岌岌可危。然而美军第 5 集团军主帅克拉克急于争夺解放意大利首都的功名，

---

① 盟军以为德军必然会利用这处制高点作炮兵观察哨。事实并非如此，德军反而派宪兵把守和警卫，防止散兵擅自进入修道院，而且提前将修道院里部分文物转移给梵蒂冈教廷保管。更弄巧成拙的是，修道院被炸毁后，德军反而放心地利用废墟做掩体。

命令第 6 军主力调头向罗马挺进，从而浪费了围歼德军两个集团军的大好机会。6 月 4 日，克拉克的军队进入不设防城市罗马，而凯塞林的军队则逃过一劫，安然后撤。一个月后，凯塞林被授予代表最高军事荣誉的钻石饰骑士十字勋章，以示对他出色指挥的嘉奖，而卡西诺—安齐奥战役成为凯塞林最负盛名的一战。

结局

以罗马易手为标志，意大利战役最激烈的篇章结束了。自诺曼底登陆后，地中海变为次要战场，无论凯塞林还是亚历山大，都被抽调走了不少精锐之师。凯塞林继续带领自己被缩编的军队依托亚平宁山脉，分阶段北撤。10 月下旬，他视察前线时因交通事故重伤，治疗休养了三个月。1945 年 1 月 15 日重返意大利。

3 月，莱茵河上的雷马根大桥失守，希特勒撤了西线总司令伦德施泰特的职务，换凯塞林来救急。此时大局已定，盟军和苏军正从东西两面势不可挡地挺进德国，凯塞林注定回天乏力，他只能竭力组织德军撤回莱茵河东岸。4 月，美苏两军易北河会师，将德国拦腰截断。凯塞林接管了南半边，防区除了南德、奥地利，还涵盖了意大利北部、巴尔干、东线南部。为了给东线尤其是南斯拉夫的德军留下退路，他严禁在意大利北方的老部队 C 集团军群提前向亚历山大投降。5 月 6 日，凯塞林代表南边的德国武装力量宣布投降，他本人于 9 日在奥地利萨尔茨堡向美军第 101 空降师投降。

战后，凯塞林辗转于多个战俘营，并在纽伦堡国际军事法庭审判戈林时出庭作证。1947 年 2 月，他在意大利威尼斯一个英国主持的军事法庭受审，对他的指控主要是两项：“阿尔代蒂涅（Ardeatine）屠杀案”和煽动德军杀害意大利平民。前者指的是，1944 年 3 月，罗马的游击队炸死了党卫队的 33 名警察。事后希特勒要求按死者人数的 30 到 50 倍报复，凯塞林和时任第 14 集团军司令马肯森稍后决定将比例降到 10 倍，并找死刑犯充数，但执行命令的帝国保安局官员没有凑够足够的死刑犯，于是拉了十几名犹太人、平民和战俘凑数，将总共 335 名意大利人在罗马郊外的阿尔代蒂涅山洞里杀害。

牵涉该事件的马肯森和梅尔策（时任罗马城防司令）以及凯塞林都被判处死刑。消息传出后，不仅德军老兵群体群情激愤，连英国国内也出现了质疑和抗议之声。丘吉尔就批评量刑过重，还进行了干预。凯塞林在地中海战场的老对手，时任加拿大总督的亚历山大元帅致电首相艾德礼，表示凯塞林和手下的战士们打仗“顽强而干净”，亚历山大还在自己1961年出版的回忆录里称赞凯塞林在“错误情报导致的绝境中表现出全身而退的杰出才能”，持同样观点的还有曾任英国第8集团军司令的奥利弗·利斯爵士。

凯塞林、马肯森和梅尔策后来都减为无期徒刑，后者于1952年2月在狱中病逝。马肯森和凯塞林都于同年10月获释。被关押期间，凯塞林接受了美国陆军战史部的合作邀请，撰写了自己对意大利和北非战场的研究，同时还秘密撰写个人回忆录。1960年7月16日，74岁的凯塞林因心脏病发作，病逝于德国巴德瑙海姆（Bad Nauheim）。

值得注意的是，凯塞林作为一名职业军人，和许多德国将领一样，对政治缺乏深刻的认识，沉湎于德军的战功和“战斗精神”，以“军人的忠诚与无条件服从命令”为理由为自己和德军开脱，对纳粹和德国军队在战争中犯下的罪行，往往采取美化和申辩的态度。例如以《凡尔赛条约》的受害者自居，为德国侵略捷克斯洛伐克、波兰、苏联寻找借口，尤其出于意识形态理由仇视苏联。在二战的最后阶段，凯塞林坚持不投降的最大目的就是为了让东线德军尽可能地撤回到英美占领区，恐怕他心里也很清楚德军对苏联人民犯下了罄竹难书的罪行，必然遭到现实和历史的审判。在进驻意大利之后，德军杀害了大量游击队和平民，作为指挥官，凯塞林负有不可推卸的责任，很多意大利人认为他的名字是德军恐怖统治的代名词。正如二战中意大利反德运动领导人的皮耶罗·卡拉曼德雷伊反法西斯主义诗作《耻辱的纪念碑》所说，如果凯塞林重返意大利，他会看到拿起武器反抗恐惧的意大利战士们组成的纪念碑。这些问题是读者在阅读中必须注意加以分辨的，也是必须加以批判的。

自序

1952 年 10 月 23 日，我终于结束牢狱生涯，不久后被完全赦免。铁窗内的年月成为我参悟生命真谛的必经之路——那些年里，我终于有时间反躬自省，时至今日仍为之感慨良多。那些年里，往事一幕幕在脑海萦绕不去，我便想理清关于昨日的思绪，希望能借此看透今日，把握明日。

被羁押一年后（我先后辗转于卢森堡附近的蒙多夫美军监狱和纽伦堡战俘营。在那里，我们这些犯人只能私下里看几眼美国陆军官报《星条旗》），我从 1946 年年中开始研究战争史。此外，得益于多国的报刊书籍，我对时事动态有了较为深入的了解，熟知了美、英、法、瑞士、意大利以及少量苏联的思潮。处于控制下的德国媒体几乎提供不出这样的资讯。所以我很感激这些丰富多样的外国报刊，有了它们，我才得以在与世隔绝的地方获取了所有感兴趣的资讯，而且我认为报道也相当准确。然而，还是有很多阅读体验不太尽如人意。新闻、社论若不追求实事求是就成了一纸空文，可许多“如实”报道读起来实在令人难受。

国外许多风云人物基于个人回忆，极尽详尽之能事地呈现出他们视角下的历史，而德方主要参与者的回忆却难觅其踪。结果，历史研究缺失了最基本的材料。如果能知道一项决策在这样或那样的局面下被取舍、被采纳的缘由、方式以及决策者大大小小的动机，许多历史学家一定会大喜过望。

有鉴于此，我决定提笔尽我绵薄之力。我试着只讲述这些事件，它们或者与我切身相关，或者属于我或多或少能理解当时发生了些什么的情形。

我将尽我所能写下的，是当时相遇的那些人和事。当然我也知道，无论多么力求客观，仍会不可避免地带有些许主观倾向，至少会留下主观之嫌。但我不会让读者指责我在试图证明自己永远正确。人非圣贤孰能无过，我会坦陈今日所认识到的过错。一个活了大半辈子的人理应鞠躬自省、坦白认错，不能推卸责任。此类作品首先就要求作者开诚布公，换言之，心甘情愿地如实写明当时当地所思所为。时至今日，回避这种责任的行为屡见不鲜，但不代表我就能理直气壮地循着先例明知故错。

如果读者希望理解我的所作所为，容我先简述个人背景。短短一则概况或许更能揭示戎马生涯绝不仅仅是“笑对千军万马”，这一生意味着身心的殚精竭虑，意味着一份沉甸甸的责任。

阿尔贝特•凯塞林

目录

第三章　无条件投降始末和我的审判

第一章

第一次世界大战与和平年代

1904–1941

一　巴伐利亚皇家陆军和魏玛共和国国防军 1904—1933

- 慕尼黑的早年时光。
- 巴伐利亚徒步炮兵团。
- 1917年与俄国签订停战协议。
- 巴伐利亚第二军、第三军参谋。
- 1918年停战工作：组建自由军团和边防部队。
- 1922年进入魏玛共和国国防部。

我并非生自军人世家。祖上曾建立过抗击阿瓦尔人[①]的切泽尔林希（Chezelrinch）部，后来在今天的奥地利南部一带继续同匈牙利人作战，自里特尔·乌斯卡勒斯·切泽尔林希（生于1180年）开始冠以此姓，从此凯塞林家族逐渐在德国南部、阿尔萨斯和瑞士边界一带繁衍生息，以骑士、贵族和牧师等身份受到尊重。不过我这一脉自16世纪开始定居于下弗兰克尼亚地区[②]，以务农、酿酒和葡萄种植业为生。几支旁系涉足教育行业，其中就有家父，他是拜罗伊特市教委会里的镇议员。

我随着一个大家族，先后在菲希特尔（Fichtelgebirge）山区的文西德尔（Wunsiedel）镇和拜罗伊特市度过了童年，1904年开始就读于拜罗伊特当地的传统文法学校。我从没操心过职业方向，因为从小便立志从军并为此而奋斗，如今回想起来，可以说军队就是我毕生唯一归宿。由于非军官家庭出身，我没有成为军校生，而是由巴伐利亚第2徒步炮兵团团长提名为列兵衔见习军官志愿兵，由此开启了军旅生涯。我

---

① 阿瓦尔人（Avar）为公元6世纪到9世纪生活在东欧一带的游牧民族，最强盛时统治版图从伏尔加河一直延伸到奥地利，10世纪中期被后来的神圣罗马帝国皇帝奥托一世打败。（本书注释除特别注明以外，均为译者所加。）

② 德国历史地名，包含了今日德国中南部的巴伐利亚、图林根和巴登－符腾堡地区。

在该团一直服役到1915年，仅在军事学院（1905—1906）和炮兵学院（1909—1910）接受培训期间呆在慕尼黑。

炮兵团的补给站设在梅斯（Metz），这座边塞要地为朝气蓬勃、胸怀大志的士兵们提供了最佳训练场地。那里没有未经充分检验的新武器，训练非常严格。黑泽勒（Haeseler）精神与国境线上的地理位置意味着一切以效率优先。此外，在阿尔萨斯和洛林，德国人与当地人之间的血脉亲缘助长了德意志民族统一化的观念。我们常常重访普法战争、科隆贝－努伊利战役（Colombey-Nouilly）、马斯拉图尔战役（Mars-la-Tour）、圣普里瓦/格拉韦洛特战役等战地遗址，还去过边境线对面的色当，先烈们的牺牲精神令我们肃然起敬，这种敬意绝非廉价的穷兵黩武。

梅斯及周边的风景对于那些多情的同伴别有一番吸引力，谁能对摩泽尔两岸山坡那繁花似锦的春光无动于衷，又有谁能忘怀漫步于葱茏的山林、布伦沃塔尔（Bronvauxtal）和蒙沃塔尔（Monvauxtal）的那份心旷神怡呢？我们之中有谁会忌恨一些法国人坐拥南锡或蓬塔穆松（Pont-à-Mousson）如诗如画的美景呢？我们只需向摩泽尔河畔帕尼（Pagny-sur-Moselle）的海关人员呈上名片就能入境法国，对方会热情洋溢地祝福“旅途愉快”，返程时还会亲切询问：“噢，旅途愉快吗？”那时我们俨然置身欧洲大家庭中。

1911年风云突变。最单纯的出境也要上报柏林和巴黎。高层外交关系紧张，导致下面常因误会而发生不愉快的冲突和风波。自那时起，要塞警戒愈发频繁，偶有几次，警报响起，我所在的炮兵连必须拖着炮弹，火速冲向摩泽尔河畔阿尔斯的克龙普林茨堡垒做好准备，这座设在梅斯西边的堡垒距离国界线只有一步之遥，争分夺秒无疑必不可少。我们基层军官常常就色当突然爆发交战的假设展开辩论，届时在梅斯的我们恐怕未必一定能先下手为强，拿下法军。

1904年我入伍时，巴伐利亚第2徒步炮兵团是一个要塞炮团，我们训练过从3.7厘米转膛炮到28厘米迫击炮的各式炮弹的操作，但主要科目是装甲炮，因为它吻合快速机动这一训练目标。我们学过精准炮击，甚至包括远程火力；使用过侦察单位、观测单位和联络单位的新式装备，其中就包括深深吸引我的观测气球。我最喜欢自由气球，它不像系留气球，后者遇大风天气甚至简单的越野飞行都能颠簸到天旋地转翻江倒海，我很快切身体会到，必须有一个强大的胃才能干这行。

要塞炮兵是围绕机动的“野战军重炮部队”而组建的，这套组织被归功于德皇威廉二世和兵种总监冯·杜立茨。在团里，我首次为一项重大革新做出贡献，但创意主要来自长官，尤其来自足智多谋的巴伐利亚要塞炮兵旅旅长里特·冯·赫恩将军。不过，若非1914年军队积极配合，这些决定性的新式重型火炮也不会得到应用。但这不意味着战争——如果在所难免——会等我们好整以暇。战争打乱了和平时期正常的武器研发进度，还缩短了武器应用所需的组织准备和心理准备时间。

若非一战爆发，重型火炮会被某些军方人士视同累赘。我记得 1914 年第六集团军总司令从洛林转移到比利时期间断言"如今战争前景光明，我们再也不想用重炮了"。

自那以后，我常发现，但凡没能突破成见的发明都会被不假思索地拒绝。传统思维的影响力何等根深蒂固，连最睿智的人也未能免俗，这实在发人深省。

按照巴伐利亚战争部的要求，见习军官得到委任前必须通过完整考核，还要随团或在战争学院度过一段漫长的（相对其他限制条件）培训。只有进入军事学院和总参谋部才会接受普鲁士的培训体系，不过第一次世界大战前的巴伐利亚，军事学院的深造同样是进入总参谋部的必经之路。这套制度有利有弊，一战期间出现的军官短缺导致变更势在必行，但有志者在得到军官委任前若能接受更为充分的培训，对他本人总有裨益。到了魏玛共和国时期，军官的培训学时得到了明智的大幅度延长。

1914 年 7 月我正在格拉芬沃尔（Grafenwöhr）随团参观炮兵射击场，奥匈帝国突发的悲剧给后半段行程蒙上了战争阴影。"马上要打仗了"的消息抢在总动员令下达前就不胫而走，使得我们的炮兵连也早早部署在西线占领区内的梅斯要塞。从那时到动员初期，驻梅斯的战斗部队转移和武装一气呵成，参谋战备工作之出色可见一斑。

我随团在洛林一直呆到当年年底，元旦前夕才调赴第六集团军战区内的巴伐利亚第 1 徒步炮兵师，担任师长副官。1916 年我又担任了巴伐利亚第 3 炮兵师的师长副官，随该师参谋部一直呆到 1917 年年底。

从这一岗位调离后，我便进了总参谋部，作为参谋军官在东线服役，后来以巴伐利亚第 1 后备师参谋部代表的身份在多瑙河沿岸参与了同当地俄军的停战谈判。同我打交道的俄方人员也是一位参谋，一名医务部队的将官在一旁翻译。其间两件事令我印象深刻，一是谈判团对于堑壕战战术格外感兴趣；二是被派来介入谈判的俄国士兵委员会，士兵们稚气未脱、文化程度低，却对谈判议程指手画脚、趾高气昂，仿佛凌驾于军官之上。当时我觉得这种事在德军绝无可能，可不到一年后就改变了看法：1918 年科隆的个别部队与俄国革命分子何其相似！但是抛开这些难堪的回忆，值得庆幸的是至少历史没有在 1945 年重演。

1918 年，我作为参谋随第六集团军司令部驻里尔。在巴伐利亚陆军第二军和第三军时频频接触到巴伐利亚王储鲁普雷希特（Rupprecht）。我们会轮流受邀与他共同进餐。那种场合下，话题都围着王储转。从政治、艺术、地理、历史到治国安邦，他门门精通，唯有参悟军事的水平令人无从知晓，因为相关典故一律被谨慎地避而不谈。第二次世界大战期间，我们这些“内幕知情人士”时常在圈内争论，德国卷入这场战争时是否拥有比上次大战中“更睿智的脑中枢”。观点或许有过誉之嫌，但可以说，这时所有重要岗位上都有无比高效的军事人才，他们都在一战中受过良好的参谋部基础培训，比 1914 年那批指挥官更年轻、更贴近前线。而且他们之中许多人不乏高贵的家庭出身，对自己的模范带头作用、人文素养和综合素质都有充分认识，不完全是标准的“弗雷德里克”们。评估总参谋部的军官就没这么简单了。德意志帝国的参谋军官团在人数上占优，且接受的培训更统一，但 1939 年总参谋部军官同冲锋陷阵的士兵走得更近——这是一个值得高度赞扬的优点。他们一切服从战场指挥官，从而杜绝了一战中那越发恼人的双重指挥系统。司令官要独自对自己的良心负责，此外，就如事实所展示的，他还得对希特勒和盟军法庭负责。但这些都不妨碍一个司令官和他的参谋长之间形成默契无间的合作，也不妨碍总参谋长的高度自主权。

1918 年我萌生退意，但上级出于政治上的考虑，坚持要我留任，完成纽伦堡的巴伐利亚陆军第三军复员工作。一名社会民主党的年轻律师担任政治委员督导我的工作。对我而言那段时期很是紧张，工作压力比任何时候的战场压力更大。除了军人复员，还要创建保安队和自由军团①，并将其分配到纽伦堡、慕尼黑一带以及德国中部。这也是一项有趣的工作，给了我一个独一无二的机会，可以深入观察那时的革命运动。不过 1919 年年初，我所在的德意志赫恩（Deutschherrn）营指挥所也遭到冲击，见识到歇斯底里的暴徒及其暴行，我也有几分心灰意冷。

然而，兢兢业业换来的却是一纸罪状和逮捕令，我被指控参与巴伐利亚第三军兵变，合谋反叛那位带社会主义倾向的军长。锒铛入狱时我如坠深渊。饶是到了 1945 年，我沦为阶下囚后仍然毫不犹豫地将此事归为生平最大耻辱。

从 1919 年到 1922 年，我在炮兵连连长这个位置一干就是三年半，在安贝格（Amberg）、埃朗根（Erlangen）和纽伦堡三地深入到部队中。其间风云激荡，德国陆军被迫将兵力从 30 万裁减到 20 万，最后是 10 万，还要想办法调整庞大繁冗的战时体制，使军队适合和平年代，这便是“十万精英陆军”。这项极具教育意义的工作大有裨益，我很高兴能为德国的复兴尽绵薄之力。

1922 年 10 月 1 日，我第二次来到柏林，进入魏玛共和国国防部，担任统帅部长

---

① 第一次世界大战战败后，德国国内出现大量各自为政的右翼民间准军事组织“自由军团”（Freikorp），基本由旧帝国军官领导。

官[①]的参谋。1929 年以前，岗位职责涵盖了各兵种的训练、组织以及军队所有部门的技术，我终日忙于处理经济、行政、国内和国际法律等问题，除了应付盟国军事管控委员会[②]，还要同部队局——未来的总参谋部密切沟通。鉴于我在国防部和炮兵团积累下专业知识，我又额外担任了陆军削减开支委员会的委员，因为这一整顿工作，1929 年我作为第七军区领导班子[③]的一员，大部分时间都呆在慕尼黑。

回到柏林和国防部短暂工作了一段时间后，其后整整两年，我以上校军衔在德累斯顿的第 4 炮兵团担任指挥官[④]，并在这个职位上结束了陆军的服役。1933 年 10 月 1 日，我正式从陆军退役，转入空军主管行政，军衔为上校。

---

① 统帅部长官（德语：Chef der Heeresleitung），魏玛共和国时期德军的特殊职位名。一战后传统的德国大总参谋部因《凡尔赛和约》被迫解散，德军设立了一些过渡的机构和职务以行使过去总参谋部的相关职能。统帅部长官地位介于国防部长和部队之间，实际运作中相当于国防部长的军事顾问，前两任统帅部长官是瓦尔特·莱茵哈特将军和冯·泽克特将军。这时期凯塞林服役于统帅部下面的部队局第四处（训练处）。

② 盟国军事管控委员会（Inter-Allied Military Control Commission），一战后协约国为监督德国执行《凡尔赛和约》中关于裁军要求而成立的国际机构，地址设在柏林阿德龙酒店，而德国对应设立“陆军和平委员会”（Army Peace Commission），名义上配合管控委员会工作，实际上在监视后者的监察员并对他们的检查提出预警。该委员会的工作于 1927 年结束。

③ 凯塞林这时职务是魏玛共和国第七军区（总部在慕尼黑）首席作战参谋。

④ 这时期凯塞林实际担任第 4 炮兵团第 3 营营长，军衔为中校。

二　魏玛国防军中崭露头角

· 在柏林的总参谋部工作。

· 来自冯·泽克特（Von Seeckt）的栽培。

· 德国陆军东山再起。

· 魏玛国防军削减开支委员会。

我在柏林受益良多。起初我勉为其难地来到这座普鲁士首都，但几年后不得不承认日久生情，它成为我最爱的城市。后来身陷囹圄时，我对柏林的悲剧感同身受，内心的痛心疾首自不待言。我爱它和它的人民，他们快乐、潇洒、直率又敬业。有段时期，我时常在清早来到波茨坦广场，寻个视野良好的街角，感受这座城市醒来后焕发的勃勃生机。我静静注视人潮涌出公共汽车和火车站，一呆就是一个小时。不过动乱的 1923 年我从兰克维茨（Lankwitz）走过本德勒大街时，或者一战刚结束时，柏林在我眼里完全是另一番光景。那时我不过是一个过于实诚所以一贫如洗的小小上尉，领着微薄的军饷，身着布衣，同妻子徘徊在克洛斯特剧院外，研究着报纸一角的“诚聘英才”。来回步行要花掉 1 个半小时。然而我们甘之如饴，因为礼拜日能去马克郊游。我，一个南方人如何想象马克的美景？我喜欢那边的湖光山色和居民，即使是拥挤的清晨和雨落纷纷的夜晚也别有一番情趣。尽情沉浸于自然风光，千头万绪的军务被抛诸脑后。

柏林的职业生涯对我是一种栽培。那些有泽克特中将参与、时常发生在我办公室里的高谈阔论之精彩，恐怕绝无仅有，泽克特尤其擅长倾听众议后做出一针见血的归纳总结，这就是一个总参谋部军官兼领袖楷模啊！除了冯·施莱歇将军[①]妙语连

① 库尔特·冯·施莱歇（Kurt von Schleicher，1894 年—1932 年），在 20 世纪 20 年代末 30 年代初先后担任魏玛共和国国防部长和总理，1933 午 1 月 28 日大选中败给希特勒，1934 年 6 月 30 日与其夫人在家中被暗杀身亡。

珠、才华横溢的讲座，哪里还能传授如此洞察政情的知识呢？可惜，他没有继续低调地在幕后发挥影响力，而是在 1932 年被政治危机推上前台。毫无疑问，除了总参谋部，世上再找不到第二个地方能提供如此细致全面的军队知识供我学习，令我懂得各部门需要唇齿相依、取长补短，才能建设好陆军。海军技术专家和航空领域的精英们更是拓展了我的视野，为其所动，我开始支持陆军和海军携手，建立一体化的国防军。

1924 年到 1925 年，我与陆军组织处的普罗伊少校（Preu）合著完成了首部关于组建国防军总参谋部的备忘录。过去同部队局总部（Truppenzentralstelle）打交道的经验对写作尤其受用，那段工作经历注定成为我整个军事生涯的转折点，它教会了我以前线官兵为出发点思考和行动。

在团队精神的促进下，我们取得突飞猛进的成果，进而勤勉地推动着军队工作。冯·泽克特要求军人要避免任何左翼和右翼思想侵扰，经他苦心栽培，我们形成一个独立于所有政党的非政治团队，它的存在和行为保证了能用非暴力的方式解决两次大战之间的所有国内争端。

不知不觉间，这样一支中立的国防军成为民选政府的政治支撑点。至于国防军中官兵和指挥官们的政治立场，容我稍后再谈，这里仅补充几个特例。比如，20 年代发生在乌尔姆和慕尼黑地区的风波受到了强烈谴责；另外，纳粹主义刚兴起那几年，我们这些军人都冷眼旁观，1933 年我在德累斯顿的见闻对一个正派的公民而言就是容忍上限了，前提是他提醒自己血腥的革命本来还会引发更可怕的后果。

1933 年以前，我都避免同纳粹党有任何私下接触，他们在街上和游行活动中的德行都令我反感。我记得那年战争部在德累斯顿召开的一次军官会议上，冯·布隆贝格将军（von Blomberg，时任国防部长——译注）发表讲话，呼吁国防军要忠于国家社会主义政府，言辞极尽殷切，逻辑却很牵强。直到 1933 年 10 月底，身为航空部经理的我见识到井然有序的政府工作作风，才有所改观，具体情况我也会放在下文适时详述。

魏玛国防军有限的人力资源决定了统帅部负有特殊义务。统帅部以国家机关的后盾和保卫者为己任，向来不插手国际事务，所以才有更多的时间和机会心无旁骛地呆在远离公众视野的地方，致力于次要使命：把国防军铸造为一支经受检验的精锐之师。自 1922 年被调回国防军参谋部后，我作为一名正规军官，又几乎参与处理过所有涉及陆军和约委员会的问题，我从无数桩案例中明白了，盟国军事管控委员会（Military Inter-Allied Commission of Control）一边想要我们履行裁军条款，一边却枉顾一个铁一般的事实：时间会不可阻挡地开具出账单。该委员会的失败正是因为其任务根本不切实际。每个德国人以及相关的协约国成员都知道，除非其他国家军队也遵守《凡尔赛和约》完成裁军，否则十万人的德国陆军不可能长久维持下去。我们军人对单方面履行和约怨声载道，不是缘于带着传奇色彩的“军国主义”，而是因为民族的生存需要及地缘政治局势受到制约。我还要补充说明一点，无论是当时执政的社会民主党，还是后来包括社民党在内的联合政府，他们都认识到有限重整军备合情合理，也给予了军队力所能及的支持。

而国防军又在忙些什么呢？作为当时一名执行参谋，我可以告诉大家，领导层的心思都集中在总结战争经验，综合技术、编制和培训计划方面的教训，制定一套新的作战、管理和技术纲领。“未雨绸缪”的重要性无须多说。我军主要目标是在缔结和约后跟上协约国的技术发展水平，而一旦时机成熟，则要以现代化武器装备重振德国陆军。主要训练目标有两个：首先，建立起多兵种联合队伍的雏形，其次按现役和非现役两种军阶训练列兵。时下的政治环境决定了我军行动局限于“守卫帝国”——换言之，首先限于东部边境和东普鲁士的防御工事，紧急情况下出动边防部队保卫这一地区。此外，我们还训练旧帝国军官、军士，征召一定限额的短期志愿兵，以此努力填补魏玛国防军中的巨大缺口。总而言之，从上述工作足可见那时陆军的日子绝对谈不上悠哉悠哉。

而我大多数时候都忙于改组军械署。制造和供应两个支部合并后，两者之间曾经的观点冲突尽消。确定武器需求量要以总参谋部对于未来战争的实施方式所下的结论为出发点，军械监察部将需求提交给试验站和采购部，试验站制造，采购部下单。这些技术部门直接同工业界打交道。工厂交付的样品要通过军械署重重检验方能投入使用，独立的试验单位再将检验合格的武器按照入役条件进行最严格的测试，发现任何缺陷都将被供应商淘汰。外行也知道：下单和批量交付部队之间存在数年的时间差，像大炮这样的重型武器更会长达六七年。举例来说，有时一种新式枪炮到入役时已经落后了。出于技术和经济方面的考虑，这种工作流程在和平时期尚可正常运作，到了战时只能被摈弃，哪怕违反既定制度既引发议论纷纷，前线部队往往也不满意。

尤其在和平时期，这套流程暴露出两个缺陷：

1. 政府机构也追求高产量，或者严格控制工业界，而不是大力鼓励自主创新；

2. 几乎吸引不到优秀的技术人员为国家服务，因为财政部不乐意拨付必不可少的高薪，那将意味着一个公务员的薪水会超过一个部长！像陆军军械署的实验机构需要业内翘楚，水平远在工厂车间工程师之上，这样才有资格依照规范要求指导他们。

下一步措施是将所有科研单位与武器中心对接并轨。

我在国防部关键岗位上任职期间，发现办公室矛盾越发严重，乃至到了危害军队发展的地步。于是我坐不住了，要求展开一次普查并获得上面批准，结果我被任命为国防军节俭和精简委员会主席，对此我可高兴不起来，但还是为自己设立了工作目标：

1. 将官兵从文书案牍中解放出来，增加战役兵力。

2. 通过扩大委任权来缩减内外通讯联络。

3. 逐步建立一支扩张型基干队伍，其成员须办事积极主动。

弗罗姆（Fromm）中将、施通普夫中将、霍斯巴赫上将（Hossbach）和内阁议员伦茨先后适时地被派来协助我开展工作。我同帝国节俭委以及两名国防部负责人布舍少将（男爵）、施图尔普纳格尔少将建立了紧密联系，他们都通过自己位高权重的地位给予了我支持。

各方对我的工作成果评估褒贬不一。随着上千个职位被废除，工作人员转入各团，不过比起大刀阔斧地裁减缩编，我更重视为指挥和管理层灌输一种崭新的精气神。有的官员另寻其他雇员以示对我的蔑视，每次听说这样的消息我总哑然失笑。

陆军里的朋友后来时常笑着调侃我这个精简委员当得不伦不类，因为组建德国空军时我又拼命往里面砸钱。我只能回答他们：若非对经济略知一二，我主管空军行政那几年，不会把军费拿捏得如此得当。经济部长沙赫特曾向我抱怨空军建设开销惊人，我承认话没错，然后告诉他，如果合理核对建设和维护成本就能知道，更低廉的方式或许存在，但肯定不会比现在更划算。

三　转入德国空军

- 1932 年凯塞林指挥第 4 炮兵团，驻德累斯顿。
- 1933 年 10 月 1 日调到航空部。
- 1935—1937 年纳粹德国的政治扩张。
- 罗姆和弗里奇事件。
- 德国军事干涉西班牙内战。

在德累斯顿的两年任期结束后（1931—1933 年后），上面想把我调回柏林。我在炮兵团干得很愉快，和家人也都很喜欢这座城市，因此并不热衷于重返国防部，但那时我已晋升上校，希望事业有所突破——但不是突破到雏形中的空军。

1933 年 9 月一次全天候机动演习中，施通普夫上校找到我，他对未来的德国空军办公室主任一职反应冷淡，寄希望于唤起我的兴趣。可我也想留在陆军，便建议说航空部，即后来的空军工作应该归陆军管。但是事情当晚就在餐厅敲定了，餐厅里还有外宾和陆军局负责人。我向冯·哈默施泰因中将做自我介绍，于是有了如下对话：

“施通普夫告诉你将来的工作了吗？”

“说了”

“你可中意？”

我说不太满意，并开始陈述理由，结果被轻描淡写地打断：

“你是军人，必须服从命令。”

军令如山，抵触也是徒劳。于是 1933 年 10 月 1 日，我从陆军退役，作为一介平民进入帝国航空部的前身：航空委员会，任部门主管。任职期间我亲眼见证了 1935

年 3 月 16 日德国恢复了平等的军事地位[①]，见证了同年 3 月 7 日莱茵兰非军事区的收复。对于前者，我们早就望穿秋水，仿佛就此补偿了《凡尔赛和约》的不平等条款。对于后者，第一次听说我军进驻（莱茵兰）非军事区是在当天上午，从空军总参谋长韦弗将军那里。就我所了解到的情况，单纯靠武力绝不可能成功——区区几个步兵营和几架侦察机、战斗机不过是花花架子。所以只能推断，来自政坛的幕后推手才是成功的决定因素。木已成舟，希望迄今还按兵不动的前协约国能接受。

1938 年 3 月 11 日，德国陆军和空军派军队进入奥地利的消息着实令我大吃一惊。我的军区同奥地利并无联系（我当时还在德累斯顿任第三军区总司令），所以我事先毫不知情。身为德国人，我和手下官兵们自然对奥地利并入帝国版图欢天喜地，这无可厚非。时任驻德累斯顿的陆军集团军群总司令冯・博克作为军事总指挥参与了这次进军奥地利，他稍后告诉我们德国军队受到奥地利人民怎样的欢迎。后来有一次，我因空军任务需要拜会勒尔将军，他时任空军的维也纳军区司令，司令部设在克恩滕州沃尔夫斯贝格的空军基地，我此行确凿无疑地了解到，奥地利遍地的热情既不是精心策划出来的，也不是来去匆匆。德国进驻奥地利期间，政治家和政治活动犯下的大错令人遗憾，尤其是如今回想起来，它们都是可以避免的。

如前面所提过的那样，魏玛国防军的军官团受过精心教导，要独立于政治意识形态。由于军政在基层大抵各行其道，这种思想建设相当成功，个别例外仅仅确立下规则。而且魏玛共和国的民主制使得军政分离更简单易行——尽管方式有时令人不太愉快。纳粹思想盛行之初，我们高级军官也避开政治活动，指路明灯唯军人的誓言而已，绝无左倾或右倾之余地。无论在德意志帝国还是魏玛共和国时期，军队都做得无可挑剔，任何背离非政治化的倾向都会遭致最严厉的反对。

这就是我们一批人转入空军前所受教导，它不分年龄、资历，而德国空军不久就人所共知成为了国防军中的国家社会主义军队。

同所有国防军军人一样，空军官兵也要宣誓誓死效忠元首，矢志不渝地信守誓约——否则起誓还有什么意义呢？空军总司令赫尔曼・戈林，第一次世界大战的飞行员兼军官，纳粹党员，还是一个好大喜功之人。他虽索求无度，但能为我们这些航空部官员排除政界干涉，提供最大限度的自主权。自从 1933 年空军成立以来，我先后担任航空部办公厅主任、空军总参谋长和部队司令官，其间所感受到的免受外

---

① 指的是 1935 年 3 月希特勒再次违反《凡尔赛和约》规定，宣布德国空军独立成军，赫尔曼・戈林出任空军总司令。

界干扰的自由是多年职业生涯里前所未有的。

有了这位个性张扬的总司令庇护，我们空军人士在包括纳粹党在内的所有社交圈红极一时。

和所有军、政、党要员一样，我们也会受元首之邀，在纽伦堡出席党代会、在戈斯拉尔[①]丰收节向农人致敬，我们还参加过战争死难者悼念仪式、希特勒生日的游行庆典、外国贵宾的礼宴以及国防军所有重要活动。不得不承认，很多场面给我留下深刻印象，主办方精彩绝伦、有条不紊的组织水平也值得叹服。

也许一些不那么愉快的事情被我略过了，但没有证据表明我的新行业存在过严重暴行，我便没必要指斥些什么。也许有人会拿戈林之穷奢极欲为例反驳，这个确实，我们想无视都难。不过即使他的怪癖超过了大众理解和接纳限度，我们也无权过问，何况过问后得到的回答也千篇一律：那些钱来自自愿的商业捐赠和希特勒私人津贴。直到几年后我才听说——例如，他那些昂贵精美的生日礼物都是随从们精心安排的结果。不管怎么说，我只是个局外旁观者，毕竟很少关注柏林那些宴会。况且，戈林曾告诉我，将来会以一座博物馆的形式将他收藏的艺术品捐给国家，就像慕尼黑的沙克画廊一样。我的疑虑更是烟消云散。身为弗兰克尼亚人，我对巴伐利亚的王公们迷恋艺术的历史相当陌生，否则能更好地理解戈林所扮演的“米西纳斯”[②]般的角色。

政坛首脑们都无意发展我们为国家社会主义信徒，对他们而言，军人有军人的用处，这就够了。我们宣誓了效忠，被寄予毫无保留的信任。戈林明白，我们只要摆脱所有硬性政治规定，必能完成他交办的任务。凡是与政治沾边又不能不做的工作都由他包办，对于空军的人事问题和军务大事，他通常会与国务秘书米尔希商议后再做定夺。米尔希会站在一流的执行层面研究我们的观点。这套方法规避许多错误决策，进而增强了我们对戈林和希特勒的信心。也许有人啧啧称奇，但事实上，政治事件不会知会我们这些空军将领（1945 年我安排的投降谈判除外）。部队指挥官和士兵们自然更是被蒙在鼓里。传到我们耳中的小道消息与传到其他所有国人耳中的并无二样。只有那些从未在恐慌横行无忌、愈演愈烈的温床环境下生活过的人才会指责我们在一个动荡不安的年代轻视传闻。如今回想起来，我发现传到我耳中的信息少得出奇，许是我对流言蜚语的排斥人所共知，许是它们被刻意向我这样一个

---

① 戈斯拉尔（Goslar）德国下萨克森州的古城。

② 罗马帝国时期屋大维的好友兼权臣，因提携资助许多年轻的诗人、艺术家而闻名，后引申为文学（艺术）赞助人。

与戈林来往密切的“纳粹空军”成员隐瞒。

我和许多同僚当真如此天真，对所有官方辞令按字面意思照单全收？是的，我们军人受过严格训练，要一丝不苟地观察官方报告中的真伪，因此易于信任来自上司的消息。我没有理由改观，何况戈林对待自己工作失误的态度如此坦然，以至于让人以为他的不作为同样只是无心之失。

几个例子，或许可以证明上述观点：

一、1934年6月30日罗姆事件，德国空军基本置身事外

陆军与冲锋队之间的矛盾和冲锋队领袖罗姆膨胀的野心一样，传得沸沸扬扬。我还在总参谋部就认识罗姆，他与希特勒从交好到交恶，逐渐到了公然对立的地步，他密谋叛变陆军和元首，火药味连我都能闻到。叛乱发生那几天我刚好去了南方，只能依赖报纸和新闻广播获取信息，虽一度因为谣言而疑窦丛生，但后来看到希特勒在国会大厦对着济济一堂的党、政、军要员滔滔不绝慷慨陈词，我也就释然了。我认识戈林多年，相信他不会趁机铲除异己和竞争对手。戈林有着矛盾的性格，有时体贴善感，有时残酷无情。他的戾气会随着一阵歇斯底里来去匆匆，骤然间又变得关怀备至。他心肠软下来时常常莫名其妙地拼命想要补偿人家。

二、1938年弗里契丑闻

自很多内幕纷纷大白于天下后，要概括我们当年的观点绝非易事。我曾与冯·弗里契通力共事，即便已事过多年，他仍是我和所有出身陆军的空军军官心目中的楷模——君子和军官当如是。为其所以，我很难相信关于他道德败坏的流言，默默希望它们被查出来都是恶意诽谤，希望尽快还当事人清白。后来我等空军军官也遭到过谣言诋毁——那些谣言往往自相矛盾。我认为希特勒和戈林不可能容忍一位如此德高望重的将领遭受陷害和不堪的羞辱。后来戈林告诉我，他是如何成功地揭穿举报人的谎言，并为此何等高兴，那一刻他眼中分明流露出心满意足，于是我深信戈林是清白无辜的。得知希特勒在名誉法庭上的表现，我对他也持同样的看法，那时他让担任法官的炮兵将军海茨当着陆军和空军两位总司令的面念出判决书。一连串离奇的巧合自这个法庭被揭露出来，也洗刷了陆军总司令的冤屈。和大多数同僚一样，我也盼着看到冯·弗里契官复原职，从而公开恢复名誉，我想不出希特勒有什么理由不这么做。结果，我只能归因于他不肯冰释骨子里的敌意。弗里契是个典型的普鲁士军官，深受旧帝国军事传统偏见的熏陶，而希特勒有着无法掩饰的奥地利平民出身，或者耿耿于怀于身世差距，两人之间冷淡的关系使得哪怕是正式合作也磕磕碰碰。

1939年弗里契死讯传来时，我同希特勒就在华沙城外。后者顿时意兴阑珊，一

抹阴郁肃穆浮上面容，他拖着沉重的脚步，踟蹰而缓慢地迈过长长的楼梯，登上观察哨所，这一幕令我记忆犹新。

那一刻，他究竟作何感想，竟如此动容？

我们不过问政治的态度无论对错与否，我们无需，亦无权纠结于此。戈林自有他无上的权力去翻云覆雨，去全权代表我们，这大大便利了我们开展工作。时至今日我必须承认，当年终究错了，我接受对我担任空军办公厅主任期间行为的指控，虽然即使当年换一种态度也是殊途同归。1936—1937 年，我担任空军总参谋长，有责任处理政事，但没有遇到过特别棘手的问题，唯独支援西班牙的弗朗哥政权是个例外。

1936 年 7 月一个星期日的下午，我们收到国社党海外支部一名德国成员的报告，从中得知了弗朗哥的请求和希特勒从拜罗伊特发来的指示。我心里七上八下左右为难，德国空军指挥体系初具雏形，军队尚处于初级训练阶段。少数几支成建制的部队虽在紧锣密鼓地开展训练，但均不适合实战。比如，战斗机部队刚装备上国产的“阿拉多”，轰炸机中队则装备容克 Ju52 轰炸机。侦察机的进展大约介于战斗机和轰炸机之间，新机型正在测试中；好在 8.8 厘米口径的高射炮性能优越。人员方面较为乐观，我们的官兵素质一流，士气高昂，但仅凭热忱无法弥补编队战斗飞行训练上的欠缺。而且将这批精英投入西班牙战场会削弱国内的训练体系。

但另一方面，我们也从西班牙积累了宝贵的技、战术经验，例如从柏林到罗马再到西班牙长途运输飞行便尤其有价值。梅塞施米特 109 型战斗机（Me109）逐步投入战场后，先进性能令战斗机飞行员们体验到占领制空权的意义，而 Ju87 俯冲轰炸机得到检验后引起军方重视，进而发展成为我军在 1942 年前的一种制胜武器。最后，我们将 8.8 厘米火炮兼用于打击空中和地面目标，从中吸取的经验推动了它的战场应用和部队组建。

西班牙战场对人员和物资装备的需求打乱了国内训练计划，一摊子形形色色的困难只能甩给留在国内的我们解决，幸而都被我们攻克了。这是一项值得称道的成就，参谋部、部队、工业界和民航界都做出了各自的贡献。秃鹰军团总司令施佩勒元帅及其后两名继任者冯·里希特霍芬和福克尔曼才得以宣布他们的航空兵及陆军分遣队帮助弗朗哥取得胜利。

四　德国航空部

- 空军总参谋部的行政工作。
- 新工厂和基建。
- 与戈林、米尔希共事。

我依然很幸运，业务往来之人皆随和融洽。赫尔曼·戈林在前章已有提及，后面还有大量篇幅，本章仅就这一时期的他略加点评。戈林从一开始就对自己的目标有清晰的认识，那便是打造出称霸欧洲的空军。他划分出自己的规划，立下一些在我们看来不可能完成的任务。长达数个月后，我们汇报工作进度，他会不吝赞赏之辞，随即加倍增大下一阶段的工作强度和难度。那些看似难于登天的任务，最终一次次被我们完成了。我们渐渐摸清了他提出的挑战，尤其明白他想创建一套"投机型指挥层"，只是为了确保万一政府的政治活动波及到空军时我们有能力应对。

航空部和现役部队极度稀缺拥有一战实战经验的老飞行员，这更是增加工作难度。航空部几个核心部门的负责人都不是航空兵。明智的是，我们被国务秘书米尔希拉进了高深莫测的飞行技术领域。我们很快认识到门外汉无法建设好空军，正如不会骑马的人不可能建立和统领一支骑兵师。于是，包括我在内，大家以 48 岁高龄开始学习驾驶飞机，从此，不管是经验丰富的老一辈飞行员，还是同样蹒跚起步的后生晚辈，我们在他们面前更有发言权了，尽管还谈不上尽在掌握，但这条路走得非常正确，也激励了我们，工作中学无止境。

我这辈子练过许多运动，在不同的场合下先后觉得最刺激不过马术、驾车或者气球。而现在我必须承认，如果未曾握住操纵杆，体验飞行的高远，这一生将错失多少乐趣。除了跳伞，我亲身体验了所有航空运动，感受过它们带来的豪情与谦卑于一体的滋味。有了这样的体验，我们才能理解专属于飞行员的人生观，才能打造一支真正深受蓝天感召和手足情谊所激励的军队。一种珍贵的友情将我们紧密团结在一起，我们才能在这么短的时间内取得惊人的成就。

当我从 1933 年 10 月接受了新职业，办公室主任只不过是一个起点。得益于精简委员会里积累的经验，再加上一批既专业又敬业的优秀同僚扶持，我工作开展顺利。交给我的第一个工作任务是设立预算依据，我们用几个月时间完成了航空部实际运作和勤务开支的预算。空军常被指责为狮子大张口，但人们只要仔细核对每笔预算项就不会发出这种非议。我只在必需款项上才大手大脚。我不断通过环线飞行之旅的方式，将我们在精神和物质两方面的建设规划展示给向主管当局看，唤起他们对空军需求的认可。这些持续三四天的飞行有助于忘却工作上的挫败感和内部的争吵，而且无须过分奉承，便能拉近双方距离，这成了我开展工作的一条指导方针。

我们就飞机设施建造的下一阶段工作展开探讨，网罗了大量建筑和设计行业的青年才俊，力求一套在美学和社会性两方面都堪称新锐的规划方案。订单雪花般飞向砖厂、水泥厂和采石场，振兴了贸易，也促进了就业。

我们大胆突破军事建筑的传统。我坚持建筑风格应与周围环境相协调，设计必须满足最新形势下的防空需要，大型项目要节约成本，国家应该放手给私营企业承建军营。航空部的住房和建设工作完成得基本无可挑剔。希特勒和戈林均没干涉过新建筑的风格，戈林直接插手的，只有德国航空俱乐部的室内装修和家具布置，这座建筑坐落于旧普鲁士帝国议会庄园，后来又物尽其用成为盟军的宿舍。克莱将军[①]无疑非常清楚，为什么他的参谋部要定址于柏林达勒姆（Dahlem）的原德国空军第 2 军区司令部，苏联人和东德政府也心知肚明占了原航空部大楼和阿德勒肖夫综合体（Adlershof）的原因。这样的例子还不止于此。

至少在我任期内，航空业转型升级的计划靠着稳固的经济得以落实。中小型厂商构成飞机和发动机制造业主体，它们认为好景不常在，因而抵触航空部主张的规模化扩张。政府的担保也被许多企业家视为一种麻烦。

政府投入大把资金建造了伪装的军需厂。我的原则是让厂家盈利，这样它们逐步积攒下储备金，才有能力偿还政府的贷款，进而实现达到我们的最终目标：尽快实现自由竞争市场。对此米尔希基本赞同。另一方面，我们大力削减薪金和透支额度，这使得我们不太可能为万众拥护——尤其是对于那些还处于成长阵痛期的工业界而言。有时我们还被抨击为能力低下。此类非难也只能默默承受，起码没人抨击我们的人格诚信，我们也就满足了。

继工业界之后，同属帝国航空部的技术部门也同我的部门之间发生了一次激烈

---

① 卢修斯·迪比尼翁·克莱，二战后担任美国驻德国占领军司令，兼驻欧洲美军总司令，1948—1949 年成功指挥和组织了柏林空运。

较量。技术部的思路很简单：无视秩序，不关心财务，一门心思追求最大产量，除此之外，只有防空措施还能让他们上心。我们却不敢苟同，视经济利弊为最优先考虑的因素，它决定了可供投资的资本及偿还能力。

视察工厂（比如亨克尔、阿拉多、容克斯、道尼尔、阿格斯、戴姆勒、福克－沃尔夫、西贝尔、宝马、博世、法本化工）的结果显示，兼具经济效益、美观大方、防空功能以及社会服务功能的目标已经大致实现。亏得航空部拥有一帮天才，比如工厂主亨克尔、科彭贝格、道尼尔、西贝尔、波普、博尔贝特，飞机设计师梅塞施米特、谭克、布卢默博士；拥有一流、实用的工程师，更不要说还有工人们的热忱配合。若非如此，我们不可能取得上述成就。

刚才已经提过，经济效益是头等考虑因素。多亏经济和财政部以及帝国银行帮忙，毕竟，若大银行不肯高抬贵手，存在主观倾向的资金难题永远无法得到解决。

人事方面，我们首先要建立一支官员队伍，囊括进从主管到法务员的所有级别工作人员，还有气象员、工程师等。我没记错的话，这个队伍涵盖了六十多个专业，其核心由几个军队和海军军官构成。其他途径招来的志愿者组成一支强大的外围队伍，剩余人员来自转业军官、不满足于当前工作的人，以及拥有良好记录的雇员。对于这样一群五花八门的成员，第一步是将他们整合为一个团体。

万事开头难。偏远地区需要大量设厂招工，而我们又只有一些临时机构。好在双方相互体谅，共渡难关。我多次走访视察过程中——尤其是在偏远工地，看到的全是一张张心满意足的面孔，从没听过任何有针对性的抱怨。不过我们依然尽最大努力，为工厂主们组织起企业协会，而且对员工福利的关心无出其右，劳资评议员[①]在这方面也给予了大力协助。

“军人必须以一个真正的军人自居”——此话同样甚至尤其适用于航空兵。我们成功在空军上下打造出这种身份认同感。无论官兵，还是他们臂弯中面带骄傲、款款随行的女眷都是明证。他们宽容地对“花花蝴蝶兵”这样尖酸的绰号报以不屑的微笑。从和平年代到战争岁月，空军官兵的牺牲精神以及所取得的成就都证明了军人的威仪不因身着布衣还是戎装而有所懈怠。

战争第一年，年轻的德国空军所向披靡，那是早期辛勤耕耘所收获的丰厚果实。

---

① 纳粹德国时期主管劳资关系的政府任命官员，受劳工部监管。

五　空军总参谋长

· 首任总参谋长韦弗之死。

· 1936 年 6 月凯塞林继任德国空军总参谋长。

· 西班牙内战的经验。

· 1937 年凯塞林转到德累斯顿。

1936 年 6 月 3 日是个黑暗的日子，戈林将我召来，动情地告诉我，时任空军首任总参谋长的韦弗将军搭乘亨克尔 He70 飞至德累斯顿时遭遇空难。身为同僚、战友，我自然大惊失色。韦弗和我一样出自陆军，拥有优异的参谋军官履历，后来调到团里同样有口皆碑。事实上，他是空军总参谋长的不二人选。他几乎第一时间就领悟了航空和空战的精髓，成功将戈林的想法转换为切实可行的方案，还诠释得头头是道，既能落实到位，又能被航空兵发自内心地接受。当然了，他也学会了飞机驾驶，几乎没有哪个周六或周日，他不是扑在视察航校和训练单位的工作岗位上，他的忠仆施佩克·冯·施特恩贝格上尉驾驶另一架飞机随行陪同。在学校，韦弗会与年轻人一起喝咖啡，“制作出”一块他带来的蛋糕；会花一两个小时同大家谈心，耐心地倾心抱怨，而且立即和他们成为朋友。

时至今日，我们比以前任何时候都更加深刻地认识到韦弗对于空军的重要性。高级军官本就严重匮乏，他的罹难无疑是雪上加霜。我这个继任者尤其有责任给予他高度评价，因为我在他的工作中切实领悟到了何谓大师手笔。他留下的工作成果，我沿用即可，省了不少精力，还因此顺利同总参谋部各科室和诸多督察员建立了彼此信赖的关系。有了这批能力出众、忠贞不二的军官们支持，我的工作开展得很愉快。

如前所述，德国“秃鹰军团”介入西班牙内战严重拖累了国内的军队组织建设工作，从长远来看此事确实极具价值。随着一支支接受了战火洗礼的中队回国，编队飞行和仪表飞行的训练有了长足进步，一改过去的神秘莫测，变得司空见惯。战斗机、俯冲轰炸机、水平轰炸机和远程侦察机中队全面换装上梅塞施米特 Me109、容克 Ju87、道尼尔 Do17 和亨克尔 He111，但近程侦察机和海事部队继续使用着老式但适用的机型。高炮装备了先进的 8.8cm 口径炮以及 2cm 到 3.7cm 口径炮，情报部门则开始试用海军的无线电报标准。

教导中队着手筹备一套测试系统，以便获取技性能和战术效果，从中筛选最优方案入役，该中队后来在天赋过人的弗尔斯特将军带领下扩建为教导联队。空降部队也初具雏形，所驻的在施滕达尔（Stendal）空军基地除了需要扩建，再无后续改建之需。时至今日我依然自豪于自己同韦弗一道，为空降部队的逐步壮大出了一份力。1940 年，空降师在我指挥下初战告捷，成功突袭荷兰，后来更发展为无与伦比的地面战斗部队，这支部队有幸找到了一位领导有方、高瞻远瞩的指挥官施图登特中将。

1937 年，由于同上司米尔希在军队和人事方面产生分歧，我申请离职，由于无法想象自己还能以一名作战指挥官的身份发挥价值，我遂萌生退意。戈林配合地将我转到德累斯顿担任空军第三军区司令，我留下的总参谋长一职由旧识施通普夫继任，他爱兵如子，还曾以圆滑的手腕在空军内部建立起了军官团。米尔希依旧当他的国务秘书、航空部二把手。我很欣赏米尔希精湛的组织管理能力和勤勉的工作作风，也很高兴我们后来重修旧好。

离开柏林时我得到的评价是“是首长，更是朋友”，每念及于此，不禁万分欣慰。

六　第 1 航空队总司令（驻柏林）

- 1937—1938 年在德累斯顿指挥空军第三军区。
- 完成西里西亚机场建设。
- 评估捷克版“马奇诺防线”。
- 1938 年凯塞林回到柏林出任空军第 1 集团军司令[①]。
- 占领捷克斯洛伐克。
- 在德累斯顿的社交。

1937 年年中到 1938 年 9 月底，我在德累斯顿担任空军第三军区司令，区域包含西里西亚、萨克森和德国中部，1938 年 10 月 1 日开始，又调回柏林任空军第 1 集团军司令。

在德累斯顿，我下辖：

第 2 高级航空司令部（Höherer Fliegerkommandeur）[②] 的航空兵战斗部队。该司令部稍后改为第 2 航空师。指挥官维默尔中将，他早年在航空部技术部时期就成为我的朋友和同僚。

德累斯顿空军行政军区（指挥官博加奇中将）、布雷斯劳空军行政军区（指挥官

---

① 1936 年，德国划分出七个空军军区（Luftkreis Kommando），每个军区负责监管该地区的所有空军活动。随着德国迅速走上侵略扩张道路，1938 年 2 月，德国空军进行改组，废除空军军区，取而代之的是三个空军集团军（Luftwaffen Gruppen Kommando）和三个空军司令部（Luftwaffen Kommando）。每个集团军司令部掌控该区域内的行政管理、地面组织和物资供给及防空作业等。凯塞林指挥的即空军第 1 集团军（Luftwaffen Gruppenkommando 1），司令部设在柏林。下辖四个空军行政军区（Luftgau-Kommando）1939 年 4 月，德国空军向战时体制迈出了关键一步：原来三个空军集团军进一步扩编为航空队（Luftflotte），合并而来的奥地利空军被编为第 4 航空队。航空队是纳粹德国空军最大的指挥机构。

② 德国空军第 2 航空师实际由第 3 高级航空司令部改组而来，此处应为原作者记忆的番号有误。

丹克尔曼中将）。

飞行训练单位及下属各类型作战基地。

民用机场区域，并全面负责空军的地面、技术和补给勤务。

所有高射炮单位。

通信部队和补给机构。

军需部（并入军区总参谋部），负责人事、军饷、膳宿供应、宿舍分配、服装和口粮配给所有相关事宜。

在柏林，我的责任是保卫德国东部地区，包含了易北河以东，图林根林山以及南至捷克斯洛伐克边界线的地区，东普鲁士也涵盖其中，只是那边的海岸线、岛屿和海航部队归直属航空部的第6军区（海防区）管辖。

空军第1集团军（第1航空队）下辖以下高级指挥机构：

第1航空师，司令部在柏林。

第2航空师，司令部在德累斯顿。

第1、第2、第3、第4空军行政军区，对应司令部分别设在柯尼希斯山[①]、柏林、德累斯顿、布雷斯劳。

这里列出上述具体资料，希望能通过实例展示德国空军组织，粗略描述空军高级指挥机构的工作范围。

可以看出，我上任数月里，防区内的德、捷边境都处于紧张的政治局势下。1937年6月离开柏林前夕，我向希特勒述职时受陆军第4集团军（驻莱比锡）司令冯·勃劳希契将军之邀共进午餐，席间无论希特勒还是勃劳希契都绝口不提任何针对捷克斯洛伐克共和国或波兰的军事动作。

我曾立志于将羽翼未丰的德国空军扶持为与陆、海军齐头并进的第三大武装力量，如今这一抱负看似要搁浅了。虽在参谋部和行政办公室工作多年，我内心深处仍然渴望带兵。埋首于堆积如山的案牍文书间，同时我一直在尝试朝着那方面开拓人脉，寻求机会，也希望借此实现手中办公室工作的价值。某种程度上，我相信功夫确实不负有心人。

① Königsberg，也译作柯尼斯堡，今俄罗斯加里宁格勒。

如今我终于有机会将理论知识运用到实践。登上容克 Ju 52 专机机舱那一刻，顿感意气风发。飞行员是我旧日的飞行教官策尔曼（Zellmann），三架战斗机从柏林郊区的施塔肯起飞，护航至德累斯顿。但一件事扫了我的兴致：我得知自己把陆军时的旧日同僚瓦亨费尔德（Wachenfeld）将军从他深深眷恋的职位上挤走了。说到瓦亨费尔德，不能不提另外几位从魏玛国防军退下来的将军：考皮施、埃贝特、哈尔姆、冯・施蒂尔普纳格尔和海军的岑德尔将军，个个都是能力突出、经验丰富的陆军或海军军官。戈林明智地采纳了施通普夫建议，从退役名单上要来这些精兵良将，说服他们加入蹒跚起步的德国空军而不在意他们缺乏专业素质。他们为这个年轻的军种成长壮大奠定了坚实基础，把它从大杂烩打造为一把锋利的利剑。

走马上任后的头等大事是会见手下官员和工作人员，聆听他们的需求和意见，阐释我对普通任务的观点。虽为此花费了时间，但能最大程度减少办公事务，此后我便放心地将它们交付给敬业能干的总参谋长施派德尔（Speidel）处理。我特别关注了空战指挥官的培训和陆空协同作战中的武器运用。无论观摩学习还是指导工作，我从没缺席过波罗的海沿岸的任何一次大型高炮军演、作战演习和射击训练以及轰炸机投弹演习。我很高兴自己的学习还不至于效仿手下一位老准将——在一次靶场训练评比时，他就射击任务的正确执行方式给某位部队指挥官上了一课。评比第二天，后者回敬了老将军一句直白的评论，他说:“我不过学以致用。”怎料老将军斥道:“那您不想要我在这儿继续学习了吗？上尉。”

要发展壮大一支新生的军队，必须所有人团结合作，共同努力。一个人需要虚心倾听和思索他人意见，博众家之所长，否则无法经受考验和严格的测试。通过这种方式，德国空军锋芒渐露，尽管在波兰的首战仍显稚嫩，依然发挥出了决定性的作用。

空军是进攻型军种，因为只有发动攻势，才可能想到空中战争。德国空军的推论是，必须为深入突破到捷克斯洛伐克境内的敌对行动做好万全之策，并准备好将作战机场推进到最近的边境——这还仅仅是不考虑防空的情况。1937 年夏季过后，巴伐利亚至西里西亚、西里西亚至捷克边境地区准备新建空军基地，用于近距离支援作战，而前期勘探和机场建设任务由我负责，机场包含了军营、技术设备、防空炮和补给仓库等附属建筑。西里西亚的机场针对捷克斯洛伐克而建，得到全面的踏勘。鉴于该地区纵深不足，如有必要，这些机场还可用于对波兰的作战行动。一场战斗演练要持续多日，才能保证将来在战场能完成交付给我们的任何任务。

我们深知任重道远，但凡有任何不测，甚至仅仅是一场敌对军事行动，多年心血都可能付诸东流。戈林和希特勒同样明白这点。1938年5月，进军捷克斯洛伐克的战备令下达时，我和戈林持相同观点：一支强大的军事力量给予德国政府的支持越坚定，政治解决的可能性越大。运用军人一窍不通的宣称策略，希特勒还算成功地将国防军实力透露给了捷方。我自知我军软肋，但同广大官兵一样感觉拿下捷克斯洛伐克应该不在话下。捷克边界线上的防御工事通常被视作第二条马其诺防线，但我手中的侦察照片显示并非如此。我毫不怀疑，以破甲弹、混凝土破障弹实施火力准备，再以8.8cm高炮平射突击，陆军完全能攻占下该防线。为了打消陆军长久以来的顾虑，届时我军将在耶根多夫[①]地域的防线后方实施空降，从后方打通苏台德地区。捷克军方和部队认为德军必从北、西、南三个方向发动进攻，因而对东北方向麻痹大意，我军则愈发信心十足。8月，我将司令部迁到森夫滕贝格（Senftenberg），进一步靠近麾下部队。

最终，1938年10月29日[②]在慕尼黑召开的四国会议成果令我如释重负，双方确实因此避免了一触即发的重大牺牲。捷克斯洛伐克边防的军力与纵深根本不符合我们曾经根据情报所做的预测，88mm高炮重击之下它们势必被摧毁。

我军的战略集中显示出德国空军步入正轨，但也暴露了一些单位的兵力和技术有待加强，边境的空军基地也需要彻底整改。施图登特将军的空降师通过演习行动证明了空降登陆作战在战术和技术上均可行，还具备新的发展潜能。不过如我刚才所说，我们任重道远。

1938年春季，我受命回柏林指挥空军第1集团军。尽管德累斯顿的日子相当愉快，我还是很高兴重返首都。在德累斯顿，我不会成为谁的靶子，工作开展得更为自主。多么希望到了柏林以后，这份独立自主哪怕在更重要的全新领域也能延续和坚持下去。尴尬的是，我又一次挤走了瓦亨费尔德，还取代了我的朋友考皮施，那个职位原本很适合他。不过，我理解戈林希望任用更年轻的人，他深谙如何让人心平气和地离职，于是经过这次改组，考皮施、哈尔姆和埃贝特等一干老将都步瓦亨费尔德的后尘退役了。只要中生代将军们团结合作——比如航空部队的魏泽（Weise）、弗斯特（Foester）、格劳特（Grauert）、勒尔策和高炮部队的博加奇（Bogatsch）、霍夫曼，以及训练部队的科策（Kotze）和卡斯特纳（Kastner），德国空军继往开来将不是梦想。

我个人的工作主要是以下内容：

---

① 耶根多夫（Jägerndorf），即捷克东北部的克尔诺夫（Krnov）。

② 慕尼黑会议实际于1938年9月29日至30日召开。

1. 将航空部队和高炮部队打造为一支统一、灵活、齐心，并配备现代化通讯服务的队伍；

2. 向空勤部队传播作战指导原则和对地支援指导原则；

3. 落实我方防空思想，在民众中普及空袭预防意识和措施。

最后，在靠近前线地区建立地面机构。

回顾到那几个月的建设工作，总会令我心潮澎湃。人们能感觉到德国空军在发展壮大、蓄势待发，日臻无懈可击。我还记得首次在莱比锡和德国中部举行的防空演练，记得从中吸取的引导民众预防空袭和运用防空炮的宝贵经验。前期难关被攻克后，电子定位装置的发展步入正轨，此为又一项了不起的工作成果。

1939 年年初，平静的冬日备战突然中断，我们奉命转而准备对捷克斯洛伐克付诸武力。开战的征兆和传闻骤然成真，令人始料不及，以至于我们无暇猜度个中合理性或必要性。戈林道出了我作为指挥官最关心的问题：形势骤然紧张的原因在于捷克斯洛伐克举动咄咄逼人，不过和平解决危机、避免流血冲突的可能性仍然存在。同样的，这次我军战略集中须是最高机密，才能保存政治解决的希望。

然则所谓严格保密，实践仅此一例：出兵捷克前夜，受奥托·冯·施蒂尔普纳格尔将军（战后他在巴黎监狱自杀身亡）之邀，我携夫人前往加图空军学院赴宴，这场小型聚会照常举办到深夜 11 点至零点才散去，席间无任何蛛丝马迹暗示次日的行动。因此第二天清晨听闻广播播报第 1 航空队司令正率大军挥师布拉格，我们都错愕不已。这则报道并不准确：通过与捷克总统哈夏连夜会谈，我军只是和平进驻。

接下来几个月，我频频前往布拉格以及分配给第 1 航空队的捷克斯洛伐克空军基地。机场的接收工作一切顺利，其实无所谓接收，因为捷克空军已自动解散。那里的机场设施残缺、技术落后，能用的飞机寥寥无几。

随后的局势继续恶化，令我既意外又担忧。四国在慕尼黑会议上达成的解决方案非但未能持久，还被证明是冲突升级乃至演变为战争的导火索。我们相信入侵之举实乃捷方责任，而非宣传部门撒谎。我们甚至猜测此事可能出自精心设计，希望给西方势力一个台阶下，重新帮捷克调解斡旋。

我们最不肯信的，是所谓哈夏被迫签署协议。我们军人都很高兴吞并捷克斯洛伐克没有引发恶果。边防保卫还出乎意料地有所加强。这段时期及前后，我国同波兰合作融洽，以至于有人推测过去两国的分歧将以某种友好的方式化解。至于眼下波兰人老调重弹，又开始抱怨侵犯行为，我们这些军人着实感到遗憾。

固然国防军已准备好了应对任何状况。但事实上，一些有责任心的人——尤其是戈林——仍在争取避免战争，他们的个人努力后来在纽伦堡审判中有过充分和确凿的例证。作为这场地缘危机的亲历者，我认为有个人难辞其咎：冯·里宾特洛甫[①]，他给了希特勒极不负责任的建议。我还记得戈林停在狩猎场的专列里发生的一幕，当时的主流氛围可见一斑——我和戈林一道等待着消息，究竟是战、是和？当戈林听到希特勒的最终决定——行动日 9 月 1 日，他立即万分激动地拨通里宾特洛甫的电话："现在你满意了——战争来了，全拜你所赐！"他对着话筒咆哮道，然后又恶狠狠挂断电话。

随后戈林的首席副官兼他与希特勒的联络官博登沙茨（Bodenschatz）将军汇报意大利打算变卦[②]。戈林气炸了肺，评论说意大利简直不厚道。但是平心静气地想想，我们还是能理解意大利的立场，连我们也觉得他们作壁上观不失为一件好事。

赘述几句和平年代里第三帝国军人的生活。作为坐镇德累斯顿的司令官，我的社交圈完全局限在以空军为主的军队范围内。私人邀约和小型宴会轮流在各个联队的食堂举办。无论航空学校的漂亮餐厅里、亦或是空军信号团举办的演出活动上，已婚绅士、年轻小伙纵情狂欢。只有屈指可数的几次会面在贝勒维大酒店的房间（那已经相当昂贵了）或者更高档的酒馆里进行。逢节假日，城市周边风景怡人的郊区就成了旅游踏青的好去处。考虑到军人的职责要求，以及旅游次数有硬性规定，军民、军政的社交必然被控制在最低程度。记忆中，我从没听到党政官员对此发出过任何非议。

对一个因通货膨胀一贫如洗，在各种证券交易和其他投资又屡战屡败，始终攒不了几个钱的人而言，娱乐宴请开支是我那微薄的军饷所难以承受的。不过，我和同僚及其家庭之间在适量的娱乐活动中发展出真诚亲密的情谊，这份真情在 1945 年我名誉扫地时尤为凸显。

在德累斯顿之外，除了元首、帝国元帅和几位部长的常规邀请，在首都的公差都是杂务一堆，不外乎与外宾、航空俱乐部的同志打交道，军事和科技界的联谊、去剧院看戏也占用了一部分时间。总而言之，这些分外之事对一个军务缠身的军人而言是项沉重的负担，在慢慢蚕食着他的健康，因为每天他不到午夜无法就寝，他

---

① 德国外交部部长。

② 1939 年 5 月，《德意友好同盟条约》，即所谓的钢铁条约在柏林签订。条约规定，一旦爆发战争，双方应以其全部军事力量互相给予军事援助。但同年 8 月，德国进攻波兰前夕，墨索里尼致信希特勒，表示"意大利还未做好战争准备……"即无法履行条约义务。

频频亮相于展出。此外，他必须无所不知，必须对每件事负责，必须展现下属心目中完美无缺的长官形象。

七　波兰战役
1939年

- 1939年9月1日4：45，德军北方集团军群和南方集团军群对波兰发动进攻。
- 9月5日，德军渡过维斯瓦河。
- 9月16日，包围华沙。
- 9月17日，布列斯特要塞失守、苏军介入战争。
- 9月27日，华沙投降。
- 10月1日，波兰军队彻底投降，波兰战役结束。

1939年8月25日，希特勒下令入侵波兰那天下午，我正在科尔贝格[①]机场的控制室里同联队和大队指挥官们开会，这时我的作战参谋突然进来报告希特勒再次回心转意，取消了入侵。

大家不禁喜上眉梢。我袒露心迹，表示这场看似板上钉钉的战争可能仍有回旋余地。我如释重负地进入驾驶舱，迎着夕阳，回到位于斯德丁[②]附近亨宁斯霍尔姆（Henningsholm）的航空队司令部。

我的思绪回到两天前的8月23日，希特勒将三军总司令、总指挥官及其总参谋长们召集到贝格海姆（Bergheim），但没有告诉我们议程安排。会议召开之前，我先在一处党卫军军营同戈林举行会谈。会上戈林又审查了一遍空军的备战情况并听取我们的意见，一个小时的会谈中他没说诉诸武力已成定局。我们自然都知道他仍在千方百计寻求和平解决方案。

接下来同希特勒的会议在一间宽敞雄伟的会议厅召开，窗外风景如画、群山环

---

① 波兰科沃布热格的旧称。

② 今波兰什切青。

绕，近得仿佛触手可及。希特勒镇定而有节制地发表一通长长的讲话。会议文本后来在纽伦堡审判中公之于众，故无需赘述。那时我很高兴地发现，他没明说覆水难收，但话中也分明暗示出开战的可能性很大。我很担心两件事：首先，对波兰开战的后果，最严重的莫过于英国将武力解决德波两国冲突的行为视为对自己赤裸裸的侮辱，其他任何猜测与之相比都堪称天大的乐观。所以戈林才孜孜不倦地拼命挽救和平；而我最关心的是苏联作何反应。即便我相信相对仓促上阵的德国空军和陆军在波兰能占尽优势，但德军恐怕无力抗衡苏联军事力量。正为此心乱如麻时，希特勒讲话结尾一句令我心中一块石头落地，他说苏德互不侵犯条约白纸黑字，届时苏联将保持中立。

当晚我心事重重地飞回柏林，一战爆发前夕的记忆浮上心头，那时我同样如今日这般满怀迷茫和紧张，只不过当年为战争阴影所笼罩的我仅仅是芸芸众生中的一员，尚无如此重大的责任在肩。

德国空军以天空为战场，但除了在西班牙获取了些许经验，再未经历过实战。我们已经发展出了一套空战基础原理以及据我们所知的最合适的战略和战术规则，它们便是我军金科玉律。那时国际上尚无空战交战准则，希特勒曾尝试过在国际会议上倡导全体与会国将空战一禁了之，结果遭到拒绝，就如同他倡导将空战严格限制在军事目标的下场一样。不过它们被纳入进了德国空军的规则——那是我任总参谋长时期大力参与制定的，其中出于良知而定的道德准则必须得到尊重，比如攻击目标严格限制在军事范围——只有发展到总体战，才允许放宽该限令。而不设防的城镇和平民区均为禁止攻击目标。

我们设想了突发情况下如何将飞机运用于近距离对地支援、空降或独立伞降，还与北方集团军群总司令冯·博克协商敲定了关键环节。作为前陆军军官，我太清楚陆军的需求和顾虑了，所以同博克只简短会谈几句就能全面达成共识。我虽非他的下属，但自发主动地在所有地面战术问题上听从他的命令。从西欧到俄国，我们密切合作，无论出现任何分歧，就像在所有战役中都难免时有发生的那样，我们开诚布公地寻求既有条件下的最佳方案，通过电话里的寥寥数语也能达成共识。即使需要优先考虑空军，我也想办法尽量满足陆军的需要。我和博克彼此信赖，我们的两位总参谋长，陆军的冯·扎尔穆特（von Salmuth）和空军的施派德尔亦为模范助手。我同空军总司令戈林的合作同样良好。至于耶顺内克中将[①]，我知道他是一个洞察力

① 时任德国空军总参谋长。

和领导力出众的人，知人善用，能在戈林和希特勒面前冷静固执地捍卫自己的观点。

通过最后一次致全体参谋和将士（第 1 航空队一部分战前机构已经转给了附近几个司令部）的讲话，我坚信一场势如破竹、横扫敌军的大胜已万事俱备。现场气氛肃穆，但士气昂扬，将士们知道即将与敌人一决高下，对方实力强大、意志坚定而狂热、训练有素，且按 1939 年的水平衡量，亦称得上装备精良。

波兰空军的战斗机从数量到质量都值得我们尊敬，但轰炸机相当落后。鉴于 Me 109 和 Me 110 大约共 500 架德国战斗机对 250 架波兰战斗机，我们计划猛攻敌人地面组织（机场和机库），此外还要重点防范波军轰炸我军基地。空袭波兰的军工厂超出德国空军能力范围，但像华沙的一些机场设施属于轰炸目标。我们之所以敢置波兰工业目标于次要地位，是因为如果能像预计一样速战速决，它们无论如何都难有作为。另一方面，如果猛烈轰炸敌人指挥机构、包括无线电发射站控制中心在内的通讯系统，就能在战斗打响之初令波兰军方总司令部陷入混乱，起到一锤定音之效。最后一点，我们必须攻击波兰陆军中具有快速行动能力、能抵挡德国陆军的部队，如有可能，就打击对方军营。

第 1 航空队和陆军司令部的侦察机最远会深入维斯瓦河一带执行空中侦察任务，以最快速度提供敌军在后方的运动态势。还有一支轰炸机部队担负特殊任务，即配合海军攻击海尔半岛，为登陆作战扫清障碍。

部署在帝国全境的大约 10000 门轻、重型高炮构成了高炮军有生力量，由空军行政军区集中指挥，用以保护空军重要设施，比如机场、东北的铁路系统、中部的各类重要工厂。某些高炮分队还要协同陆军单位，组成团级防空部队，因为超过一个连的大编队合作防空在当时还鲜为人知。总而言之，我们的任务和可用兵力之间存在尖锐的差距。①

要弥补兵力的捉襟见肘，唯有依靠灵活的战略和每个部队、每名航空兵的主动拼搏。开战首日，我们便得偿所愿，空中侦察照片显示波兰空军遭受重创，波军总动员被破坏。我们观察着轰炸目标损毁情况后，并不定期地袭扰敌后方。接下来几天形势日趋明朗，我们的首要任务成了支援陆军、袭扰敌军的战略集中和调动。

拜波兰统帅部和我军所赐，波兰军队发挥出顽强的战斗意志，在指挥系统和通讯系统陷入混乱的情况下仍能对我军几个主攻方向发动有效打击。在图赫勒原

---

① 作者注：数量上，交战双方陆军的兵力相当：德军有 50 个师，波兰大约有 40 个师和约 10 个骑兵旅。但德军兵员精干、装备精良，而波兰军队尚未全面动员。

野[①]、在波军突破的布楚拉河一线、在覆盖华沙的地域，德军也曾一度告急，多亏有堪称典范的陆空协同作战和近距离对地攻击机、轰炸机倾巢而出，不顾一切展开集中攻击，这些危机终被克服。俯冲轰炸机、战斗机和驱逐机勇挑大梁，一天多次出动已是常态[②]。

在我的战区，波军所有作战运动几乎必经华沙，这决定了我军战略，就是摧毁通往首都的交通节点。为了避开城市，我要求对桥梁和铁路场站的轰炸专门由俯冲轰炸机和对地攻击机执行，它们在战斗机和驱逐机掩护下投下大量1000公斤炸弹。轰炸铁路枢纽的效果令人满意，但结实的桥梁依然屹立不倒，连1000公斤炸弹也力不从心，由此可见空袭的作用有限，可这个教训我们直到战争最后几年才参透。

那几周里我频繁驾机亲临战场，其中包括有波兰战斗机和高炮重兵把守的华沙。可以自豪地说，我们的航空兵遵照命令，成功地将攻击对象限制在重要军事目标，尽管因为射弹散布的自然规律，附近民宅受牵连遭了殃依然在所难免。我常常造访从华沙任务返航的俯冲轰炸机中队，同机组成员交流，了解他们的感想，检查被高炮击中的战机，它们有的半边机翼被洞穿，有的底板被打掉，有的机舱被开膛破肚，操控系统的零件挂在细缆绳上摇摇晃晃，这些伤痕累累的飞机能返航堪称奇迹。我们必须感谢克彭贝格博士和他的工程师们，他们制造出如Ju 87这样在俄国一直服役到1945年的骁勇战鹰。

随着战役步入尾声，华沙再次面临集中打击，航空队协同楚克特托特（Zuckertort）将军的重炮，一举粉碎敌人的抵抗，奠定胜局。这次联合攻城短短几天就达成目标，9月27日，航空队的主要任务是空袭大炮射程外或者炮击效果不佳的目标点。率军围攻华沙的陆军司令布拉斯科维茨[③]有理由骄傲。10月6日，他在同希特勒最后一次会晤时声称炮击锁定胜局。我不得不代表空军指出，被困城中的波兰兵被“斯图卡”俯冲轰炸机吓得魂飞魄散，而且华沙的目标都是从空中被摧毁，这些都证明了胜利也有我们一份功劳。后来，对华沙的实地视察也验证了我的说法。

华沙投降那天，一桩意外令我们窥见希特勒的心态。后者事先吩咐就在机场的野战食堂用餐，可布拉斯科维茨觉得这种场合理应隆重操办，于是画蛇添足在机库

---

① Tucheler Heath，今波兰图霍拉。

② 作者注：富勒在他所著的《第二次世界大战史》中认为决定德军取胜的不是兵力优势，而是德国空军协同装甲兵团密不可分的快速推进。

③ 约翰内斯·布拉斯科维茨（Johannes Blaskowitz），时任德军第8集团军司令，波兰投降后任驻波兰的德军总司令。

布置了几张桌椅，餐桌覆以纸桌布，摆上鲜花装饰。希特勒勃然大怒，不顾勃劳希契苦苦劝说便拂袖而去，并带着随同人员飞回柏林。后来的事实证明，自此以后布拉斯科维茨便失信于希特勒[①]。

那时我们觉得，苏联在战役结束前掺和进来实在是多此一举，更不要说没多久苏军战斗机就捅下娄子，朝我们的飞机开火。就为了体谅苏联人而咽下这口气可不容易，更激起众怒的是，苏联人很少表现出友军的姿态，连我们最需要的气象报告他们也藏着掖着。我第一次对同床异梦的战争盟友有了深刻理解。

波兰人抵抗了几周便大势已去，这个沦陷的国家被置于军事管制下。此战证明德国空军的战略方向是正确的，但各种危机和挫折依然存在，这要求我们必须亡羊补牢，才能在将来对抗更为强大的敌人。

陆军编队已然离不开强有力的空中支援，这意味着比更紧密的地空协同和空中支援，尤其是斯图卡俯冲轰炸机、战斗机和驱逐机的支援。水平轰炸机的需求量同样在增加。结果，要求提高飞机产量和训练标准的呼声越来越高。

通常情况下，新式飞机（He126、Do17、Me110、He111、Ju88、Do18、He115、Ar196，后三种为水上飞机）服役前都必须通过层层测试，连最快捷的程序还是显得太慢了。饶是如此，飞机的有效航程和武器仍然不足，而且携弹量太少。这些都是技术人员急需攻克的新任务。

高炮部队没有太多表现机会，但给炮兵撑起保护伞，充分证明了自身价值，在地面战斗中赢得口碑。如今重要的是扩充高炮部队，并将其编入大型编队。

我和其他几位总司令一起，在帝国总理府由希特勒亲自授予骑士十字勋章。这也是对第1航空队所有空勤和地勤人员所作贡献的赞赏。无自吹自擂或者贬损陆、海军之意，但我自认可以说，没有德国空军，闪电战就无从谈起，而且地面伤亡会大得多。我同样能以名誉担保：如我所见，德国军人打仗时秉持了人道主义和骑士精神——起码是战场上有可能的骑士精神。

波兰战役需要我投入全部精力和注意力，因而这期间我很少关注同自己无直接关联的其他历史事件，比如意料之中的英法对德宣战，而这件事更加坚定了我的决心：全力以赴赶紧结束波兰战役。我抓住每个机会向手下解释，我们在东方速战速决，

---

① 攻打华沙时，布拉斯科维茨曾经要求德国空军取消对华沙的进一步轰炸，为此还与第8航空军军长里希特霍芬将军发生争执。后来他任驻波兰的德军司令时，严厉批评了党卫军虐待波兰战俘和杀害犹太人的暴行，不但向希特勒打去报告，甚至逮捕了党卫军负责将领。通常认为布拉斯科维茨从此受到希特勒冷遇。

粉碎波兰的抵抗，就能腾出兵力缓解西部之急，这便是我们给予镇守西线的战友决定性的帮助。

我驾机从设在柯尼希斯山的最后一个司令部起飞，飞越波兰战役中第一个司令部所在地亨宁斯霍尔姆，最后回到柏林的家。家里一派喜气温馨，洗去我满身风尘与疲乏。

八　静坐战

1939—1940 年冬季

· 凯塞林的指挥区扩张到波兰北部。

· 重组本土防空。

· 凯塞林转任第 2 航空队总司令。

读者若是知道从没有人告诉过我这个第 1 航空队司令关于往西部战略集中或者希特勒进攻西欧的计划，想必会大感兴趣。我已经奉命将第 1 航空队大部分机构转到一个早期指挥区和驻德国西部的航空队（当时德国空军第 2 航空队和第 3 航空队的司令部分别设在布伦瑞克和慕尼黑）。眼下首先要做的是让这些部队休整和换装。

当时无论是摇摆不定的计划还是希特勒与陆军总司令之间的紧张关系，我都一无所知，直到停战后才有所耳闻。保密工作做得如此滴水不漏要归功于希特勒亲自督办。人们对此持有两派观点，但私以为，这有利于各级指挥官全神贯注于单项任务。以我对军事史的研究，我尤其吃惊于两派观点和焦虑的问题在高级指挥层之间造成的影响如此之大，吃惊于围绕在他们周围的建议和批评。面面俱到则难以深思熟虑，就我而言，那时我完全沉浸于喜悦之中，以至于从没操心过其他战线，它们的问题只会令我从自己的问题里分心。我万分尊重那边的坐镇指挥者，便以为他们不会依赖于我的建议。

当然，也有可能所有问题都被夸大了，况且二战期间有太多以灾难收场的夸大其词。幸而在 1939—1940 年那个冬季，我还无需纠结西方的局势，分内要事尚且令我忙得不可开交。吞并波兰北部后，帝国疆域随之扩展，这意味着近年来在德国东部边疆诸州落成的空军基地也得东扩和重组，此外前波兰空军的设施也需要扩建。这些工作交由比内克（Bieneck）将军负责，这名第一次世界大战的老飞行员时任波森地区的行政军区司令。我多次飞临波兰，每次都欣喜地看到无处不是蓬勃发展的地面机构，到了1939年底，托伦（Toruń）建好了首个飞行员培训学校、轰炸机学校，华沙也有了我们的飞机修理厂。得益于此，训练机构扩展至波兰，缓解了国内空域狭小的问题。随着德国空军大举进驻，空防网遍布了这些地区，无意中促进了对波兰的安抚工作。

鉴于英、法宣战后迟早会发动空袭，组织防空系统跃升为我早前的指挥区里头等要务。优先保护对象有柏林，有包括马格德堡、莱比锡在内的德国中部工业区，还有布雷斯劳[①]及周边煤田、港口，而汉堡和斯德丁更是重中之重。东普鲁士的港口和捷克的工业城市在这一阶段位居次席。

我照例亲自实地视察所有工作，参加了无数场防空演练、空域报告演习以及高炮火控演练。通过圣诞季里突击走访各部队，辖区内防空总体形势在我心里有了数，我确信空军度过了体弱多病的孩童期，假以时日，我们的防空体系还将与攻击性武器齐头并进，进一步发展下去。

1939年最后一个季度的某天，耶顺内克第一次告诉我改组本土防空系统的打算，他急于将部署在国内的全体高炮和防空军整合在一起。于是我们详细剖析了这个主意的一切利弊。新体系未必完美，却是以最简易的方式提供最大限度保护的唯一合理方案，它由高炮专家魏泽将军以及未来的帝国航空队总司令施通普夫将军落实。戈林协助了指导意见的制订，他虽精于发号施令指手画脚，但在大把的闲暇时光里偶尔也会为德国空军思考出许多卓有成效的建议。将高炮部队整合为一支大编队，或者编为高炮师、高炮军这个一本万利的好主意其实就来自戈林。但是，陆军的高炮单位同时还要听命于航空队，自然也就要听命于空军总司令部——此为根本性失策，除非空军自愿退居次席，否则对于集中指挥祸患无穷。

1940年1月12日，我身为柏林军区的空军首长，按照惯例向帝国元帅送上官兵们的生日祝福。接下来的午宴上，帝国高层和权贵齐聚一堂，有机会澄清很多军务问题令我喜不自禁。一天前就有传闻说戈林和希特勒大吵一架，可无人知晓原因，当我听说自己与戈林的会晤被提前一小时，便猜测约莫与那件事有关。果不其然，我以前从未、以后也再未见过戈林像此刻这般垂头丧气，再联想他的性子，能看出一些端倪。事实的确够他郁闷的：两名空军军官迫降在比利时，而乘客携带有西线战役的方案稿。这桩无心之失偏偏发生在空军，戈林胆子再大也吃不消。不过，后果究竟有多严重难有定论，因为现有的相关报告含糊其辞，我们也不知道方案稿的

① 今波兰弗罗茨瓦夫。

哪些部分未能全部被飞行员焚毁，进而落到比利时军方总参谋部及其他们的英法盟友之手。

曾出任德国空军驻伦敦的武官文宁格（Wenninger）将军当时是我们同低地国家往来的代表。他晚我一步赶来，但也无法提供完全令人满意的说明。在场无人怀疑等待那两个倒霉鬼的将是军法审判[①]。但就像首场战役一样，这次幸运依然站在我们一边——简单地说，敌人尚未意识到缴获到的文件的重要性，而我们也马上更改了总体计划。

生平第一次，我不得不听着我们的总司令劈头痛骂，戈林没有冷静下来思考一下第 2 航空队里是否有哪个官员能适当承担这次责任，而是直接撤掉了总司令费尔米中将及其总参谋长卡姆胡贝尔。我们在场其他所有人挨了斥责之余，又被追加了新职务。轮到我时，他恶狠狠嚷道（而且一个多余的词也没有）：“而你，去接管第 2 航空队”，顿了顿，又说：“因为我没其他人选了。”

即使语气不甚亲切，至少说得很直白！

之后的午餐席间，我对我的继任者施通普夫简略交代了他的新职位。

对我而言，两次战役之间的间歇期就这样结束了。第二天一早，我便带着专机飞行员策尔曼登上 Ju 52。飞机降落在明斯特，机身覆盖着一层厚厚冰雪，第 2 航空队司令部就坐落于那里的一片宏伟的空军通信部队军营之中。老下属斯派德尔依然作为参谋长追随我。

---

① 这两名泄漏德军入侵西欧行动方案的空军军官在德国被缺席判处死刑，但实际被比利时官方交给英军沦为俘虏。

九　第 2 航空队征战西欧

· 德军 A、B、C 三大集团军群向西进行战略集中，由 A 集团军群实施主攻（冯·克莱斯特的装甲集群突破阿登山区）。

· 1940 年 5 月 10－11 日，空降荷兰，战役打响。

· 5 月 11 日，攻克埃本 · 埃马尔要塞。

· 5 月 14 日，荷兰投降。

· 5 月 17-24 日，德军装甲军向英吉利海峡长驱直入，包围阿图瓦、佛兰德斯和敦刻尔克。

· 5 月 28 日，比利时投降。

· 6 月 4 日，英国远征军完全撤离敦刻尔克。

· 6 月 5 日，B 集团军群进军塞纳河和马恩河下游。

· 6 月 9 日，A 集团军群向埃纳河发动进攻。

· 6 月 10 日，意大利向英法宣战。

· 6 月 14 日，德军占领巴黎。

· 6 月 19 日，贝当组建新法国内阁。

· 6 月 22 日，德法签署停战协议。

法国战役第一阶段

在德国空军的有力支援下，陆军两个集团军群在波兰一条宽大正面势如破竹，波兰很快溃不成军，可如今换作西欧，又将鹿死谁手？这里有两个坐拥地利的强大军队，我们必须击败它们。我对未来寄予厚望，德国陆军和空军都在波兰一展身手，而且更重要的是，其间吸取的教训是我们远远超越敌人的最大资本。我确信进攻前冬季间歇期里所总结出的经验必能派上用场，而物资装备上的短缺也会在这段时期被填补。另边厢，西方列强在过去四个月里显得优柔寡断，几乎可以被理解为实力不济。

我接替费尔米中将入主新航空队后，发现前期准备工作相当到位，敌人仍毫无动静时我们已出动飞机对对方船运展开了一定数量的侦察和作战行动。

第2航空队这时期的编制如下：

第2信号团

第122远程侦察机大队

第4航空军（军长：阿尔弗雷德·克勒航空兵上将）

第8航空军（军长：沃尔夫拉姆·冯·里希特霍芬少将）

第9航空师（1940年5月23日编入，军长：约阿希姆·科勒将军）

第1航空军（1940年5月15日编入，军长：乌尔里希·格劳尔特大将）

施图登特将军的空降军

第2战斗机指挥部（指挥官：特奥·奥斯特坎普少将）

第2高炮军（军长：奥托·德斯洛赫中将）

第6行政军区（司令：奥古斯塔·施密特中将，司令部位于明斯特）

第10行政军区（司令：沃尔夫中将，司令部位于汉堡）

第2航空队奉命支援冯·博克将军的陆军B集团军群，后者下辖冯·屈希勒尔将军的第18集团军、冯·赖歇瑙将军的第6集团军，博克还有卡尔斯将军的海军北方舰队集群支援。

其后几天我一直飞来飞去，忙着工作交接和情报搜罗。我发现航空队同B集团军群之间疏于联络，便首次登门拜访。看到来人是我而不是费尔米，冯·博克大为意外，但随后为我俩二度携手而由衷地开心。进攻时间定于2月中旬，虽然考虑过计划可能有变，但时机已不容再细细探讨。我反复向冯·博克交代了第2航空队的组织和任务，告诉他我们必不会让他失望，还重点强调了两点：

（1）发动进攻后第三天，第18集团军的装甲部队要与施图登特的伞兵在鹿特丹或附近会合；

（2）陆军先头部队必须在伞兵搭乘滑翔机夺取艾伯特运河桥梁后刻不容缓地建立联系，因为后者独自坚守，相当脆弱。

对于能否按计划如期攻下鹿特丹，冯·博克一点把握也没有，但听我言之凿凿：伞兵的命运连同B集团军群的成败皆取决于机械化部队能否准时到达，遂做出保证，会尽一切努力。我也为他送上定心丸，承诺将给予最强有力的空中支援。为了避免同第 18 集团军先头部队失去联系，该集团军左翼部队必须不断推进，第 6 集团军的徒步掠地应该也能协助右侧的 A 集团军群实施主攻，后者将在龙德施泰特指挥下进攻法国。

我建立的第 8 航空军司令部同第 6 集团军以及霍普纳的装甲军关系融洽，我后来对第 6 集团军的访问更是证实了这种印象。时任集团军总参谋长的是保卢斯，这个名字后来因斯大林格勒战役而家喻户晓。保卢斯预估了即将到来的较量，那份冷静的思维和严肃的态度令我刮目相看，他与冲动的赖歇瑙搭档足以避免大部分失策。

第 4 航空军负责深入到需要重兵集结的地域执行远程任务，具体有：支援远距离空降，摧毁敌军机场的地面组织，观察和对付敌军在后方的运动。

第 10 航空军建制尚待完善，目前还在进行布雷训练，可能将在 1940 年 4 月底或 5 月初投入实战。

通过之前的海上侦察任务，第 122 远程侦察机大队已经进入角色，这是一支能干的队伍，做了极具价值的工作，其损失令人惋惜，但尚在可接受范围内。

在空降军里（第 7 航空师、第 22 步兵师、运输机大队、滑翔机部队等），我根据希特勒的草稿，制定了一套详细的行动计划和战术安排。施图登特将军做了精心和极富想象力的准备工作，他手下的科赫上尉、维茨莱本少尉等人协助完成了复杂的技、战术部分。对于空降行动，我虽非外行，却自认也没精通到有资格指手画脚，我更适合就战术问题提供建议。我很欣喜地看到，第 22 步兵师师长冯·施波内克伯爵少将集洞察力、活力、决断力和灵活性于一身。他后来被控违抗命令，擅自从克里米亚撤退而遭到军事审判，战争结束前在盖默斯海姆（Germersheim）被枪决——据我所知那出自希姆莱或希特勒的即决命令，当时我也大惊失色。

一战老飞行员出身的奥斯特坎普少将负责指挥战斗机近距离支援陆军，为运送空降兵的容克运输机提供全程护航，这又是一块全新领域，需要飞行员具备高超的驾驶技术、组织能力和远距视力。

第 2 高炮军得先解决仓促组建遗留下来的困难，军长德斯洛赫将军曾是一名骑兵和飞行员，拥有丰富的陆战经验，所以能照顾陆军需求。棘手之处在于在行军队列中布置高炮部队，陆军指挥官都不希望自己的部队分散，可又都希望关键时刻高炮能随叫随到。有时我不得不亲自出面，达成折中的解决办法，但也未必次次尽如人意，有时甚至很糟糕。

飞往各部队指挥部初次走访了一遍以后，我在接下来的 2 月到 5 月初继续忙于参谋部会议、计划修订、地面和空中的作战演习。三个月下来，我对第 2 航空队了如指掌，还敲定了换装价值不菲的亨克尔 He 111 轰炸机（装备给第 4 轰炸机联队）和容克 Ju 88 轰炸机（装备给第 30 轰炸机联队）。为了迎接首战，参谋部和部队官兵刻苦操练，和陆军全面达成共识。

1940 年 5 月 8 日，我参加了空降军最后一次战前简令，各级独立指挥官悉数到场，他们的所有疑问都得到解答。依我拙见，信号布置过于复杂，主要原因在于施图登特不愿意太放任第 22 步兵师自主行动。不仅如此，希特勒和戈林指手画脚，进一步阻碍到行动实施。例如，用空心炸药爆破埃本埃马尔要塞的装甲炮塔就出自希特勒的主意；又比如，施图登特被授予一些特权，他亦顺势物尽其用。作为唯一稳定的指挥中枢，航空队司令部明显应该在行动开始的最初几小时里加大干预力度。

如前文所说，施图登特希望在前线亲自指挥，其实他坐镇后方发号施令的效果更佳。只有两个空降师顺畅地接受一个司令部指挥，战场局势才能尽在他掌握。诚然，第 7 航空师本该自备一套作战参谋部，但这个缺憾并非不可弥补。另外还有两个隐患也令我忐忑不安。其一，Ju 52 虽好，作为运输机有个致命弱点：油箱不防弹，而且用于空降行动实属临时起意，因而配备的武器和航程都显孱弱，可空降区上空持续几小时的空运必须按计划把握得分秒不差；其二，长达数百英里的狭长空域将由我们的战斗机提供空中掩护，但 Me 109 航程不足是个老大难问题。所幸奥斯特坎普和他一流的战斗机飞行员们不辱使命。

对荷兰机场的轰炸将与空降同时展开，这事说来容易做起来难。最要命的是，5 月 9 日晚，空军总司令部传来一道揪心的命令，要抽调走两个重型轰炸机中队，用以提防荷兰海岸突然冒出敌军舰船。命令传达下来时我恰好不在，我的作战参谋虽然担心空降行动的时效性会因此被破坏，却也无可奈何。

西线战役第一阶段

起初，行动完全依计而行，艾伯特运河上的桥梁、埃本埃马尔要塞先后被攻陷，伞兵准时降落在穆尔代克的马斯河大桥、鹿特丹机场并占领会合阵地。听到前几份捷报，我着实松了口气。

随着空降行动继续发展，前线战况源源不断地窝蜂而至：Ju 52 在海牙南海岸的机降情况报告含糊不清；一名运输机联队联队长口头汇报他们在鹿特丹到海牙之间的公路上着陆，其间在空中和地面均遭遇敌人攻击；鹿特丹机场一带爆发新的战斗，我军损失了多架飞机。这些消息令我和空军总司令大失所望。我的作战处长飞往鹿特丹侦察，我才算安下心来。空降军发来的报告需要苦等良久，只有呼叫支援的时候无线电报告才飞快地纷至沓来，但仍无法提供任何有关第 22 步兵师动向的信息。

不久之后，空中侦察终于确定一个事实，夺取海牙机场的行动出师不利。5 月 13 日上午，施图登特连连呼叫航空火力支援，要求轰炸鹿特丹城内的据点以及伞兵苦守的桥梁上的主攻阵地。14 点，轰炸机出动，去执行这个有疑问的任务了①。次日，荷兰宣布投降。

战后，与这次军事胜利相提并论的是荷兰人的义愤填膺和纽伦堡法庭对我和帝国元帅再三提出的控诉。轰炸机起飞前，我和戈林在电话里激烈争论了几个小时，争论焦点在于，万一要支援施图登特，应该如何实施他需要的攻击。根据讨论结果，我反复提醒轰炸机联队的联队长要格外留意战区升起的燃烧弹和信号弹，而且要同空降军始终保持无线电联络。但施图登特自早上的无线电通信中断后渺无音讯，航空队司令部便无从知晓鹿特丹城内和周围的事态进展，我们越发心急如焚，况且还存在轰炸机误炸到友军的风险。第 2 航空队和 B 集团军群当时都不知道，施图登特已经开始同荷兰人谈判，但他重伤在身，谈判工作便由装甲军军长施密特将军接手。作为一名拥有过炮兵和航空兵经验的老兵，我对关键时刻通讯故障并不陌生，因此事先提醒过轰炸机联队长，这本来可以阻止他的第 2 中队将炸弹投向鹿特丹。

以下是那位轰炸机中队长的作战报告：

为了支援施图登特将军在鹿特丹城外的部队，我所率领的第 54 轰炸机联队一支中队奉普齐尔（Putzier）少将之命，轰炸城区内的荷兰敌军，对方正在朝马斯河大桥纵向射击，阻碍施图登特的部队的前进。为此，地图上已标示出轰炸目标。

起飞前不久，航空队司令部发来消息，说施图登特要求鹿特丹投降，其间（我们到达目标前）如果荷军答应，则攻击一处次要目标，投降信号是城外马斯河岛上发射的红色燃烧弹。联队兵分两路执行任务。我们冒着防空炮，从略高于 2000 英尺的高度投弹，滚滚浓烟腾空而起，空中能见度极差。我们牢记不惜一切代价只轰炸地图上标识的目标。我带领右路机群，没有看见马斯河上升起红色信号弹，遂将空袭进行下去。

炸弹准确命中目标区。几乎在第一枚炸弹落下的同时，守军停止开火，带领左路机群的赫内中校②发现岛上升起红色信号弹，转而攻击了次要目标。

---

① 德国空军对鹿特丹的轰炸实际发生于 1940 年 5 月 14 日下午。

② 时任第 54 轰炸机联队第一大队大队长。

降落后我向普齐尔将军电话汇报，他问我们是否看到马斯河岛上的红色信号弹，我回答说右路部队没有，但左路看到了一点。我问鹿特丹是否投降，回答是施图登特将军的通讯又断了，显然鹿特丹仍在抵抗。我们的联队需要立即出动，执行同样的任务。

联队再次起飞，但途中从无线电中得知任务取消，鹿特丹投降了。我于是宣布此次出动调整为战术任务，即火力支援地面部队。

虽然报告内容与我所知道的情况略有出入，但鉴于这段证词具有重要国际意义，这里选取其关键部分引用。需要补充的是存在于国际法方面的争议，基于我亲自讯问过当时在鹿特丹的伞兵，轰炸一座城市的守军没有违反《日内瓦公约》，有目的的炮火支援也具有战术合理性。炸弹命中了目标，而后续破坏主要是城内的汽油和油脂燃烧所致，火势在战斗间歇期本来可以得到有效控制。

值得玩味的是，训练第 7 航空师不是为了在西欧战役之初就实施空降，因此只有部分空降部队能参与进攻，共有 4500 名伞兵完成空降行动，其中 4000 人落在荷兰，500 人乘滑翔机降落在埃本埃马尔要塞附近，其余人员乘坐容克运输机和水上飞机着陆。

5 月 13 日中午，第 8 航空军暂时转随给第 3 航空队（负责支援冯·伦德施泰特的集团军群）支援冯·克莱斯特的装甲军强渡马斯河，第 2 航空队主力便剩下第 4 航空军和第 2 高炮军，他们要协助第 6 集团军和第 18 集团军左翼艰难地突破一条条运河，击溃一波波涌上来的各式法军坦克（比如 5 月 14 日的比利时让卢布大战），要支援正在比利时勒芬[①]和法国阿拉斯同英国远征军奋战的地面部队。连日作战耗尽了空军的人力物力，兵力只剩下三到五成。因为补充跟不上逐步增加的伤亡，部队朝着前线机场的转移也几乎无法带动战机日出动数。

比利时军队投降后，我格外顾及手下空勤部队的利益，遂盼着英国远征军尽快步其后尘。鉴于我军装甲军和航空军配合默契、战略精妙、机动部队实力强大，我断定英军投降只是时间问题。

听说空军将要负责独自消灭剩余的英国远征军，我竟错愕不已（或许因为我才得到过一次嘉奖）。将近三个星期的连日征战对航空兵的消耗，想必空军总司令再清楚不过了，他怎么也不至于命令实施这么一个靠新军赢不下来的行动。我向戈林明

① 即比利时的鲁汶地区（又译卢万），位于布鲁塞尔以东。

确表达了上述观点，我说即使加上第 8 航空军支援，这个任务也无法完成。耶顺内克将军持相同观点，他告诉我，基于一些无法理解的原因，戈林向元首保证过德国空军能消灭英军。战事如此繁重，希特勒日理万机，他同意这个不切实际的包票倒是比打包票的戈林更情有可原。我向后者指出，最近出现了先进的喷火式战斗机，它会增大我们的难度和损失——最后果然是喷火保护英法联军越过海峡，成功撤退。

饶是我忧心忡忡，任务也没有丝毫改变——这岂非错上加错、讳疾忌医吗？我军慢慢恢复元气，向着目标再次拼尽全力，连克勒将军也率队亲征。将士们虽疲惫不堪，出动数较之往常不降反增，但在“喷火”的反击下，损失自然也在攀升。恶劣的天气进一步危及飞行安全，这时我们甚至不敢妄言精神胜利。漂浮在海岸的残骸，散落滩头的装备，战斗机、攻击机、轰炸机飞行员返航后汇报的见闻，任谁亲眼见到，亲耳听到，都会同时对我军航空兵的成就和英国人无与伦比的拼搏、智慧和勇气肃然起敬。1940 年我们还不知道英法联军逃走的人数有今日公布的近 30 万之多，以为哪怕 10 万人也很了不起了。希特勒也许有其他方面的顾虑，比如地形不利，比如装甲军人疲马乏，急需休整，但无论是什么，他的决定是一个致命的错误，给了英军重整旗鼓的机会。

向着英吉利海峡的冲刺不可思议地迅速落幕了——从 5 月 10 日到 6 月 4 日三个多星期时间里，横扫荷兰、比利时和英国远征军。我们以损失近 450 架飞机的代价，出色完成了支援陆军的任务，在地面和空中共摧毁 3000 多架敌机，还击沉或击伤若干敌舰，击沉 50 多艘、击伤 100 多艘商船和小船。

法国战役第二阶段

5 月 29 日，即攻陷里尔前夕，右翼的司令们聚在康布雷的机场控制室，先简短交流了过去几周的战事，对此希特勒也特别鸣谢了各级指挥官，接下来他交代了未来的打算，此时西线战役第二阶段大幕俨然也随之拉开。他语气沉着严肃，表示很担心法军主力可能会大举进攻侧翼，这就要求我们必须赶快重组机械化纵队。他对形势的概括相当清醒，包括告诫人们切勿乐观，还极其详尽地说明了时间、地点。我们也褪去了轻松的心态，感觉他对下一步行动思考得极其周全，也意识到了要面临的困难，而我们基于过去同法国人打仗的经验和自身军事造诣，反而不如他想得那么严重。值得注意的是，此次谈话没有提过入侵英国。

敦刻尔克撤退临近结束时，德军在南边进行了一次重组，其间有持续不断的需求加诸航空队司令部肩上，进一步削弱了空军战斗力。我们的主要任务是战术支援在索姆河和塞纳河下游的B集团军群，掩护部队运动。原本向北冲向海峡的冯·克莱斯特和古德里安的装甲军突然调头，直奔南边、东南边的索姆河与埃纳河——任谁从空中或者地面看到这一幕，都会像我一样心潮澎湃，为陆军司令部的灵活性、技巧性以及部队的训练水准深感自豪。不过，在白天急行军能畅通无阻要归功于我们占有制空权。

从索姆河北边一处前沿指挥部，我亲眼见证了第4集团军和霍特的装甲军以惊心动魄之势一举推进到塞纳河，第16装甲军和14装甲军在亚眠和佩罗讷的战斗则稍逊一筹，两军在冯·伦德施泰特的A集团军群旗下第二次重新部署。与此同时，我们空军也对公路和铁路展开集中攻击，炸毁桥梁，破坏法军调动，很大程度上促成了法军崩溃和投降。一个令人懊恼的后果是，尽管飞行员尽量只瞄准成群结队的军事单位，但高空轰炸和低空扫射还是伤及一些混杂其间的平民。

同时期，我们还得承担其他一些重要任务，有时遇到不良天气也不例外。占领英吉利海峡沿海地区后，我们袭击了聚集在港口和南边海岸线上的英法舰船并大获全胜，成功破坏了英军渡海撤退的船运能力。从1940年6月5日后，20天里共有2艘小型军舰和1艘约30吨的商船被击沉，4艘军舰、25艘商船不同程度重损。类似的成果还有铁路和火车站，比如，在雷恩和布列塔尼部分地区一天内共有30辆列车被炸毁。1940年6月3日，巴黎地区的机场突然遭到大规模空袭，法军飞机有100多架被击落，约300—400架在地面被摧毁。此战中我军精湛的技战术水平一展无遗，有的飞机低空进场的同时还故意调整航向，迷惑敌军；有的高空轰炸、低空扫射；有的俯冲轰炸。

短短几天，法军兵败如山倒，战役以6月22日停战协议的签署告终，快得超乎想象。我听说陆军遣散了一些部队回国，盼望希特勒就此罢手，并非我白日做梦，我知道驱使他的除了政治远见，他内心对英国的好感也毫不逊色，这种私心被我觉察过，后来甚至愈发外露。犹记得1943年一次会面，听到我评估英军的表现，希特勒向后一倾双肩，直视着我的眼睛，点评了一句："那当然，他们也是日耳曼族。"

尽管法国投降令我们欣喜若狂，但我们没有忘记自我评估。我们已步入正轨，波兰战役中积累下的经验教训取得立竿见影之效，战争计划通过胜利得到验证，与之相映生辉的是计划的执行。B集团军群与第2航空队天衣无缝的协同作战、快速灵活的重组和集结都堪称经典。近距离支援部队、远程航空部队、高炮部队都显示出德国空军组织结构上的合理性。哪怕是在更艰苦的条件下，集中航空兵力，攻击单个目标也能创造条件，开启胜利之门。

十　转折点前夕
1940年之夏

· 入侵英国的战前准备。
· 凯塞林亲自侦察英吉利海峡沿岸。
· 凯塞林晋升元帅。

古人有云："一鼓作气，再而衰，三而竭"，希特勒却不理会这句至理名言。或许他对外交谈判寄予厚望，即便如此，我们军人却难以理解为什么战争还没到大局已定的时候就开始遣散一些陆军部队。可以推测，希特勒死活不愿同英国刀兵相见，也无意将战火东引，但他比任何人都清楚，如果背后有一支虎狼之师砺兵以待，外交谈判将更主动。

然而，德国空军阵容还不齐整。最糟糕的是，飞机、高炮及其炮弹的生产能力直到1941年10月初才达到最大，哪怕前期几场战役已经暴露出替补不足的问题，也显示出德国空军举足轻重的作用。况且众所周知，飞机生产欲速不达，想要提高产量，发展新机型，前期准备非一朝一夕。到最后，时间一天天流逝，一切风平浪静，我们前线指挥官都摸不透希特勒打算如何与英方和谈，我们唯一要做的就是抓紧时间休整部队，迎接艰巨的渡海空战。

由于关注重心转到英伦三岛，我向基本专职于这行的第9航空师请教了很多经验。走访部队、同优秀的克勒师长交流过程中，我发现一些具备飞行知识和丰富想象力的前海军官兵也被网罗了进来，一个恰当的水手网正在该师编织成型。这批前海军航空兵的任务除了观察整个英格兰东海岸船运交通，还有掩护航海线上和港口通道的布雷作业、对盟军舰船发动高空轰炸和鱼雷袭击。鱼雷机向来对海军言听计从，这不难理解的，因为海航也属于海军事务，只不过它的指挥权从不在海军。无论如何，德国空军从没开发过与飞机性能相适应的鱼雷，令指挥殊为不便。其实我们在 1940 年确实提议过，在快速灵活的飞机上安装一种能在高速飞行状态下投弹的鱼雷，不过那时应该加大对海军施压。另一方面，任谁看到鱼雷机飞行员投弹都会肃然起敬，飞行员们驾驶着老式飞机（包括 He 111），奋不顾身地在低空闯过暴风骤雨般的防空火力，朝战舰投下鱼雷，再从舷侧撤离。

我们的布雷作业更成熟，水雷同样由海军研发。任何武器早晚要被淘汰和替代，空投水雷自然也不例外。料想敌人也会以不断更新扫雷技术来针锋相对。所以一旦某种水雷被攻克，我们立即制造出下一代产品，同样能让无数船葬身大海或者封堵水道，直到这种水雷也失效，如此周而复始①。我军从磁性水雷升级到声响水雷便是这种较量的产物。

不管接下来是何政治动向，空军总司令部授权了在比利时、荷兰设立行政军区，与此同时，空中侦察和监视哨范围得到扩大，一个严密的通讯信号网也组织了起来。一旦这些先进的地区司令部全面建成，我们就更有底气应对铁定会从大不列颠岛杀来的轰炸机大军。

直到 7 月中旬，对英空战的备战命令下达，这些地面组织工作的重要意义才真正体现出来。我亲自侦察了英吉利海峡沿岸，但视野时常为麦穗高耸的麦田所阻。行政军区司令部及附属的劳工营做到了让每座机场在 8 月前都可入驻，还为大规模空袭储备了充足的弹药和燃油。而各高炮中队和航空信号中队有更宽松的时间安营扎寨，他们只需赶在首次作战任务前进驻机场即可。

我们还在忙不迭地制定完善计划时，侦察机已经开始对英吉利海峡和最近的英国港口的船运开展武装侦察，其中一部分任务由第 8 航空军、第 9 航空师及芬克上校的第 2 轰炸机联队圆满完成，另有相当大一部分交由奥斯特坎普的战斗机、攻击机承担。这段时期，我们充其量只能骚扰进出英国的船只。更重要的是，轰炸机部队应该通过这些任务进行热身，形成一套袭船战原理。

英国军工厂不时遭到我方轰炸，其中尤以设在雷丁的维克斯·阿姆斯特朗飞机厂为主，但空袭不曾针对城市——形成对比的是英国空军的手段，对汉诺威、多特蒙德等德国城市的轰炸甚是突出。不过，敌人的惠灵顿轰炸机飞入德国占领区后往往损失惨重，以至于被迫消停了一阵，倒是英国的战斗机依旧打得兴致盎然。

1940 年 7 月 19 日，我在柏林国会大厦聆听了希特勒演讲。所有典礼仪式之中，

---

① 作者注：1940 年 7 月 31 日第 9 航空师报告称迄今共击沉 95 万吨吨位的船只。

我晋升为元帅一事最令人释怀。听到希特勒向英国伸出橄榄枝，我们相信他是认真的，为此还盘算了英国接受的可能性.当时我不知道很多陆军军官视空军元帅们的晋升为浪得虚名，但时至今日我依然坚信，西线战役结束后，如果希特勒从没考虑过和平，那我们谁也不可能晋升元帅。

我拥有陆军和空军服役经历，战争后期同时统领过空军航空队和陆军集团军群，自认对于两大军种的指挥官之职都深谙其道。倘若一切唯战绩至上，那么空军无疑在战略和战术层面都为陆战做出了至关重要的贡献。海军的战略也指引着空军战略，两军一旦出现技术问题，后果都比陆军的问题严重。毋庸置疑，空战对知识和计划的专业性要求更高，虽然两者不在同一层次，但制定空战计划不会比陆战计划简单。同样确切无疑的是，如果涉及到陆战或海战战场，空战指挥官需要全面了解、深入理解三军的基本概念。

元帅的资格无问出身、军种，事实胜于雄辩。不过我给所有空军元帅提一条建议：不要做片面的技术专家，而要学会从三军的角度思考问题、领导全局。

十一　海狮行动与不列颠空战

· 入侵英国前瞻。
· 浑浑噩噩的计划。
· 德国空军的角色。
· 英国空军的实力。
· 第一阶段：1940 年 8 月—9 月。
· 丘吉尔与“海狮”。
· 第二阶段：1940 年 9 月—1941 年 6 月。
· 轰炸伦敦。
· 轰炸工业目标。
· 轰炸行动的原则问题。
· 进攻苏联前的过渡期里的德国空军。

剑指英国的海狮行动在预备阶段便暴露出德国策动战争有多轻率。无论在政治还是军事领域，对英作战都是仓促上阵。有可靠证据显示，即使在 1939 年秋，进攻西欧已成定局，我们的备战也从没把入侵英国考虑进去。假设国防军最高统帅部（OKW）和希特勒太过急功近利，加之横扫西方列强令希特勒也始料不及，可完全忽视入侵英国的想法，对每个军人而言显然都是难以理解的。每逢大战在即，希特勒对备战工作检查得何等一丝不苟，预测结局是何等谨小慎微，但凡知道之人都会从他这次的犹疑不定中得出结论：希特勒试图避免同英国公开交恶。我个人认为，他有个牵肠挂肚的信念：英国会接受他伸去的橄榄枝。同样的道理，疏忽必要的准备工作始终是重大失策。此外，希特勒和德军总参谋部的战争思维仍然局限于欧洲大陆，避讳渡海作战，海军上将雷德尔也能印证这个观点。如果说陆军不愿同大英帝国交战，海军就是直截了当地反对。包括帝国元帅在内，空军将领们的心态更开明，鉴于我们的乐观主义向来饱受诟病，这次变本加厉的积极态度——我故意使用比较级，倒实乃秉持空军传统。

不入虎穴，焉得虎子！概括局势必须以迄今的战争走势为基本前提。三场胜仗已经展示出德国国防军的实力，英国远征军被逐出大陆，重振旗鼓尚需时日；皇家空军亦遭重创，战斗机部队到9月6日濒临绝境，许多机场残垣断壁，位置再优越也未能幸免。英国没有对地攻击机，“惠灵顿”那样的中型轰炸机则为少得可怜的出动数付出了代价，它们损失惨重。英军轰炸机群通常连高炮这一关都闯不过，沦为如饥似渴的德国战斗机的猎物只是早晚问题。我们运用恰当的战术便能打散英国战斗机机群，各个击破，终将其歼灭。此外还可以出动伞兵，他们搭乘滑翔机，通过扫射、投弹或其他方式毁坏雷达站，令引导英国战斗机迎敌的本土防空系统陷入瘫痪。英国无力保持传统意义上的制空权，原因很简单，他们缺乏能击溃登陆舰队的空中打击力量，即使他们孤注一掷，也会被击退。

德国空军仅凭一己之力无法对抗英国本土舰队，那是一项需要调动海军、空军及全体武装力量的任务。对方的布雷和重型岸炮引来德国高度重视。问题是，英国海岸水雷密布，来不及清扫干净，因此能供英国本土舰队机动的英吉利海峡水域大幅变窄。且不论我后来有了地中海战场的经验，即便在这时我也无法理解我们的海军对待英国岸炮的态度。不难推测这些岸炮当然能被压制，海上炮击和空中轰炸足矣，更不要说还有烟幕弹可用。可海军却表示突击航道及邻近水域的所有岸炮得到压制才能发动入侵，他们的要求太极端。

联想到1942年，有一次我同意大利最高统帅部洽谈马耳他登陆事宜，意大利海军要以摧毁岛上岸炮为条件。我回复说这不可能做到，又解释道，我见过很多袭击，敌人的炮火根本没被压制，却也没危及到行动的成功。只要能赢得整场战役，甚至整场战争的最终胜利，即便一两艘舰船被击沉也是可以承受的——何况那也未必意味着船员全体牺牲。

我对西贝尔型渡轮[①]信心十足，也曾亲自登船体验过。它易于大批量装配。1940年，我尚未见识过图卜鲁格之战中英军4艘驱逐舰被我军88mm炮干掉2艘，也未见识过安齐奥－内图诺登陆战中，拥有厚重装甲板的舰船以类似的方式被我们轻、中型岸炮击退，可即便如此，我也能肯定，我军防空坚不可摧，大量装备有3门88mm高射炮和轻型炮的西贝尔登陆艇不仅能保护布雷水域不被敌人扫雷艇破坏，还能保

① 德军为入侵英国而制造出一种浅水双体登陆艇，由飞机设计师弗里茨·西贝尔（Fritz Siebel）领导研发；最初供陆军和空军联合使用，“海狮计划”失败后，德国海军也开始装备，“西贝尔”被广泛用作高炮浮动平台、炮艇、护航和布雷以及港口防御等任务。

护渡口，抵御小股英国海军的攻击。我知道德国海军厌恶一切不是纯粹为他们设计的船只，但坚持认为，作为西贝尔先生天才般的发明，西贝尔渡轮加上工兵突击艇是运送部队渡过英吉利海峡的利器，不会逊色于它们后来在墨西拿海峡、突尼斯和西西里海峡的表现。

海狮计划最值得注意的一点是攻打荷兰时积累的空降经验被束之高阁，还有提议说摈弃空降支援。我们本来能通过正确的计划，拿出足够的伞降和滑翔机机降兵力，打掉登陆海岸的防御工事和雷达站，夺取几处机场，供一到两个空降师着陆。

如同荷兰、比利时之战一样，针对埃塞克斯、肯特和萨塞克斯的大范围牵制性轰炸将迷惑英军指挥机构、守军和民众，为主攻创造有利条件。但无论如何，一个前提条件必须具备，即德国军备产能不仅不能下降，还得提升到一个前所未有的高度。

我不仅将自己的观点解释给戈林听，还向第 9 集团军总司令布施将军和几位有才干的海军将领解释过，然而核心目标依然一片模糊。备战几周以来，我越发确信海狮行动不会启动。对照前几场战役的备战，这次空军内部没有开过一次可供军长们和各兵种指挥官讨论细节的会议，更别提同陆军总司令部或希特勒开会。在设在法国沿海的第 2 航空队前线指挥部里，我同戈林以及参与“海狮”的海军、陆军将领们会面也只是非正式交谈，而非有约束力的会商。我甚至对于目前的空袭与登陆计划之间的关系也云里雾里，上面既没有命令下达给航空队里的将领们，也没有明确的指令要求第 2 航空队应该采用什么战术任务，或者做好哪些准备工作以便与陆军、海军协同作战。更令我灰心的是，根据 8 月 6 日收到的口头指示，我相信定于两天后发动的空袭便是“海狮”前奏。结果这次空袭自打一开始，实施方式便与前期指示大相径庭，同入侵也格格不入。除此之外，每个指挥官都应该明白，以我军当时的装备，即便在最理想的条件下，一场空中攻势如果超过 5 个星期（即 1940 年 8 月 9 日到 9 月 15 日），不可避免的损耗势必将超出发动入侵所能允许的范围——由于物资和人员补充得不到保证，或者满员作战兵力撑不了数月之久，损失便更令人无法承受。

要实施入侵，德国空军首先需要重拳出击，震慑岛上守军，然后以基本齐整的阵容发动突然进攻。不过说到这点，当时禁止轰炸伦敦地区的空军基地，这个错误令我们在争夺制空权之初便蒙上阴影。另一个有待商榷之处是，在特定时段压制欧洲大陆对面的英国港口是否真有那么重要？不过，即使发动不列颠空战的作战令让我高兴不起来，同帝国元帅几次谈话后我对“海狮”也重拾了些许信心。我无法想象仅仅为了原地踏步就把空军宝贵的军力白白浪费在价值甚微的攻击目标。也许陆军总司令部顾忌诸多政治和军事问题，始终无法下定决心，于是频频将入侵视若儿戏，权当良心慰藉，除此之外我想不出其他合理假设能解释海狮行动前的反常。我不得不同意英国军事历史学家富勒笔下观点：海狮行动经常被惦记，从未计划过。

有了这个浑浑噩噩的“海狮”计划，英伦空战深受其害。包括希特勒在内，明眼人都清楚，凭德国空军一己之力不可能使英国屈服。既然是不可能完成的任务，那么德国空军失败一说便无从谈起。我们空军指挥官同样清楚，空战优势或许能有一时，但不占领不列颠岛则不可能长久。道理很简单：在德国轰炸机鞭长莫及的英国腹地有太多空军基地、飞机和发动机制造厂。同理，英国只有少数几个港口完全位于我军攻击范围内，德国战斗机有限的航程更是雪上加霜。

所以我们听说“海狮”会取消或者推迟后根本乐不起来——类似的传闻自 9 月初已不胫而走。我们意识到，从此对英作战的重任将在更加险恶的条件下由德国空军独自承担，这时我们的愤懑之情不难理解。

毋庸置疑，英国本土和海上的经济目标是战略轰炸的关键一环，如果精心计划，设定好目标，经济战将收获称心如意的结果，但我们发起它只是为了替代另一套流产的行动，该行动空有宏图霸业，没有针对所有可行之计的专项准备工作，这意味着经济战成了破绽重重的临时抱佛脚。

这时，第 2 和第 3 航空队要完成分配下来的任务已经很吃力，飞机数量和航程都捉襟见肘。同 1939 年进攻波兰时一样，这次我们也仓促开战，所以眼下的装备无力支撑大范围的经济战。诚然，我们把岛上的英国人压得喘不过气，却无法割断大不列颠的命脉。

英国作者们夸大了海狮行动发起之日，即 1940 年 9 月 15 日的德军兵力，比如丘吉尔说有 1700 架飞机。对比我国年产量报表就会发现他的数据有误。1939 年生产的大约 450 架战斗机[①]到了 1940 年 8 月都可视作报废。类似的，1940 年战斗机总产量约 1700 架，其中 600 架损失在早先的荷兰、比利时、法国之战，粗略估计大约还有 400 架在 8 月前未能交付军队，因此我们的战斗机实际最多只有 1700－1000=700 架。如果加上截至 9 月两支航空队共 200 架 Me 110 驱逐机，总共也只有 900 架单发和双

---

① 作者注：这个数据取自维尔纳·鲍姆巴赫（Werner Baumbach，战时的德国空军轰炸机飞行员和指挥官）所著的《太迟——德国空军的兴衰》（Zu spät - Aufstieg und Untergang der deutschen Luftwaffe），普勒茨（Ploetz）在所著的第二次世界大战史中给出的数据是：第 2 航空队和第 3 航空队共 1361 架轰炸机和 1308 架战斗机，推测 1308 架战斗机包括了上文提到的未能交付的 400 架。

发战斗机，而非丘吉尔所说的 1700 架。

根据政治和军事目的，1940—1941 年的英伦空战可分为几个不同的阶段。

第一阶段：1940 年 8 月 8 日到 9 月 6 日。这一阶段包含了为计划中 9 月中旬发动入侵所进行的空战准备，换言之即消灭英国防空力量，同时继续攻击船运，以图扼杀对方的补给线、削弱空军军备产能。具体措施有：由大规模战斗机编队对英格兰东南部的空军基地进行不定期的扫荡和低空空袭；由变换规模的单支轰炸机编队在战斗机护航下轰炸工厂。俯冲轰炸机和战斗轰炸机攻击英格兰东部和南部海域的补给线，附带袭扰和阻碍入港卸货。严禁恐怖袭击。

首轮交锋过后，损失惨重的英国战斗机开始回避强势的德军，皇家空军部分地面机构也转移到德军战斗机作战半径外的内陆。这时，我们出动小规模轰炸机群，诱使英军战斗机再次升空拦截，直到这招也渐渐失效，敌机在天空几乎销声匿迹，以至于我们也无计可施，因为对方明显是奉命一律避而不战。我们难在迫使敌机应战，而非将其击落——加兰德、莫尔德斯、奥绍、巴尔塔扎等大王牌们辉煌的空战战绩便是明证。

击落和击伤敌机的数目对双方的意义迥异，英国飞行员在本国领空被击落后可以跳伞，可以迫降，伤愈和领取新飞机后再次升空作战是迟早的事。德军则不然，飞行员一旦降落在敌国，便是永久损失，倘若只是发动机被击中，德国飞行员还有机会落在海上等待营救，只不过这种情况往往同样意味着永久损失。尽管我们不乏安全保障措施，飞行员配有救生装备，海空搜救也会迅速出动，但海空搜救队的红十字标识不被英方认可，无法享受国际法保护①。值得一提的是，无论在英国海域还是地中海，我们自然而然地派出海空搜救队同时营救英国飞行员。

我军战斗机飞行员在英国对手避战的不利条件下依旧取得可观的战果，但代价也很大。英军大约 700 架飓风式和喷火式战斗机飞机自开战后共损失了 500 架左右，而同时期德军共损失了 800 架战斗机、轰炸机和侦察机，后者损失更重的原因上文已有说明。航拍照片显示，针对利物浦、伯明翰、考文垂、泰晤士港、赫尔（Hull）

① 作者注：丘吉尔对此表达过英方观点："在 7、8 月，标有红十字的德国运输机开始成群出现在海峡，无论那里是否发生过空战。我们不承认这种营救被击落的敌国飞行员的方式，因为他们很可能会因此卷土重来，再次轰炸我们的人民。我们自己会尽可能地实施救援并俘虏他们，但依照战时内阁批准的明确法令，任何德国救护飞机将被我方战斗机驱逐或击落。"对于这道法令的公正与合理性或许存在异议。然而，任谁像我一样目睹了"飓风"小队无视国际法，持续攻击海上的德国救护飞机和机组人员，都不会有其他观点。

等地的飞机制造厂和查塔姆、纽卡斯尔、希尔内斯（Sheerness）等港口的轰炸效果显著。根据我多次从战地指挥部观察所见，俯冲轰炸机和战斗轰炸机的袭船战同样大获成功，战果远远超过前几个月，尽管单座飞机的有效航程不足。空投水雷的战果基本上无法清点，但英方也承认它们不容小觑，这也同我连续收到的第9航空师战报相符。

进入9月，我们短时期内在局部赢得了空中优势，但空袭伦敦地区后难以为继。不过岛外还是任由我们驰骋，如入无人之境，可见英国轰炸机确实难堪大用，他们构成的威胁远远小于严防死守的英国战斗机部队。惠灵顿轰炸机战斗力低下，而德军高射炮威力十足且人员训练有素。

作为“海狮”的预赛，我们第一阶段的空袭计划轻虑浅谋。有德国和英国作者写道，首轮较量以德国空军败北告终，德国空军未能夺取制空权，于是导致入侵行动取消云云。这种批评在形式上便错了。容我概括要点：“制空权”是一个绝对概念，换句话说是掌控天空，它只有在敌人的空军接受挑战的情况下才可能赢取，现实却不是这样。皇家空军的策略对症下药，但证明不了他们实力强大或技高一筹。某种程度上，皇家空军飞行员可谓出色的防守专家。

德国空军在不列颠空战第一阶段不可谓不成功，起初我们保持了交换比优势，英军无法充分组织防御，前几场战斗也显示我方占据上风，一直拖到后来，我们不得不承认打成平手。

为配合入侵而对军工厂、港口、补给站和军营的空袭具有不容小觑的心理威慑力，也达到破坏敌国经济的作用。

对于发动一次入侵，如果谋划者能采取必要步骤，成功占领制空权，如果能避免一切无谓的兵力消耗，如果德国空军能在行动实施之日全体焕然一新、整装待发，那么战斗部队就能完成他们的使命——那些条件其实都是可以圆满实现的。

英国的战略局限于倚靠所有能倚靠的技术知识和新式设备死守到底，偶尔几次对法国沿海碌碌无为的夜间轰炸也改变不了这个事实，反而告诉我们，若真发动入侵，英军轰炸机不足为惧。空袭占领区的德国空军基地如同隔靴搔痒，倒是针对德国城市的恐怖性空袭性质更严重。

这场争夺制空权的战斗掀开了战略空战的新篇章，值得每个空军将领重点关注。我个人被禁止飞向英国方向，但我会在出击部队飞出海岸线时尾随一程，希望以这种方式尽到一份司令官的职责。偶尔我会插手作战行动，通过与返航机组交流，时刻把握他们的情绪波动。我渴望了解官兵们的感受，并以此为参考发布命令。不过这个习惯有时招人厌烦。意识到这一点是因为我发现机群开始转到我监管区域以外的机场，朝着南北两个方向起飞。如果发现编队队形散乱，我会用无线电下令返航，我相信这份慎重减少了他们的损失。只是对官兵们而言，在不列颠空战前两个阶段，敌机明显还比不上他们要命的总司令可怕！

****

按照丘吉尔著作中《最光辉的一刻》一章所述，英国估计德国势必会铤而走险、发动入侵，只不过德国“未能占领制空权”才前功尽弃。丘吉尔认为，德军内部的主要反对之声来自海军，他们敏锐地意识到入侵有多困难。这点我同意。“……海峡上空的绝对制空权作为约定中实施行动的前提条件并没有实现”，雷德尔点明所有反对意见，成功说服了希特勒，其目标就算不是完全取消这场冒险，也是推迟它。他这一手很是漂亮。总而言之，一切责任看似都在德国空军，可我连续数日在位于格里内角（Cape Gris Nez）的指挥室观察英吉利海峡，几乎没有迹象显示敌机占有空中优势，也没看到敌海军活动，以及任何能对我军在海峡活动持续构成实际威胁的因素，飞行员们也证实了我的观察结果。（值得注意的是，后来在西西里和突尼斯之间的海域，英军空袭我军小型运输船和驳船，但因为我们火力十足的防空炮，几乎未造成任何损失。）

希特勒若真铁了心实施海狮计划，会像入侵挪威时一样，排除万难，将个人意志凌驾于三军之上——他与丘吉尔在这方面的性情倒颇为相似。若真如此，就不会有那些似是而非、令三军将帅难以达成共识的命令了。

对于英国政府为提高岛上防御潜能所投入的精力，我唯有钦佩。不过根据本人后来在别处抵御入侵的经验，我持以下观点：

防御工事和其他障碍物的价值无可争议，但如果做不到持久卫戍，投入过多只能适得其反，因为它们反而会被打过来的敌军坦克、巡逻兵和空降兵所利用。我认可英国人民的拳拳报国之心和献身精神，但不认为地方志愿军这些民兵组织具备任何战斗价值。他们手中低劣的武器便首先不敢恭维。即便那批地面正规军也不过炮灰而已，就像1944—1945年间德国兵的下场一样。德国的人民冲锋队得到了大力宣传，武器强过英国地方志愿军，结局也是一败涂地。站在牺牲生命的角度看，将这样的队伍投入作战需要承担极其重大的责任。在德国，我们发现最好的办法是征召退役士兵，分派到前线军团。英国地方志愿军守疆固土的斗志再昂扬，也不要对其战斗力抱太大期待。

那段时期，英国最多能向英格兰南部投入十五六个能打运动战的一流的师，但实战经验无法与身经百战的敌人相抗衡。如遇空降、空袭等敌对行动，预备队的调动势必受拖累甚至被破坏，随后以彻底失败和重大损失告终。所以和丘吉尔的观点相反，我坚信，一次筹备周全的攻势最晚在8月以前发起的话必能站稳脚跟——后续成败则更多地取决于德国空军和空降兵。

当然，我们最大的威胁来自英国本土舰队，只能靠德国海军和空军倾尽全力，集中打击，方能化解危机，而海军的踟蹰不前无助于开展海空协同作战。饶是如此，只要认真策划和实施，没有迈不过去的坎，当时我们可以用飞机和布雷舰在港口通道口集中布雷，可以出动潜艇、驱逐舰、鱼雷艇、西贝尔渡轮的优势兵力，外加岸炮和施放烟幕，这些方法都可以压制强大的英国海军。粗略估计，上述行动由海军和陆军岸炮部队承担六成，德国空军承担四成。

持续数月观察英国空军的活动后，我心里有了数，9月形势依然有利：

1. 荷兰、比利时和法国北部的天空牢牢掌握在我军手上。

2. 英国的昼间空袭代价高昂，势必会取消。

3. 在夜间，英军起初以微弱的兵力轰炸攻击沿海目标，后来袭击机场，但都不足挂齿。

4. 虽然为“海狮”行动设想的高炮防护还不可用，但（敌人）突袭海峡沿岸的登船港口收效甚微，连德国海军报告也有提及。

5. 英军对德国城镇的夜间轰炸愈发频繁，但没有造成重大破坏、物质损失以及民众恐慌。

一旦面临入侵，以皇家空军当时的实力恐怕无力承担多重任务，比如空中侦察、回击包括伞兵在内的登陆部队、压制敌军补给、阻止护航船队驶回法国港口，以及为驱逐舰提供战斗机护航。上述任务需要攻击德军机场和沿海港口；攻击英吉利海峡以及散布在辽阔海面上的大大小小船队，攻击敌人地面部队，还要保护己方的陆地和海上交通。不难想象，凡此种种，远远超出了皇家空军的军力。况且我们的战斗机、驱逐机和高炮也不会坐视不理。至于轰炸机，我无法想象英国那支无论数量还是战绩都乏善可陈的近距离支援力量能造成什么重大破坏，尤其是它们还要突破德国空军天衣无缝的防护，各港口还有德国海军及其防空炮虎视眈眈。英国重型轰炸机另当别论，它们的目标位于德国腹地，不过当时国内的高炮和夜间战斗机尚可将它们的入侵抵挡在可容忍的范围内[①]。

总而言之，放手一搏，困难在所难免，甚至充满艰难险阻，但成功并非全无可能。凡事都有风险，不仅需要万全之策，还需要坚决果断的执行和积极乐观的心态。倒是防守一方的丘吉尔出色地达成了上述条件，但我敢说，换做德国将领也不会逊色于他。

****

从 1940 年 9 月 6 日到 1941 年 4 月，不列颠之战进入第二阶段，入侵计划逐渐被弃，德国空军首要任务变成袭扰英国军工生产和供应，根本目的是降低英国武器产量、全面打响经济战。在这一阶段，“报复性空袭”也开始了。

读透了新任务之深意的人都明白，“海狮”行动被判了死刑。一个千载难逢的良机也随之付诸东流。行动时间先推迟到 9 月中旬，然后变为“无限期延迟”，一直拖到 1941 年春再无下文。

希特勒下令的报复性轰炸伦敦只不过是表面上偏离了最新指示，因为选定的轰炸目标都被归为“经济战”一类。

---

① 作者注：简单提及交战双方兵力对比。因拿不到德方材料，此处只能依据丘吉尔的数据。从经验判断，作战兵力比实际兵力少 30%，这点请注意。

按照丘吉尔所著《他们最光辉的时刻》第 14 章和附录 C-2、附录 3、附录 4，7 月 10 日至 10 月 31 日，英德平均作战兵力如下：

（a）德国空军	战斗机（架）	
	Me 109	850
	Me 110	350
	总数	1200
	扣减 30%	840
	轰炸机（架）	
	水平轰炸机	1015
	俯冲轰炸机	346
	总数	1361
	扣减 30%	（约）950
（b）英国空军	战斗机（架）	
	飓风式 + 喷火式	608
	扣减 30%	（约）430（不含布伦海姆式和无畏式夜间战斗机）
	轰炸机（架）	510
	扣减 30%	（约）360

补充说明一点，德军可用的飞机会全部投入到入侵行动，也就是说可作战兵力本来远不止这个数，但是上表所列的可作战兵力比对作为估算数可以反映一些问题：840 架德国战斗机对 430 架英国战斗机，950 架德国轰炸机对 360 架英国轰炸机。

我们制定战略、投入突袭兵力和选择目标会依据天气变化、敌军防守以及自身的训练和装备情况而做出调整。德国空军司令部被批评为兵力分散（这点并非全无道理）、战果参差不齐，我本人堪称“重拳出击”狂热信徒，却尤其饱尝这样的批评。深受诟病的改变轰炸目标是应1940年秋季和1941年春季的形势不得已为之——除了个别时候，我们只能屈从于上级毫无回旋余地的武断命令。上上策显然应该是：先衡量目标价值，做出选择，再通过不间断的轰炸，将目标夷为平地，接下来留心观察，一旦该地出现重建的迹象则加以袭扰，破坏建设。但如果经济战优先，我们的招数就捉襟见肘，我们缺乏具备远程作战能力、爬升动力足、速度快、载弹量和火力强劲的四发轰炸机，况且也没有远程战斗机能为深入敌后的轰炸机提供护航。最后一个问题是，行动有赖于天气，可那几个月里天气变化无常，持久的大雾、连绵的阴雨和积云都阻碍了大规模的后续轰炸，最终导致有效轰炸功亏一篑。偷袭能兼具利益最大化和避免重大损失，或许还能故技重施一次。但不久之后，我军损失攀升至极限，因为英国战斗机和高射炮反应敏捷，前者集合得更敏捷，及时挡在目标上空和进攻航线上。眼见一次次被敌人不可思议地看穿意图，为了避免德国空军失血而亡，我们别无选择，只能变换攻击目标、时间和进攻方式。

第一次声势浩大地轰炸伦敦军事设施发生在戈林亲临前线之时，助攻性轰炸先行一步，入夜再补充夜间轰炸，结果大获成功。亲眼目睹一个个中队列队划过天际，杀向伦敦，再从前线司令部里感受到空袭的力量，戈林兴奋至极，以至于面向全国人民发表广播致辞时情难自禁。他的讲话冗长又浮夸，无论作为普通听众还是军人，我听着都很倒胃口。

我们不乏热忱和实力，为了实现目标，我们需要的是幸运女神眷顾。所谓谋事在人，成事在天，大举空袭伦敦次日，天气便急转直下且不见好转，严重阻碍了行动条件，削弱了打击效果。整个9月，我们以不同的出击规模，几乎夜以继日地空袭伦敦地区，主要目标是具有战略意义的军工厂、交通枢纽和贸易中心。次要目标是港口设施、武器车间等，其轰炸效果起伏不定。南安普顿、朴次茅斯、利物浦、伯明翰、德比、查塔姆等地为首选。

由于护航的Me 109航程有限，空袭只能局限在英格兰南部。我们曾想过用Me 110双发战斗机（驱逐机）护航或者携弹独自轰炸，但未能付诸实践。事实证明Me 110太慢太笨拙，自身反而需要战斗机保护，那段时期战斗机护航困难重重，甚至稍后也不见改善。飞机在云层中要维持密集编队很吃力，不失散已属不易。没有仪器能协助解决这个问题。战斗机飞行员不会仪表飞行，迫使轰炸机中队有时只好独闯虎穴。倒霉的是，天气因素却很少阻碍到英国战斗机出动。遇到阴天，最好的解决办法让那些同时能飞双机和三机编队的飞行员组队出战。

根据安排，我们和第 3 航空队展开了一些联合行动：对不同目标同时发动集中攻击和交错攻击；对普通目标展开全天候持续攻击。面对我们携带炸弹的战斗机和驱逐机来袭，英国守军一时会陷入迷惑。

与此同时，英国也加紧了对德国的恐怖袭击，但在实体和民心两方面均收效甚微。卡姆胡贝尔将军领导的德国夜间战斗机屡屡提前赶跑敌机，自身也逐渐历练成长为本土纵深防御中不可或缺的力量。

墨索里尼派出一支航空军加入了英伦空战，我们对此喜忧参半。德意两军此番合作的最大亮点莫过于双方航空兵结下了深厚的战友情谊。说到意大利空军，我无意妄下评断，但他们的战斗机确实比不过现代化的英国战斗机，连飓风式战斗机都比不过。意大利轰炸机无法在白天出动。后来我们转入夜间行动，但意大利轰炸机飞行员既缺乏仪表飞行训练，也缺乏合适的仪器。当意军轰炸完赫尔的港口设施，三三两两返航降落，我都会长舒一口气。他们所能取得的战果总显得得不偿失。司令官福吉耶将军是个明白人，意识到问题所在，便抓紧一切空余时间加强训练。

英国防空体系立足于强有力的高炮拦阻，可高炮并非决定性因素。从当年到现在，本土防空的主心骨永远是战斗机力量。意识到这点的我向戈林建言，除了用轻型轰炸机突袭，重型轰炸机也要参与攻击。我对自己起誓，通过正确运用重型轰炸机，以较少的投入和损失博得更好的结果。

不列颠之战从此进入了新阶段，轰炸机飞行员的个人技能和勇气在这一阶段发挥得淋漓尽致。我们依旧不时出动重型轰炸机编队，不求造势，而是希望通过单独空袭一些关键工业目标，比如发动机厂，阻碍英国工业生产。此类飞行任务自然要经过周密计划，有时我会亲自审查。计划中总有一个或几个备选目标，一旦出现意外可以转而攻击其他重要目标。机组成员虽热情高涨，但这些轰炸不算太成功，或许有一些骚扰的效果，但不妨碍英国工业产量。

尽管如此，变换作战方式有出其不意之效，减少了我们的作战损失。原本针对军事目标一系列大规模轰炸于是变成了对伦敦、对利物浦、曼彻斯特、朴次茅斯和考文垂等港口和军工重镇、空军基地无休止的突袭。考文垂由轻型轰炸机编队对付，再以航空布雷巩固。

我们已经使出浑身解数，无论是大规模集中轰炸还是单独袭击，总体结果依然不尽如人意。如果拖到严冬又将如何？那时经济战加剧，我们的目标是否越发遥不可及？如果要对英国战争机器造成实质性破坏和打击，就应该调整战术。于是从1940年11月开始，我们转入夜间轰炸。

第2航空队、第3航空队与施通普夫的第5航空队（总部在挪威）开展联合对英作战行动时，指挥权掌握在空军总司令手里。宽广延绵的海上航线和漫漫黑夜使我们清醒地意识到，这样打下去会将德国空军逼至极限。只有亲历者才知道这种战争方式意味着带着最后一滴油返航，意味着凭借仅剩的一个发动机在海上飞行数百英里。参战的机组成员飞越结冰层，时刻笼罩在被英国夜间战斗机击落的危险中，他们配得上最崇高的敬意。

这些轰炸任务的通行原则是：

（1）权衡攻击目标对于英国战争经济的价值，据此做出筛选；

（2）大型轰炸机编队发动攻击，其后以袭扰的方式干扰对方清理工作；

（3）如果目标无法通过航空照片、现有最准确的地图进行精准定位，最新情报也无法提供位置、军事价值，则不予攻击；

（4）对所有出战编队和单独作战的机组成员详细布置简令，并同各军长、航空队司令或者空军总司令仔细核查；

（5）由挑选出来的轰炸机机组提前飞临目标区域，进行侦察和照明，类似于后来英军著名的“先导机”。

然而敌人的拦截力量与日俱增，我们的作战任务则受困于距离、导航和天气，因而更加艰难。

不过，我们逐渐权达通变。无线电设备完好则万事大吉，可一旦出故障，那就是一段对所有地勤而言都焦头烂额的体验，他们要在恶劣天气或大雾天里引导返航轰炸机降落在合适的机场，他们费尽九牛二虎之力，用上所有技术辅助设备，有时仍难免会失败。这种情况下，如果无法保住飞机，至少要保住机组成员性命。为此飞机要么紧急迫降在沿海，要么继续飞到德国西部和中部地区，比如新勃兰登堡，给机组成员留出跳伞逃生的时间。有意思的是，如果飞行员在布鲁塞尔上空跳伞前重新配平了飞机，这架飞机会继续飞350英里左右，最后耗尽剩余燃油坠毁在如佩勒贝格、施滕达尔等地。

那几周里，我们举步维艰，除了一些潜艇部队和小型船队还有活动，陆军和海军都一边休整一边静待晦暗不明的未来。德国空军却在使出浑身解数，阻碍英国物资供应，拖延对方重整军备。我们反反复复轰炸港口和工业中心，尽管目标形形色色，我们还算是取得了一定的集中打击效果。

整个第二阶段，天气成为决定性影响因素，可我们的作战行动从没懈怠过两天以上。图表显示，战机出动数在1940年8月和9月达到峰值，然后稳步下降，从12月开始再次攀升，至1941年4月停止。从1941年4月到6月，出动数呈显著下降。战报和航拍照片表明轰炸成果显著，但轰炸的效力却被我们高估了，一如后来盟军也犯下的错误那样。炸弹直接命中后确实破坏极大，这在航拍照片上清晰可见，但即便重磅炸弹也难以达到彻底摧毁的效果。燃烧弹效果更佳，成千上万枚被投到辽阔的目标区后，大火能吞噬被重磅炸弹破坏后的残存之物。

然而，防守依然顶住了进攻。即使空袭有如暴风骤雨，英国人民也渐渐习以为常。男人们以过去难以想象的团结一心，全体投身于加固房屋、清理废墟的工作。无论足以寸草不生的高爆弹一排排倾泻而下，还是对单个目标一轮轮的反复攻击，在当时都史无前例。确实，任何摧毁大不列颠王国战争潜力的企图都似白日梦。

后来的事实很清楚，要武力征服一个拥有广阔的战争潜力和强壮根基的国家，需要经年累月、夜以继日地施以强有力的空袭和恐怖袭击。1940年轰炸考文垂那样异常成功的行动纯属侥幸。在纽伦堡的国际军事法庭，被问到这次袭击时——它在英国激起举国愤慨也在情理之中——我解释说，考文垂及城里所有军工厂被精确标注在目标图上，它们在英国的地位好比缩小版的德国埃森。空袭的巨大成功乃天时地利所致。便利的距离使得我方轰炸机一个晚上能出击两三次，当晚的照明度又有利于导航和瞄准。即使精准轰炸也难料后果，考文垂之灾万分不幸，却是任何规模化轰炸不可避免的。在熊熊火势和冲天浓烟的上空，不可能做到准确瞄准，必然的投弹散布量只会有增无减，进而殃及邻近地区，这绝非我们主观故意。出自军人之口的和平主义难免会被人质疑，但质问当事人的感受也不对，首先也是最重要的原因在于，一个有责任心、懂现代武器的军人自然明白总体战有多么可怕。

这里要提醒读者，一，德国政府希望促成空战被国际法禁止；二，所以这场空战的责任人被指控的罪名有误。我重申一点，在一些个案里，德国空军总司令部下达的纯粹的恐怖空袭命令实际上都得到了调整，航空队将其改为针对军事目标。轰炸不设防的城市实为皇家空军首开先河，这点我敢打包票，英国战争史学家也能证实。此外，德国空军司令部是怀着勉为其难的态度承担下报复性空袭的，例如在9月轰炸伦敦。

从长远考虑，空袭英国的次数在逐渐下降——只不过起初我也被蒙在鼓里，哪怕我注定要继续在接下来的对苏战役里身居要职。谢天谢地，从那时起我有了更多的机会去琢磨如何休整部队、重振军力，如何应对变幻莫测的天气。德国空军的总体负担趋于缓和。直到1941年5月才开始显著减轻。

1940年12月24、25、26日以及除夕之夜，我均下令停止指向英国的作战飞行，料想英军亦会如此，可惜只是一厢情愿。我时常被批评为纵容自己感情用事，对此我无法完全否认。我强调这一点，不惧反驳，哪怕我曾是反人类罪加身的死刑犯。

岁末年初，我获得了战争期间唯一一次假期。然而事与愿违，得知辖区内几座城镇遭受猛烈轰炸，我不得不中断休假飞回荷兰，在那儿同卡姆胡贝尔、夜间战斗机联队长法尔克上校展开严肃探讨。我给了他们两个选择，夜间战斗机联队要么从基层整顿，要么解散，但也承诺尽我所能满足诸多个人心愿，交换条件是必须拿出切实成果。

他们确实拿了出来。这次会议后，我依然同夜间战斗机部队保持密切联系。有卡姆胡贝尔这位组织者，有身经百战的法尔克，还有塞恩-维特根施泰因少尉（亲王）和施特雷布上尉等未来的夜战王牌飞行员，这支军队很快打响了名号，被视作可怕的防空力量。夜战部队每逢重大军队或私人社交活动，都会邀请我这个“夜间战斗机部队之父”。同时期，我们首先狠抓技术升级，地面雷达设备完美地标示出了敌机来犯的航线。在一个探照灯师管理下，探照灯与雷达形成密切配合。这套系统成功实现了“照亮夜战”，而有了机载雷达，我们便可以“隐藏夜战”。自新防空军组建以来，英国夜间轰炸机群更多选择从德国海岸线来袭，由此得见新防空军的效率。

1940年年底几个月里，英军的轰炸造成了人员伤亡并在相关地区短暂引发混乱，但都不痛不痒。另一方面，英军虽损失可观，却也能轻松弥补。他们加大了对设在荷兰、比利时的德国空军地面组织的夜间空袭力度，虽一如既然以失败告终，但或许证明我军对英国的空袭卓有成效。英国轰炸机绝不敢在晴空万里的白天进犯，但我们不时会撞见武装巡逻的英国战斗机，对方偶尔也会捞到大鱼，第1航空军的好军长格劳尔特将军便是因座机被英军战斗机击落而牺牲。敌机越是迟迟不来进犯，占领区的防空炮炮手们倒越发惴惴不安。

1940年圣诞节至新年期间，我访问第2战斗机指挥部。机场铺着一层细雪，我的小飞机刚降落，一阵猛烈的20毫米航空炮便前来接风洗尘。事后我自然痛斥了奥斯特坎普等人一顿，他们辩解称，接报有“英国轰炸机”来袭，这个借口和荒唐地栽赃给陆军高射炮一样让我难以接受。历史有时会自动重演，1942年在突尼斯，我有一次驾驶我的Fi 156鹳式联络机，同样被意大利高射炮当做英国轰炸机招待了一顿，多亏意大利炮手高估了射速修正值，我才幸免于难。

从构思到结局，这场空中战役该被视为败仗吗？

西欧地面战事闪电般落幕，丢给德军司令部一个措手不及的局面。德军有多么缺乏一个长远计划第二次暴露无遗。如果走一步算一步，不规划好下一步打算和最终目标，则必留后患。无论希特勒对待英国的态度背后有何动机，我都确信他在那几个月里从没有认真盘算过进攻这个岛国。不列颠空战，一场对我们无所求，却暴露出妄念何其盲目的战役就是在这种局面下拉开序幕的，这样的开端注定要影响进程和结局，一如事实所展现的那样。战果常常低于预期是个不争的事实，而症结之所在，从这一仗便能看出来。不过，考虑到战局发展，考虑到包括了最不利的天气条件下的升空出战的飞机数量，“德国空军输掉不列颠空战”一说恐怕有待商榷。

正如前文所阐释的那样，历史无法证明，“海狮”夭折是因为德国空军未能完成任务和英国顽强抵抗。否则行动取消后，对大不列颠的一系列轰炸绝不会旷日持久地延续了九个月。事实上，由于“海狮”行动缺乏计划，动用德国空军不过是权宜之计，用以填补对俄国的战争大幕开启前的空白期。公平看待我们的成就的话，应该说，即使我们未能达成目标，也曾非常接近它。只要将这十个月的英伦空战与后来盟军对德国持续三年的轰炸做个对比，任何人都会发现，我们的努力不容贬损。

****

温斯顿·丘吉尔采信了一个德国出版物里老生常谈的观点：9月以前，英伦空战都是为“海狮”行动做准备，以下是针对这一观点的几点异议：

（a）在据信是海狮行动发动之日的前夕，戈林下达的命令给第2和第3航空队安排了大批五花八门、几乎和“海狮”行动风马牛不相及的目标。

（b）航空队的首长们被完全排除出“海狮”行动所该有的计划和准备活动。

（c）9月5日的命令指示空袭伦敦时应避开政治中心，主要集中攻击泰晤士河沿岸的设施。这些目标虽有一定价值，但几乎看不出和入侵意图之间存在任何关联。

（d）在第17号元首指令中，希特勒提到了一周的准备期，仅凭这一点就能看出入侵行动从未经过深思熟虑，因为我们最初构想至少需要5周的准备时间。

丘吉尔提到了空军兵力差距：法国战役中德军是英军的两三倍，到了敦刻尔克一战甚至升至四五倍。他的数字大体上应该没问题，尽管我相信德国空军的高出动率（轻型飞机一天能出动三到六次）对人的直观感受有着不小的影响。遗憾的是，经典的战斗机交锋本来能直观呈现这种兵力差距，却在当时难觅其踪。我方的一点优势是可以依计而行发动进攻，而英国空军不得不循着敌人的一举一动，这必然导致一种得不偿失的损耗，足以阻断任何成功的机会。英军的侦察和控制设备或多或少也会受此影响而陷入混乱。

8 月 20 日，丘吉尔告诉议会，英国战斗机历经所有搏杀过后比以前更加强大了，此话只能从心理层面理解。因为就我们所见，直到那时还是没有重大的空战。就算以平均 30% 到 50% 的损失率计算，我们还是能保证常规补充。丘吉尔在书里写道：几个不同阶段的较量过后，“戈林只好屈从于无差别轰炸伦敦和工业中心这招”，进而又道：“（自 9 月底以后德军的）集中打击让位于四处出击”，暗示我们在一定程度上被迫放弃了计划好的行动。他的后一句话提到了大量分散的英国空军基地，这倒更接近真相。“这样，就真正的攻击点而言，他们能集结重兵，辅以佯攻和欺诈手段来集中打击我们，”他写道，可战术灵活性绝不等同于实力不济，事实是我们避免了一些部队失血过多、一蹶不振。这场空战中，我们几乎自始至终都以基本未衰减的兵力保持着进攻态势，哪怕面临最不利的天气和防守条件。而且，英伦空战在 1941 年 6 月中断后，我们还能持续数月以赫赫军力与战果征战苏联，同时依旧活跃在英国上空，以上事实都展示出我军的实力和自信。

我欣然赞同丘吉尔的赞誉之辞，他说皇家空军“没那么容易被摧毁”“是胜利之师”，凭他们的胆魄和技艺，英国飞行员当之无愧于这番盛赞，同样当之无愧的还有皇家空军整个防御体系，因其对新技术、新方法有着堪为典范的响应能力。另一方面，恕我不能接受“初次尝试便以德国空军在 7、8、9 月里一场决定性失败告终”一说。中断一场自身很顺利的战斗和决定性失败根本是两码事。英国的官方宣称手册《不列颠空战》说得很清楚——“这就能解释德国为什么为了继续他们下一阶段计划，几次在原本应该将一种进攻方式继续下去的关键时刻放弃之。”

一言概之，这场激战中，交战双方棋逢对手，你追我赶，履行着各自最崇高的职责。

十二　苏德战争爆发
1941年11月底前

· 1941年6月22日，德国北方、中央、南方三大集团军群入侵苏联；

· 陆军北方集团军群穿过波罗的海沿海诸国开赴列宁格勒；南方集团军群向乌克兰挺进；

· 中央集团军群（下辖两个装甲集群、两个集团军，后来扩充到三个集团军）：7月初，比亚韦斯托克－明斯克包围战；

· 7月16日，中央集团军群攻占斯摩棱斯克；

· 8月初，包围奥尔沙－维捷布斯克的苏军；

· 8月9-19日，戈梅利之战；

· 9月9-19日，中央集团军群分兵南下，配合南方集团军群合围基辅；

· 10月2-12日，德军三个步兵军及装甲军对莫斯科发动迟来的进攻；维亚济马－布良斯克双重合围战；

· 11月2日，古德里安的装甲军止步于图拉；

· 第4装甲集团集群止步于莫斯科外的莫扎伊斯克；

· 莫斯科征途现危机。

代号“巴巴罗萨”的对苏战争计划属于最高机密，绝不容走漏一丝风声，参谋人员和部队官兵一样，一概被蒙在鼓里。我认为不宜让我的参谋部提前一两个月就专注于此事。1941年2月20日，一个负责制订计划的小组在柏林郊外的加图空军学院成立，由戈林亲自领导。参谋团负责人勒贝尔上校随时将最新进展知会于我，或者要我做决定。1941年年初，我飞至华沙，同驻军司令克鲁格会商，并就地域的空军地面组织给出了一些补充指导意见。5月我再访华沙，视察第2航空队的东线基地部署工作，这次发现机场建设无法在6月前完工——表面上是被不利的天气和地形条件所误，好在能及时赶上调整后的行动时间：6 月 22 日，我核对发现戈林分配给我的军力不足以完成中央集团军群所需要的空中支援。后来我来到戈林停在巴黎北郊的专列车厢指挥室，同他一番唇枪舌剑，在担任空军总参谋长的老朋友耶顺内克支持下，终于被应允了一个最小规模的额外的空勤部队和一支高炮部队，后者是我据理力争所得。听闻提出上述要求的人不止我一个，我能理解戈林说这话时的暴躁；与此同时，对英空战也不能停。但我坚决反对，原因有三：其一，前面两场战役传授给我了地面部队对空中支援的要求；其二，以我们这点大打折扣的军力继续同英国空军耗下去，结果令我极度怀疑；最后一点，我的极力主张能大幅提高空军战斗力。

1941 年 6 月 12 日或者 13 日，我从法国北部沿海动身，参加希特勒召开的最后一次“巴巴罗萨”行动研讨会。会上决定，官方名义上我继续留在西欧，以便让全世界相信由德国空军主力在凯塞林元帅率领下仍在力战英国。

前章已经提过，应对闪电战时，希特勒在波兰战役前夕说了《苏德互不侵犯条约》的签署，我为此大大松了一口气。那是在 1939 年 8 月 23 日，现今已是 1941 年年中，短短两年就风云变幻，以至于曾经压在我心头的忧惧全然烟消云散了吗？目前欧陆列强联盟支离破碎，英国陆军败走敦刻尔克后呈游兵散勇，英国皇家空军也仅限于小打小闹。我们的侧翼北边有法尔肯霍斯特的陆军第 21 集团军和施通普夫的第 5 航空队在挪威保护，南边是隆美尔的非洲军和意大利军队。最近一场闪电战消除了巴尔干地区的威胁。美国是否参战存疑，至少短期内不会。

由此可见，两线作战的实际危险在 1941 年比 1939 年小得多，那么是否非进攻苏联不可？希特勒在 6 月 14 日最后一次面向将领们的演讲中再次表示，与俄国之间的一仗不可避免，若不想被对方伺机攻打，现在就要先下手。他又一次点拨道，苏德友好之所以无法长存，问题在于存在两种公认对立的意识形态，这种对立迄今也无法根除。希特勒还提醒我们，苏联在波罗的海沿岸和西部边界地区动作频频。此外，种种迹象显示苏联大有进行动员之嫌，比如两国交界地区的苏联士兵变本加厉侵犯我国居民；苏军在靠近边境地区的活动；苏联军工业的急剧增长，等等。

1939 年 9 月，苏军在边境 200 英里纵深部署有 65 个师，当年 12 月增加到 106 个。到 1940 年 5 月是 153 个师加上 36 个摩托化师，总共约 189 个师。而在中央位置，苏军亦有大军集结——仅比亚韦斯托突出部就有约 50 个师，这部署背后很可能包藏祸心。不仅如此，我们都知道苏联空军的地面机构靠近边境，带有明显的攻击性。

在我看来，希特勒所谓“一出现进攻我们的有利时机，俄国人一定会抓住”观点合情合理。炮制一个兴师问罪的理由对于克里姆林宫而言信手拈来，他们有的是时间。不过，虽然他们是韬光养晦的老手，我还是自几名刚从苏联回来的空军工程师所做报告里了解到，那边已经启动一个巨型工厂和军火计划，不日我们的产量就将被甩在后面。遗憾的是，戈林和希特勒对此只当做浮想联翩。我相信，今天只有一个无可救药的乐观主义者才会暗示苏联会满足于自己在波兰战役后的地位。

那么，倘若十有八九要开战，1941 年有怎样一番军事前景？对我们不利的是，提议的进攻日期还是太晚了，尽管这方面的困难在一定程度上能通过限制目标得到弥补。我们的优势在于，通过两场大型战役、两场小型战役积累下丰富的经验，这是苏军望尘莫及的。我们都是久经沙场的老将，对打仗了如指掌。诚然，20 年代我们发展坦克和飞机时确与苏联不相伯仲，但自那以后我们取得长足的进步，在发展速度和得到验证的试验数两方面都创下过纪录。而苏军的羸弱却在苏芬战争中暴露无遗。单谈德国空军，我对飞行员们充满自信，冯·博克的集团军群无需担心协同作战的第 2 航空队会令他们失望。

这一战不会轻松，或许有着层出不穷的危机。补给问题肯定会带来意想不到的困难。但是，阻止共产主义向西欧侵蚀这个目标还不够重要，不值得我们倾其所有去实现吗？希特勒在《我的奋斗》里说两线作战是一个危险的错误，至少我不认为他忘了自己当初的观点，不知险恶就投身于两线作战。也许他受“据内线而战”[①] 观念所驱使，相信先伺机消灭苏俄，就可以立即调转枪口，集中兵力，粉碎西边的威胁。但有一件事是肯定的——他基本没想过从地中海沿岸国家发动进攻，给予苏联沉重甚至致命的打击。这个战略还能同时在英国最脆弱的要害部位捅一刀。希特勒的陆权思维根深蒂固，以至于惨痛地低估了地中海的重要性。

1941 年 6 月 15 日或者 16 日，我飞抵华沙，降落在北郊一个非常优越的机场。我发现，航空队司令部的组织工作在能干的新任参谋长赛德曼将军指导下进展神速，参谋部和战斗部队要么业已到位，要么像冯·里希特霍芬的第 8 航空军那样，正从克里特岛陆续赶来。飞机密密麻麻挤在机场。改良的伪装、完善的飞机报知服务和火力十足的高炮即使无法抵御全部空袭，也很有可能将苏军的空袭效力降到最低。

指挥官们担负的责任表面轻松，实际上异常沉重。我在得力干将、高级信号参谋赛德尔博士开战前夕自杀身亡时便无比确信这一点，他明显被工作重担压垮了。接替他的阿申布雷纳（Aschenbrenner）上校曾任驻莫斯科的空军武官，对俄国人知根知底，这项人事安排自然令我喜出望外，正是得益于他灵活敏锐的信号控制，第 2 航空队才能始终洞若观火。

---

① 内线指一个部队的阵地处于两支或数支敌军之间的态势，一般而言，能比敌军更迅速地向一点集中兵力的态势，称处于内线。

我无数次驾驶双发双垂尾的Fw 189飞过集结地域，了解那里的幅员和纵深距离，此间还头一次尝到暴雨倾盆的滋味，雨势如此巨大，要不是从巴尔干赶来的部队准时到达还有一丝挽回余地，我们差点要被迫推迟进攻时间。为了最严格保密，航空队命令飞机在靠近边境的机场上空只能低空飞行。采用突然袭击机场的方式，对苏联空军的打击效果更佳，因为过了6月20日，克里姆林宫方面不会再对恶化的局势抱有幻想。

我同冯·博克元帅（中央集团军群总司令）的会议简短干脆，两人已经知己知彼。6月21日晚上我们又把他心头所有潜在的忧虑和念想讨论了一遍，其间我发现他的精神状态全然不似前几次战役前夕，他闷闷不乐，心事重重，合乎一名负责任的统帅面临生死大业时的样子。我又一次意识到了两个默契心灵之间简单交流意见所产生的慰藉。在这场充满未知因素的战役中，我希望同陆军集团军群的指挥部保持更密切的联络和不间断的沟通。联络官是一名空军总参谋部的军官，早年也在陆军服役。每天晚上他必须来我的指挥所汇报当日“陆军的态势”，讨论次日对策，同样的，他也要听取“空军的态势”，以便向陆军集团军群总司令做详细阐释。

作为空军指挥官，我粗略调查过一次陆军的调动情况，还收到过航空军和高炮军发自陆军前线的一手报告，有时它们同陆军指挥部的报告相比存在较大出入。我会在每天晚上的情况通报会上评估陆军态势，指示联络官于贝将我的批评意见传达给陆军集团军群总司令，只有遇到个别紧急情况，我才会让自己的总参谋长、或者自己亲自致电冯·博克。冯·博克知道我的交涉并非越俎代庖，完全是一个合作伙伴急于帮助兄弟部队的正常反应，毕竟两军同舟共济，目标一致。每天早上，我要同空军总参谋长耶顺内克将军就这一天和第二天的计划进行深入详细的探讨，晚上往往还要再梳理一次，目的是让戈林在元首的通报会上多为空军争取利益，同时也让这些计划更贴合军事目的。极罕见的情况下，比如在斯摩棱斯克和莫斯科，我受益于这套联络机制，极力将自己对于陆军某些措施的观点传达到可以拍板定夺的决策层。其实本章标题若改为“德军陆空协同之典范”也无妨。出于对陆空军精诚合作的信赖，我教导手下航空及高炮部队的将军们，除非事关空军重大利益，导致陆军的要求不具有可行性或者存在不利影响，否则要像对待我的命令一样认真顾及地面部队的需要，这样丝毫不影响我们的上下级关系。我和我所有指挥官都自豪于我们能想陆军之所想，在能力范围内，第一时间完整地处理任何合理的请求。

战役的目标在命令中表达得很清楚：击溃在白俄罗斯（即从边境线到第聂伯河之间）的苏军。因此，由冯·博克的集团军群主攻苏军集结地域。苏军将被一次势如闪电的推进消灭，来不及退出战斗，撤往广阔的草原。届时苏军轰炸机也只能撤退到第聂伯河东岸的后方基地，从此再也无法威胁到德国本土。空军总司令下达给我的命令里规定了首要任务：一是赢得空中优势，如有可能，占领制空权；二是支援同苏军交战的陆军，尤其是装甲集群。任何下一级任务如果会造成有害的损耗，必须先行搁置。很明显，我这个任务即便无法一举圆满完成，也肯定能陆续完成。

关于第2航空队的可用之兵，前文提过我坚持讨要来一点最微薄的兵力。我的据理力争渐渐得到回报。除了一支远程侦察机中队指挥部，第2航空队麾下部队还有：

第2航空军（军长布鲁诺·勒尔策），包括：

一个侦察机中队、两个轰炸机联队、一个俯冲轰炸机联队、一个战斗机联队（拥有四个中队）、一个驱逐机联队、一个信号营和一个战时编制的行政军区参谋部，这些部队组成了第二近距离战斗指挥部。指挥官菲比希。

第8航空军：（军长沃尔夫冈·冯·里希特霍芬男爵），包括：

一个侦察机中队、一个轰炸机联队、两个俯冲轰炸机联队、一个对地攻击机中队、一个战斗机联队、一个驱逐机联队、一个信号旅、一个战时编制的行政军区参谋部。

第一高炮军（军长阿克斯特·黑尔姆）后来换为第二高炮军（军长奥托·德斯洛希），均下辖三到四个高炮团

波森航空行政军区[①]（司令：比内克）

出于铁一般的地面战术原因，行动发起时间定于（6月22日）破晓时分，这非空军所愿。届时单发战斗机和斯图卡俯冲轰炸机无法编队飞行，发动进攻对我们极为不利。不过我们最终克服了困难。

在先进的航拍技术帮助下，开战后短短两天，我们便成功占领制空权。部队上报共有2500架敌机在空中和地面被摧毁，起初帝国元帅不信有这么多，他在我们继续推进后进行了核查，然后告诉我，我们比实际歼敌数还少报了200到300架。从第二天开始，我观察战场时能看到苏军重型轰炸机群从纵深袭来，允许击落这些垂死挣扎、溃不成形的飞机几乎给我带来负罪感。天真的苏军轰炸机一队接一队、按时向我军战斗机自投罗网。这是十足的羊入虎口。苏军发展壮大轰炸机大军的根基就这样被斩断，事实上整场战役中苏军轰炸机都销声匿迹了。

起初，“斯图卡”俯冲轰炸机独自攻击地面敌军，两天后它们得到越来越多的航

---

① 在德国空军中的正式番号为第2航空行政军区，在1941年“巴巴罗萨”行动中作为德国空军第2航空队的预备队驻波森，下辖Bf 110驱逐机补充训练大队和Bf 109战斗机补充训练大队各一个。

空队友军增援，任务也进入了下一阶段：1）消灭敌人的空军，这个任务已经不再需要任何具体的分遣部队了。2）支援坦克和步兵，肃清当地抵抗，或者消灭构成侧翼包抄威胁的敌军，这类任务主要由俯冲轰炸机和对地攻击机完成。3）出动俯冲轰炸机、对地攻击机、战斗机和轻型轰炸机，实际上是使用一切手段击溃或阻挡苏军赶赴前线和退出战斗；4）破坏苏军在铁路上的作战运动；5）持续开展侦察。仅仅几天后，我便能驾驶我的 Fw 189 独自飞临苏军战区，可见头两天的攻势彻底打垮了苏联空军。

布列斯特－立托夫斯克地域的战斗一直进行到 6 月 24 日，该地要塞终于被一枚 2500 磅炸弹炸开。与此同时，装甲集群一鼓作气冲向明斯克和比亚韦斯托克（战斗从 6 月 26 日进行到 7 月 3 日），最终俘获 30 万苏军，但未能全歼在此地作战的敌军。装甲大军朝着第聂伯河与“斯大林防线”长驱直入，而第 4 集团军和第 9 集团军只能将麾下非机械化师逐步调往包围圈，此时危机不可避免地出现了。这次重创包围圈内苏军的行动帮助了装甲集群打过第聂伯河的机动。

在冯·里希特霍芬的第 8 航空军支援下，第 3 装甲集群于 7 月 9 日占领维捷布斯克，为他们胜利进军斯摩棱斯克北边和东北开辟了有利跳板。行进在极端落后粗糙的土路上，第 3 装甲集群的势头被断断续续的恶劣天气所阻，苏联战区的威胁至此终于露出本来面目。包括坦克在内，所有全履带车辆和绝大部分补给运输都只能依靠公路干线，此事为地面部队敲响警钟，困难还在前方。

第聂伯河一线的战斗（7 月 10 日至 11 日）表明苏军抵抗疲软，但仍有一支规模庞大的预备队，哪怕素质低劣。

德国空军在一场场大捷中起到举足轻重的作用。苏军无论在大道还是小径，无论在铁路还是营地，无论前进还是后退，一旦被我们发现，都会遭到集中打击。俯冲轰炸机、对地攻击机和战斗机后来还对显眼位置的河流两岸各段防线发动低空空袭。在快速推进过程中，空军地面组织遇到的困难甚至比陆军的还要大，因为地勤的摩托化程度低，也没有全履带车。此外，除了少数几个提前确定好的机场，其余前线机场要靠我们自行查勘和装备，陆军不会提供直接保护。

为了同部队保持密切联系，紧紧把握战场动向，6 月 23 日，航空队将指挥室搬到布列斯特—立托夫斯克附近一列火车上，7 月初进一步搬到明斯克以东的运输汽车指挥所。

在开战短短几周时间里不可思议地拿下广阔领地后，关于这次攻势何去何从的争论出现了。我支持中央集团军群的主张：应该将这场已经持续几周的歼灭战继续进行下去，跨过第聂伯河，一举全歼苏联红军西方面军。统帅部却举棋不定，迟迟无法下定决心，只不过他们的踌躇尚未体现到前线。

战斗在斯摩棱斯克合围战（从7月中旬到8月初）时进入白热化，我军大获全胜（再次俘虏30万敌军），但依然无法锁定胜局。如果能封锁斯摩棱斯克包围圈东边的缺口，或许苏军就彻底回天乏力，戈林和我都提出紧急建议，上面也是置若罔闻。几天以来，一股数量可观的敌军趁着夜色，穿过数英里宽的狭窄缺口，穿过一个小溪流过的山谷中部，最后成功溜走了，山谷的地被植物掩藏了他们的活动。如果我们的对地攻击机能在白天以不懈的空袭扼杀掉苏军潜逃的势头，那么对方（我估计人数逾10万）就没有机会趁夜晚逃走，也不会在日后成为苏军新生的骨干。这次未能全歼敌军（后来我仅仅还记得7月30日至9月3日期间代价高昂的叶利尼亚突出部之战），责任不在部队及其指挥官。包括德国空军在内，很多师不堪重负，根本已是强弩之末，而且补给线拉得太长。

长话短说。将近一个半月以来，行军接着战斗，战斗接着行军，我军就这样突破了近500英里纵深，其中一段时间是泡在凄风苦雨里；部队要正面应战撤退的苏军和后方增援而来的苏军；第二梯队和第三梯队要同被困在大大小小包围圈里的苏军战斗，要对付大量涌现的游击队，还要对付具备有效装甲防护的苏军强击机，后者以单支小队的规模冲下来低空扫射。任何寻常的希望这时都成了痴心妄想。比如一次常规换装，比如撤出火线、稍事休息，哪怕片刻也好。

敌军开始包抄中央集团军群暴露的右翼，这对我军构成新的威胁。于是1941年8月1日开始，第2航空队不得不在罗斯拉夫尔（Roslavl'）为古德里安的装甲集群提供航空火力支援和高炮支援；接下来——也可以说几乎同时，还要支援冯·魏克斯将军的第2集团军，后者在戈梅利一带激战正酣。8月末，航空队进一步协助陆军肃清被留在斯摩棱斯克到伊尔门湖（位于大卢基以东）之间的低地的苏军残部，战斗至此进入白热化阶段。三位将军在8月异常活跃，完成了几乎不可能完成的任务。魏克斯在戈梅利俘虏10万人、古德里安在罗斯拉夫尔的俘虏3.8万人，施图姆在大卢基俘虏3万人。我的空军同样凯歌高奏，在极短的时间内摧毁了126辆坦克、上千辆汽车和15座桥梁，更不消说在前线给苏军造成的血淋淋的损失。

这些战斗刚打响时，我将指挥室一口气搬到斯摩棱斯克，以沙塔洛夫卡－斯摩棱斯克－维捷布斯克一线为基地的空军轻装部队正在那边奋战。同样在这条线上，我们能为重型轰炸机做的，只有创造起飞条件而已。“巨人”重型滑翔运输机[①]迎来首次实战，它们从奥尔沙起飞，向沙塔洛夫卡运输补给。缴获来的苏军机械化货车

---

① 指梅塞施米特 Me 321 运输机。

适宜越野，当地的马车也被我们物尽其用。地勤部队甚至顺手用缴获的苏军坦克击退过袭击机场的敌军坦克。

1941 年 8 月，关于如何、何时继续向莫斯科进军的问题始终压在我们这些中央战线的指挥官心头，军队也在无所事事地干等着。在我们怨声载道中，统帅部踟蹰良久，（于 1941 年 8 月 21 日）最终决定将主攻转向南方。

两个观点或许可以解释为何非要在 9 月初转而南下对付布琼尼的集团军群[①]。实际上，冯·博克的中央集团军群和我的第 2 航空队大部分主力当时正对南边，不得不另建一条南方战线，令伦德施泰特的南方集团军群成功包围布琼尼的军队。好在大战了四个多星期后（8 月 28 日—9 月 26 日），布琼尼的军队连带基辅的命运走到尽头。9 月 13 日，冯·克莱斯特和古德里安的装甲集群在基辅以东 125 英里会师，俘虏苏军 65 万人有余，缴获将近 1000 辆坦克和 3500 多辆摩托化运输车。

这里不能不提第 2 航空军的决定性贡献，否则对德国空军有失公允。如果没有第 2 航空军的轻型轰炸机（其中一部分还转随到了南边的第 4 航空队）提供了强有力的支援，地面战斗条件会更为艰苦，因为俄国人吃足了前几次的教训，在白天几乎完全遏制住我们的交通。紧密飞行编队在恶劣天气里很难维持，尽管如此，我们机组成员还是展示出了高超技艺，战斗区内被彻底炸毁的铁路线就是证明，短短一截铁路上滞留有二三十辆火车，它们随后被驱逐机打烂。此战直到最后几天，公路上再不见任何苏军目标，就算出现也必挨上有着毁灭性下场的无情打击。

随着 8 月 21 日，朝基辅方向进攻的命令下达，关于叶利尼亚突出部的争论以放弃为结局就此平息。完成了无线电信标和弹药装载后所有远程轰炸机整装待发，随后以政府、武器和交通枢纽为主要目标飞往莫斯科。诸如在沃罗涅日的大型飞机厂、图拉和布良斯克的工厂、布良斯克拥挤不堪的铁路调车场被定为备选目标、恶劣天气时的目标或者战术性瞬间目标。只有在恶劣天气里，才靠单轮战斗机突袭这些目标。

对莫斯科的空袭令我忧心忡忡，机组一旦被击落便是永久损失。就连闯荡过英国上空的老兵也对苏军防空炮和探照灯的效率心有戚戚。苏军战斗机数量也在日渐增多，幸亏只在白天露脸。空袭结果与我的预期之间存在一定差距，但对比目标的体量，我们确实心有余而力不足。炫目的探照灯照得人心慌意乱，而且为了多携带燃油，必须减少载弹量。几年后，我在蒙多夫战俘营受审期间听到一个苏联女翻译无意中提及“轰炸何等可怕”，为了我出色的轰炸机部队和机组们，我欣喜地扭转了

---

① 原文如此。布琼尼时任苏联红军西南方向总指挥部总司令，指挥西南方面军、南方面军和黑海舰队。

过去的看法。无论如何，持续空袭除了造成物质性破坏，还能为城市的崩溃做准备，只可惜其未能物尽其用。

伴着阴晴不定的天气，我们不停地出动战机，奋战在中央集团军群两翼，8 月和 9 月上半月就这样飞驰而过。我同意冯·博克的观点，第 4 集团军和第 9 集团军占领的阵地不适宜冬季战役，尤其是正面的敌军还明显有所增强。要再次朝这个方向碰碰运气，就要早作打算。一次成功的合围或许就能打垮苏军，并确定下我军在冬季的战术。赢下这一仗后，进军莫斯科的可能性必定取决于我们的军力、状态，以及至关重要也最不确定的因素：天气。

自 9 月 15 日开始，我们以精打细算的干劲，筹备起新一轮攻势。我在梅茨服役时期的故交，现指挥第 4 装甲集群的霍普纳将军不看好此战前景，似乎还对北方集团军群的战绩平平无法释怀。我两次向他解释中央集团军群的情况迥异，使他明白了此值千载难逢的良机，能以侧翼包抄实现突破。我还保证空军会鼎力支持，他这才逐渐重拾信心——战斗打响后我几次拜访，见他无不是笑容可掬。

关于我的航空队，战术思路很清晰。高炮部队主要立足于地面，用于右翼主攻方向上的炮火支援和打击；对地攻击机的身手有目共睹，自是继续为陆军开路；重型轰炸机将封锁后方战场。最近几场战斗中敌机近乎销声匿迹，相较而言，南翼成为它们最活跃的空域。

随着右翼外侧的战斗以俘虏65万苏军落幕，可以说，我军又“小胜”一场。9月初，第 2 装甲集群冲向南方地域时天公不作美，经由图拉大迂回挺进莫斯科的意图受挫，糟糕的天气还阻碍到空中支援。雨雪交加之下，本就坑坑洼洼的道路经过沉重的全履带车进一步碾压，到了破烂不堪的地步，导致行军耗费了大量时间，到了 10 月 5 日近乎停滞。地勤试过用高炮牵引车一架架地挪动飞机，以拖绳或导轨咔嚓一声断裂告终。第2装甲集群的给养没跟上时，一部分物资得由空军空投。由于没有冬季装备，陆军一些单位的生理和心理压力渐渐濒临极限。

东线一系列大战至此到了转折点。正如后来一目了然的那样，繁重的战事、与日俱增的精神压力令我在魏玛国防部时期的老友古德里安将军，这个坚韧强悍的装甲集团军司令也吃不消。

鉴于形势发展，我觉得这次攻势的战略目标再难企及。寒冷潮湿的天气彻底葬送了之前的大好形势。地面状况糟糕得要命，11 月开始出现霜冻，陆军没有冬季服装。这时，西伯利亚的苏军携大量很有用的 T34 坦克和强击机趁势而入。

当时我深信不疑，霍普纳和古德里安能率领装甲部队长驱直入杀到莫斯科甚至更远的地方，这件事本身对两人而言不在话下。可惜谋事在人，成事在天。俄国人得到机会，投入由工人和军校生组成的最后的预备队，在莫斯科西边筑起一条薄弱的防线，他们同我们几乎丧失了机动能力的军队进行了英勇的战斗，顶住了我们的攻击。

苏军的西伯利亚师在10月还没到达前线。时至今日我仍百思不得其解的是，据我所知，我军远程侦察机居然从未就远东方向的苏军战略集中发出过警告——尽管他们报告了公路上有活跃的军队运动。不过10月底，关于苏军铁路运输量增大的情况应该单独警告给了最高统帅部。在陆军报告了西伯利亚的苏军单位已经到达前线时，最高统帅部本来应该最晚在11月中旬下令撤退到一条冬季阵线。

然而受基辅和布良斯克－维亚济马两场合围战鼓舞，最高统帅部下令继续进攻莫斯科，可主事的指挥官们反应尤其冷淡。冯·克鲁格元帅直到被前线部队士气所感染才逐渐热心起来。霍普纳还是愁眉不展，这是我在与他私下交谈中发现的。克鲁格，这个被动甚于主动的人，对霍普纳优柔寡断的领导颇有微词，后者在我面前辩解称原因出在补给短缺。到了11月底，我和航空队参谋部以及第2航空军先后调离苏联，登上前往柏林的火车，可东线前景依旧晦暗不明。

一意识到这个冬天恐怕得在俄国度过，我立即订下冬季物资。受益于航空队运输主管及其部门的高效运作，它们几乎一刻也没耽误就送达了。我们还充分利用芬兰人的援手，造出一种特殊的加热器，保证了即便在最严酷的低温环境下，空勤部队也能进入驾驶舱战备。离开东线时，我知道我的将士们足够安稳过冬。

德国空军的实力是否还不足以克服凸显于陆军中的战斗疲劳症？是否无助于军队加快挺进莫斯科？战绩胜于雄辩：自6月22日到11月30月，第2航空队共摧毁6670架飞机、1900辆坦克、1950门枪炮、26000辆汽车以及2800列火车。但是，从1939年9月1日到1941年11月中旬，连连征战给空军施加了沉重的资源负担，而苏联秋季气候多变，加上降雨、大雾、低温，最终止住了前进的步伐。

布良斯克－维亚济马合围战结束后，只有极个别时候才能观察到敌人成规模的活动。精锐的西伯利亚师的集中也不见踪影，或者说没有引起该有的重视。还存在抵抗的弹丸之地彼此孤立，小型碉堡散落在四面八方，飞驰而过的飞行员很难发现和击中它们，在阴霾天更是如此。

这时，越来越多的T34坦克涌现出来，连最烂的路况也拦不住它们，这给我军对地攻击机飞行员施加了巨大压力，他们只能奋不顾身地飞临森林、树林和村庄，对其发动攻击。面对苏军飞机的超低空扫射，地面部队不停地呼叫空中掩护，我们只好出动战机以求片刻安宁，可惜收效甚微。高射炮和反坦克炮效果更佳。事实上，我们不管千难万阻，一直坚持从空中攻击坦克，但依旧未能重创它们，也无力重创它们。

我们拼尽一切努力，随地面战线，大致沿奥廖尔－尤赫诺夫－勒热夫一线转移着机场。即便如此，战果还是乏善可陈。就算空军兵强马壮也帮不了被冻僵和被削弱的德军前线对抗一个几乎是无形的敌人，精疲力竭时就更没指望了。

固然，两线作战本身是一个错误，无疑也是普遍的避讳，但是两线作战的结局不见得一定是死路一条，这也是很多人的观点。所以我们必须先自问，靠着有限的力量征战苏俄，能否在 1941 年年底以前夺取莫斯科，摧毁苏联军事力量——换言之，消灭苏联陆军、指挥中心以及位于欧洲境内的军工厂。

我这个问题的出发点一定也是希特勒采纳的战略计划。我深晓其核心内容，也很肯定，最可恶的敌人是时断时续的恶劣天气和泥泞不堪的道路，尤其是在 1941 年。若非如此，夺取莫斯科本不在话下。然而，作为苏联战场不可避免的因素，即使严酷气候及后果被低估，要不是希特勒慢吞吞地左思右想，为次要行动浪费宝贵的几周时间，目标仍然是有望达成的。依我所见，9 月初斯摩棱斯克包围战锁定胜局时，如果稍做歇息后一鼓作气攻向莫斯科，就能赶在在冬季和西伯利亚师到来前将其拿下，接下来就大有可能沿一种伞形桥头堡进一步向东推进，这样苏军就很难转向我军翼侧，供应他们的前线。若是攻占莫斯科，对于斩断苏联在欧洲的部分与亚洲大后方之间的联系本来将起到决定性作用，而来年夺取经济命脉列宁格勒、顿涅茨盆地和迈科普油田的任务也不再那么高不可攀。

不过，即便如此行事，也不能完全坐视不理布琼尼元帅在基辅的集群。那边的战斗肯定会愈演愈烈、生死攸关，但是否具有左右整场战役的特点就很难说。而另一方面，占领莫斯科可以扰乱苏军统帅部，破坏政府机关，还能切断他们同远东的联系。如果要严格贯彻战略目标，那么更为明智的做法是稍做歇息，进行休整和必要的重新部署，尔后快马加鞭，在 8 月底或 9 月进攻莫斯科。届时还有充裕的时间对布琼尼发动一次目标有限的攻势。

第二个问题是，希特勒打算让中央集团军群在第聂伯河转入防御，从而增强两翼的集团军群，助其拿下上面提及的重要经济目标，他这个思路是否比直取莫斯科正确？

我们到达第聂伯河时，有两件事已成定局，第一，德军未能合围并全歼第聂伯河西岸的苏军；第二，敌人明显还留有生力军，或者正在莫斯科至第聂伯河之间组建之，苏军能为这些新部队提供必需的增援和补给。估计中央集团军群将与 150 万到 200 万人的大军对峙，伦德施泰特的（南方）集团军群面前的布琼尼军队必然也是同等规模，但北方集团军群的对手应该会稍微弱一点。

中央战线上的苏军朝主攻方向大规模转移终究是挡不住的。如果中央集团军群只保留下最基本的力量，其余兵力和整条战线（换句话说，包括了西边和北边的战线）的所有空军单位外加预备队一起被派去支援南方集团军群和北方集团军群；而且如果南北两翼的作战行动踩在7月底或8月初这一最晚时刻发动，那么德军只能指望两翼能速战速决。没有理由认为这些战役在冬季到来前还无法结束，尤其还没理由担心南方会和北方一样早早入冬。不过我今日仍和1941年时一样，对占领列宁格勒、顿涅茨盆地和油田是否和占领政治、军事和通讯中心莫斯科同等重要表示怀疑。所以说，首要战略目标必须是莫斯科，就算为此需要刻意限制两翼集团军群的目标。

第三个问题，比亚韦斯托克－明斯克、斯摩棱斯克、基辅、布良斯克－维亚济马这一系列包围战既浪费时间又拖住了装甲集团军，导致他们无法履行本职任务：不顾一切地突入敌军防线，向目标推进。如果有清晰明确的计划和一丝不苟的执行，究竟能否实现这些目标呢？

尽管1941年我不比后来那般见多识广，也相信第2和第3装甲集群会突破苏军防线。不过，我不认为后续第二和第三波步兵能迅速击败苏联的百万大军——如果真的击败了，也不能及时（也就是不可避免的精疲力竭之前）跟上装甲集群并提供补给。

因为这些任务，装甲集群的实力锐减。战略机械化部队的实力必须与攻占地区的纵深和宽度以及敌人的兵力相称，可我们实际离这个标准还相差甚远。包括坦克在内的全履带车辆只能得到仓促维护，持久的运动存在技术局限。要穿越重兵把守的敌占区，深入1000公里纵深开展机动战需要庞大的补给量，尤其是在没机会转而依靠敌军有用的大型仓储时。我们的交通线和机场大部分位于受敌人威胁的乡村，安全保障不足。因为一些我不知道的原因，出动强大的空降部队几乎没在预期范围内，这种级别的作战行动本来少不了他们的参与。

通盘考虑起来，对莫斯科的进攻原本可以取得胜利，但前提条件是至少两个地段上（明斯克和斯摩棱斯克）的装甲集群暂时停止推进，并配合步兵军肃清西面（即装甲集群身后）之敌；尔后再从一个安全的出发点发起下一步进攻。

最后，就排斥外来的人力和物力资源的政策简评一二。1941年8月或者9月初，第6集团军司令冯·赖歇瑙元帅建言将白俄罗斯人和乌克兰人组建为外籍师，希特勒一口拒绝，并留下评论“让赖歇瑙×××”，顺便一提，他还高度评价过赖歇瑙“只管自己打仗，其他事一概推给我”。可是，任谁见识过那些自愿投靠过来的了不起的俄国人数量有多么庞大，一定会为希特勒的态度扼腕叹息。自1943年到战争结束，我手下有德－俄混编的部队，从布尔什维克手中解放他们的国家是这些俄国人魂牵梦萦的心愿，虽然那时再无实现的可能，他们仍然咬牙效忠到最后时日。有他们的广泛支持，一些目标原本大有希望实现。所以说，不仅在游击战领域，就是在军事战场，我们也为希特勒及其党羽制定的错误种族政策承担了代价。如果立即有计划地开发利用苏联人力资源和军工业，那么 1942 年以后盟军想要破坏德国工业生产会困难得多——现实是我们只能默默忍受盟军的破坏，我们的物资紧缺困境也能大为缓解。

第二章

地中海战场

1941–1945

十三　转战地中海

1941–1942

· 1940年6月意大利参战。

· 9月12日，格拉齐亚尼[①]指挥的意大利第10集团军进攻埃及，随后止步于西迪拜拉尼。

· 12月8日，在埃及的英军反攻。

· 1940年12月17日至1941年2月8日，意军撤出利比亚昔兰尼加，连失塞卢姆、巴迪亚、图卜鲁格、班加西等港口，共13万人被俘。

· 1941年2月，德军组建非洲军团，由隆美尔将军指挥。

· 2月16日，隆美尔发动第一次反攻，3月至4月夺回昔兰尼加。

· 4月11日，轴心国军队围困图卜鲁格。

· 7月，英军从塞卢姆第一次反攻，未遂。当年秋季，英国皇家海军和空军成功打击轴心国在地中海上的北非补给线。

· 11月28日，德国空军第2航空队转战地中海。

· 12月10日，英军第二次发动反攻，至1942年1月，成功解围图卜鲁格。隆美尔则从昔兰尼加撤退到欧盖莱（El Agheila）。

我真正开始关注地中海战场是在1941年9月的一天，耶顺内克打来电话，问我是否有意前往意大利或非洲。他确信，如果想阻止意大利在北非一溃千里，我们必须尽快往那边投入重兵。可接下来几周，此事再无下文，而我也忙于东线战事而无暇他顾，因而首次从空军总参谋部的霍夫曼·冯·瓦尔道将军那里听到转战地中海

① 鲁道福·格拉齐亚尼（Rodolfo Graziani，1882—1955），意大利陆军元帅，1940年9月任意大利第10集团军总司令期间率军进攻埃及，1941年3月被解除职务。1943年9月底墨索里尼被德军救出后在意大利北部成立傀儡政权，格拉齐亚尼任国防部长。

的提醒，我竟大吃一惊。不过，无论多么憧憬艳阳高照的新战场，在东线前途未卜之时丢下冯·博克元帅的中央集团军群和部分第2航空队还是令我为之内疚。

我飞抵柏林向德国国防军最高统帅部和空军总司令部报到并接受指示，获悉霍夫曼·冯·瓦尔道和林特伦将军联络上意大利最高统帅部和空军总司令部，已为我打点参战的前期事务，瓦尔道曾任驻罗马的空军武官，现由冯·波尔将军接任，林特伦是陆军武官。我据此以为自己的职务很明确，而且航空部队转往地中海，尤其转往西西里岛的前期准备工作正在进行中。我被提议任南线总司令，一个看似与职务级别及属性颇为般配的头衔。我当着戈林和耶顺内克的面接受了希特勒的最后指示。北非补给形势严峻，他说，必须压制英国海空和空军的要地马耳他岛方能缓解。这时我提出异议，表示应该占领马耳他，一劳永逸。但他未加理会，只是直白地告之无兵可用。我尚不了解情况，便不再纠结这个话题，哪怕稍后偶有机会重提。

1941年11月28日，我早于自己的参谋部先期抵达了罗马，没多久便发现了双重指挥系统存在困难。墨索里尼对意大利统帅部做了调整，任命福吉耶元帅为国务大臣，他是我的老朋友，曾在佛兰德斯[①]指挥意大利空军远征军团，可谓正合我意。但意大利总参谋长卡瓦莱罗伯爵无法接受将自己为新一轮攻势所准备的三军军权拱手相让，抗议说墨索里尼的安排无异于放弃独立指挥权，他最大的妥协是将意大利空军的指挥权让与我。

中庸只会一事无成，我于是枉顾希特勒的指示，放弃了总指挥权。但作为交换，我坚持意大利方面必须开展比原计划更紧密一致的合作，卡瓦莱罗做出并信守了承诺，意大利统帅部的一切命令都须经我书面或口头同意才下发给非洲前线。回顾往昔，我认为双方的妥协是精诚合作的最重要因素，同时还鼓舞了意大利人根深蒂固的民族自尊心和荣誉感。我一直青睐建立在互信基础上的主动合作，它胜过被动服从，后者必然会招致纠怨。合作过程中，里卡尔迪元帅和圣佐内蒂将军的意大利海军总司令部、空军总司令部以及最高统帅部、三军各部队的参谋们无不向德国盟友展示出亲如同志的互助友爱。在军方高层，我同卡瓦莱罗伯爵合作愉快，我们之间有多诚信忠贞，1943年同他的继任者安布罗西奥将军之间就有多僵硬和百般算计。那时我个人只听从意大利国王和领袖[②]。

在的黎波里塔尼亚，我按德国国防军模式建立了一套清晰的组织架构，海陆空

---

① 1940年9月，意大利空军一支远征军参与了不列颠空战，驻法国佛兰德斯地区。在凯塞林的第3航空队的指挥和控制下独立执行作战任务。见本书第一章第十一节。

② 指墨索里尼。

三军均服从于利比亚总督巴斯蒂科元帅，即使隆美尔也不例外。这套组织理论上很完美，付诸实践却注定以失败告终，因为隆美尔同巴斯蒂科纷争不断，且寸步不让。那时他正如日中天，显赫的声望制约了一切变动，不过对于破解某些微妙的困局也不无裨益。

1941年11月底，地中海地区的军事行动最突出的问题在于越洋交通运输不畅。英军在海上和空中的优势日趋明显。事实上对隆美尔而言，北非战局已然岌岌可危。他虽顶住了德尔纳东边的敌军咄咄逼人之势，但开展作战行动极为受限，这首先是因为意军战斗力低下，我们也无法排除哪天被迫撤离昔兰尼加的可能性。

与此同时，马耳他作为战略要地，有着左右全局的重要价值。起初我的首要目标是通过烟熏这个马蜂窝来保护我们的补给线，但在西西里建立空军地面组织、调动德国空军部队和补给都需要时间，否则不足以打垮马耳他岛上的英国海军和空军基地，也不足以确保同意大利空军联合发动进攻时的安全。在当时，我能做的也只有加强空中掩护，保护最不可或缺的船运。

另一边，隆美尔的军队需要空中支援。南线总司令部同意大利空军总司令部之间、德国空军驻非洲指挥部同意大利空军的北非航空军之间虽建立有密切高效的联络，却无法减轻战场上德国飞行员的主要负担。尽管装甲军在沙漠的战绩不俗，仍旧抱怨着弱小的空军中队对地支援不力。但可以说，若没有我们的飞行员们奋不顾身的进攻精神，隆美尔的军队也不会只撤到苏尔特湾（Sirte）便站稳脚跟（1941年12月24日退至艾季达比亚，1943年1月13日退到布雷加）。

应卡瓦莱罗元帅之请求，我承担了一项次要任务，当德意两军前线指挥官们不时发生根本性分歧，我要出面斡旋。

德国海陆空三军皆素质一流，装备精良，有些方面胜过敌军，但是规模有限，只在极个别情况下才达到过满足战术需求的优势兵力。此外，补给本已供不应求，巨大的海运损失更是雪上加霜，捉襟见肘。

每场战役都会涌现出全新的纯地理问题。到了北非，我军首先需要习惯独特的气候、地形和植被，官兵们必须同时学会适应大自然和敌人的抗争技巧。一旦克服了水土不服，无论军官还是士兵都能胜任任何任务。

通常情况下，和意大利人并肩作战的感觉可谓良好，只不过我们的盟友无论在参谋工作还是战场杀敌方面效率之低每每挑战着这种友好的氛围，实在令人大光其火。

虽然战争由罗马方面主导，可他们很不上心。我的印象是，意大利人没有本着对前线士兵的责任感而严肃认真地投入这场战争。在需要投入一般的急迫感和全力以赴的场合，他们做事也是漫不经心。

依我之见，问题的症结在于意方不愿意充分利用其战争潜力。对于我的抱怨，墨索里尼常回答说，意大利人民厌倦了漫长又费劲的殖民战争，其间他们付出了太多宝贵的鲜血和生命代价。无论他的解释还是我的观点或许都有道理，可到了1944年，意大利人对于开采他们后备人力资源的抵触在我眼里可谓相当明目张胆。

卡瓦莱罗和安布罗西奥同我打交道时，总嚷嚷着物资短缺，士兵装备不到位、人力资源没得到充分利用皆归因于此。同样，他们或许所言不假，可另一方面，他们把一项精打细算的囤积政策贯彻得远远超出我的理解力。1943年意大利倒戈后，几个巨型仓库被发现，里面满是原封不动的战争物资，足可见意大利人有多小家子气。

他们的动员体制还不适应一支百万陆军或者长期紧急状态的需要，事实不止一次向我证实，哪怕战争到了千钧一发之际，太平盛世的工作作风在意军依旧大行其道。虽然卡瓦莱罗接受总体战的原则，但刚一动手将各个国计民生的机构整合进一台战争机器，这台机器立马罢工。

我认为，人们不是从一开始就知道战争关乎生存还是毁灭的，倒是觉得，随着深陷于战争泥潭，空袭和领土沦丧等现实才令人们深刻了解战争，北非战场尤其如此。德国和意大利的城市差距之大深深触动了我，以至于我千方百计想要消除那些印象，比如很少视察城镇和乡村，后来也只有迫于职责才不得不去。我永远忘不了安齐奥和内图诺硝烟弥漫时罗马那安宁祥和的光景。墨索里尼倘若激发不出这个国家的血性，那么就该摒弃卷入纷争的念头。可是从游击队抗击德军所进行的激烈的游击战来看，意大利人民又绝非全无尚武精神。

或许根据一个有着南方习性的民族就能料到，意大利军队的训练更像用于展示而非打仗的，他们的军营不适合进行战斗训练，潜艇下潜表演和飞机特技飞行都是花花架子，无论较小规模的联合作战训练还是真正的全军种一体化联合作战训练皆不受重视，后者也是大多数国家普遍存在的薄弱环节。缺乏大型训练场所也是一个巨大的障碍。更要命的是，直到陷入战争，他们也拿不出多少精良的武器和装备。让一个士兵操着4cm口径反坦克炮和假坦克这般贫弱的武器去阻挡碾来的重型坦克，或者让他驾驶装甲薄、火力小的坦克对一支现代化的敌军发动突击，又或者让几艘没有夜间战斗设备或反潜仪器的船只迎战一支现代化舰队，让速度慢、武器差的战斗机去击落动力强劲的敌机，凡此种种岂非强人所难？

除了几门古代大炮、形同虚设的空防预警系统（没有雷达、没有适当的通讯系统、没有便捷的防空洞）之外，意大利城市防护连花花架子也不搭，就不要奢求那里的人有多么勇敢和遵纪守法。

诸如此类的例子还能信手拈来很多。所以说，妄加谴责意大利士兵装备落后或者不适合一场漫长艰苦的战斗有失偏颇，如果要归咎应该归咎于墨索里尼及一帮出自和平年代的国务秘书们。如果他们知道这些沉疴积弊，就该避开战争。意大利犯的另一个错误在于倚赖国产武器——那些总是呼之欲出，可就是造不出来的高精尖利器，却不肯通过授权采用久经考验的德械，比如新型坦克、9cm 高射炮等。

战斗训练设施的匮乏在意大利军营尤为明显，这便罢了，可是连军纪也远远达不到我这个德国军官的标准。只需要观察再简单不过的换岗，就能看出意大利士兵对自己的职业有多意兴阑珊。作为骨子里完全不同的北方人，我的评判标准或许有误，但事实胜于雄辩。

我认为这种令人失望的状况首先要归因于军官与士兵相疏离，意大利军官过着脱离基层的生活，不了解部下的需求，他在士兵们需要他时派不上用场，危急时刻自然无管控能力可言。即使是战场上的口粮，意军也官兵有别，口粮分量按照军衔高低递增，更不消说菜品和数量之间也存在正比关系。军官们单独用餐，通常不清楚手下吃的是什么。一群生死与共的人彼此间本该普遍存在袍泽情谊，但在这种风气中不知不觉淡漠了。战地炊事员也有意消除这种待遇差异，却无法在意大利陆军中得到支持。我常常向卡瓦莱罗点明这种现象对于士气的危害，可惜未能取得完全一致意见。事实上我亲眼见到德国炊事员被意大利士兵围得真是水泄不通，另一方面，我曾应邀到一间意大利军官食堂帐篷做客，发现连日常菜品都好过我自己的参谋部食堂。1944 年格拉齐亚尼元帅下定决心并采取措施，保证了按时足额、发放普通士兵的军饷，此事需要他特意过问在我看来也属最为典型的例子。

之所以谈论这些现象不是揭丑，仅仅是解释意军往往以常败之师示人的原因。我不是暗指意大利军官和士兵之间全面关系僵硬，但绝大多数情况下事实如此。这也只是反映出普通意大利士兵天生守规矩，况且他很可能因此锻炼为一名铮铮铁骨的战士。从阿拉曼战役中的空降师“闪电”师、突尼斯战役中的炮兵，船艇、鱼雷艇、鱼雷轰炸机上的海军和空军将士……意大利部队和个人的英雄事迹我见过太多太多，所以有十足底气做如上断言。然而在战争中，能决定胜败的不是个别英雄壮举，而是军队的基层训练水平和士气。

其他方面，意大利同样奉行中欧军事列强普遍接受的战略原则。我见识过他们海陆空三军很多将领毫无疑问都是一流的战略家和战术家，他们的勤务部门工作体系不逊色于其他任何国家。风传“意大利副手不懂维护规程的相关知识”，这个观点在我这里纯属无稽之谈。我倒是认为他们只是缺乏实践操作；另一方面，意大利统帅部那旺盛的直觉超出了执行部门的能力范畴，这是很多失败之处的原因。他们行政工作或许很周到，执行起来却很差劲。毫无疑问，部分原因可以归结为南方人的习性。尤其让我吃惊的两件事是，海岛甚至大陆本土的岸防居然也能被意大利人忽视；而自巴尔博离世后，意大利的现代化飞机研发和生产看似突飞猛进，实则裹足不前。

不用说，我开始争分夺秒地熟悉新战线，我视察德军部队、联系隆美尔和意大利指挥官。第一站是西西里岛，结果开局不利，冯·波尔飞来与我会面途中飞机迫降在第勒尼安海。直到获悉他获救，我悬着的心才放下。意大利海军和空军的救助给我留下了极为积极的印象。

接下来我去了北非，头一次聆听隆美尔发牢骚，也了解到德意两军的差异。由于空军驻非洲指挥部指挥官弗勒利希将军位置不便，我还以他的名义帮忙接收了第10航空军司令部从雅典发来的命令，两地距离实在太远了。考虑到盖斯勒上将①虽能力上佳，在隆美尔那里却说不上话，我当即让空军非洲指挥部直接受南线总司令指挥。视察克里特要塞时，我通过航空兵上将安德烈了解了当地一些问题。

这些航空视察搜集到的信息令我确信，必须斩除马耳他岛对运输线构成的威胁，同时也让我深刻意识到地中海对整场战争至关重要的意义。如果那时我就知道海军上将雷德尔在海狮行动取消后同样视地中海为对英作战的重心，我和他联手加把劲，或许有望将德军主攻方向转向这边。这就是希特勒的保密政策在这边取得的回报。

不过，当时我们无力对马耳他发动决定性的空袭，因为设在西西里的空军基地还无法容纳行动所需兵力，而行动又横竖没被提上日程。所以首先得改善补给形势，方式是对这个英属海岛实施一系列侵入空袭，同时加强对船队的保驾护航。多亏德国空军锐不可当、技艺高超，战果丰厚得出奇。1942年1月和2月在罗马，我以统计数据为证，向帝国元帅报告形势已发生扭转：船运损失率从70%—80%下降到20%—30%。不过所有人都清楚，就算一次成功值得我们自鸣得意，也有利于隆美尔发动进攻，但还是没法解决北非的补给问题。

我一再催促戈林和希特勒夺取马耳他，以便在地中海站稳脚跟，有几次意大利最高统帅部也予以支持。我甚至做通了隆美尔的工作。直到1942年2月，攻打计划总算批准下来，那是在元首大本营的一次会面，气氛剑拔弩张。最后，希特勒抓住我的胳膊，用他的奥地利口音说："请冷静，凯塞林元帅，我会批准的！"这也算传闻中元首大本营的典型一幕了。

---

① 德国空军第10航空军军长。

****

得补给线者得的黎波里塔尼亚，至于补给这块顽疾的成因很有意思，值得详细讨论地中海的环境。

人们凭直觉会以为意大利内有强大的舰队，外有西西里和潘泰莱里亚两个位置得天独厚的岛屿，理应控制“我们的海洋”①，至少能封锁突尼斯至西西里之间这段海峡。我刚去西西里时也深信不疑，可很快就发现现实和理论有天壤之别。想要顺利和成功地走海运，必须满足各种先决条件。首先，要有一个思路清晰的指挥系统，可这个条件从一开始就无从谈起，尽管卡瓦莱罗绝非深闭固拒之人。从1941年年底开始，意大利所有有分量的国务秘书和重要部门负责人几乎天天聚在一起开会，我也不例外——如果无法出席就由冯·林特伦将军参加，卡瓦莱罗主持会议。意大利海军总司令部还成立了一个常设的补给委员会，委员们囊括了各行专家。理论上，都知道地中海两岸所有用来存放前线随时需要的物资的仓库、堆场必须填满，实际上，前线期望的数量从没得到满足过。1942年至1943年港口和补给仓库遭受的空袭更如雪上加霜，对北非的打击尤其大。

意大利的补给勤务稍微好过我方的，他们坐拥主场之利，离补给源相对更近，况且，他们毕竟只需要供应一个战场。的黎波里塔尼亚在开战前就有意军驻防，故而有一定的补给余力。由于没有直达铁路，殖民者建了一个高效的重型机动车运输系统和一个相应规模的柴油车车队，北非战场的一大难题正是燃油短缺，因而这些柴油车格外有用。一个更大的困难在于平民和军队的必需品都只能从海外供应，甚至要用木船运。非洲当地的产量虽然有所提高，仍然供不应求。

很遗憾，德国和意大利军队的装备有别，导致一些特殊情况下双方士兵无法通过互换装备帮助对方脱困。连交换口粮也因为口味差异显得没那么简单，德国士兵只能辛苦地改掉深植于祖国故土的饮食习惯，可谓完全是被逼着适应热带气候环境的统治。

为了海运，我们召集了一个庞大但五花八门的意大利商船船队，以及数量有限但性能出众的德国船舶，后者因宣战而被困在地中海。当时除了穿过亚得里亚海到达希腊及其周边群岛，已经没有安全的海上航线可走，因此这支联营船队理论上应该足够了，遗憾的是事实并非如此。依我之见，问题主要出在以下几个方面，其一，意大利的船厂还在沿用战前那套工作流程，无法在码头有效分配原材料和零部件；

① Mare Nostrum，地中海的罗马尼亚语名称。

其二，船主们不愿意提心吊胆地拿自己的船冒险出海，直到战争结束也是如此。他们却没有想过，倘若意大利战败，他们的船队同样不保；其三，商船船队没有被纳入海军管理，它们分散在一个个孤立的港口；还有，船只速度各异，很难组成船队；最后一点原因是石油和煤短缺。

所有缺陷如果永远无法根治，那也只能慢慢补救。按照意大利人的性格，总动员是一个陌生的概念。

兵临阿拉曼后不久，还能用的船明显太少，不够维持我们拉得太多的补给线。在这个节骨眼上攻占马耳他的条件也不复存在，而突尼斯市和比塞大两个港口也因为最高统帅部顾忌法国的反应而被禁止用作我军补给基地，加之从克里特岛到图卜鲁格这条新开航线也没能带来明显改善，因此我们必须另寻他法去缓解补给之急，包括靠 U 型潜艇、炮艇和驱逐舰帮忙运送小宗补给物资、出动运输机部队。到最后连能适航的沿海风帆船也被用于单程航行。

除此之外，我们制定了一个庞大的小船和平底船建造计划。经验告诉我们，体型小、吨位小、航速在 15－16 节的船只，以及像海军驳船、西贝尔渡船这类航速在 6—10 节的小船能躲过鱼雷。我们给它们装上小口径武器并安排火力强劲的西贝尔渡船随行，从此很少再发生损失。它们在风平浪静甚至 5－6 级风浪的天气条件下都能安全出海。有了它们，卸载变得更快捷简单，必要时还能避开有空袭危险的港口，改在海岸卸载。如果快船能利用夜色掩护承担大部分航线将大有裨益，可惜我们可以说一艘也没有，也无法在短期内造出来。

南线总司令部将总共至少 1000 艘小船（含海军驳船和空军渡船）列为生产优先级别，其中包括一种约 400 吨重的新型木船、500－600 吨重的海军特种船艇。建设项目已经启动，可德国和意大利军械之间无休止的分歧拖延了项目步入正轨。

早期的油轮问题已经发展生死攸关的地步。这是敌人天经地义的攻击目标，所以为它们提供特别保护自然必不可少。伪装只能偶尔奏效，于是我们很快开始另寻他法。汽油本来就相当稀缺，损失一艘 4000 到 6000 吨的油轮几乎是不可弥补的。潜艇、炮艇和驱逐舰基本上一直在运油，我们还征召了小船，唤来运输机联队，联队日载运量能达到 200－500 吨。

同样值得关注的是航空燃油被奢侈地消耗在装甲车和机动车上。和海上的油轮一样，陆地上的油库和摩托化运输车队也是绝佳的靶子，本就微薄的燃油供应因这些原因遭受进一步损失。在 1942 年 8 月前，即使我们还没遭到决定性失败，战斗也是严重受制于汽油短缺，连最重要的作战行动也常常因此前功尽弃。

意大利舰队的规模足够挑下所有的船队护航任务，而且德国海军也确实无余力可用。直到1942年年底，一艘由希腊船厂建造的驱逐舰才完工并服役，表现居然不错。德国U型潜艇也间接做出了贡献，勃兰特上尉便是其中一名王牌，他和他的战友们潜伏在地中海，伺机攻击英国船队，这其中大部分袭击发生在直布罗陀和亚历山大等主要港口，但这些零星的胜利永远起不到决定性作用。

护航通常由轻型战舰执行，巡洋舰只在特殊情况下使用，小船航行能力有限，大部分无法承受5级以上的风浪。这一短板促成了如下情况：在平静海域，或者说在天气晴好时，英国海军和空军从直布罗陀、马耳他、叙利亚等基地倾巢而出，于是反潜和防空自卫能力不足又没有护航的船队差不多只能任人宰割。除非船长足够高明，能躲开鱼雷，或者我方战斗机拦截能及时或者成规模地出动，否则船队里总有几艘要么葬身大海，要么伤痕累累。另一方面，遇风暴天气，护航船承受不住狂风，因而船队也就无法出航，其实这种天气反而能提供相当大的保护，有时甚至是一种安全保障。个别情况下，我方可以呼叫巡洋舰支援航速快的船队，而落后的炮艇和驱逐舰只能坚持完成任务，然后等待漫长的大修。就这样，随着总损耗的积累，护航船配额也会下降到最小需求量以下，可是船队留在港口又意味着延误急需的补给运输。

接管了停泊在法国南部港口的船舶后，我们对其进行了分配，放归大海，这才暂时缓解一段生死攸关时期（1942年底至1943年年初）里的燃眉之急。但是老问题依旧，三艘闲置在突尼斯和比塞大港的大型快速驱逐舰、潜艇依然被禁止使用——上有一个总是顾虑声誉和战后形势，不肯充分利用一切海军资源的联合司令部，这便是难处之一。

尽管如此，我们千方百计地去克服资源匮乏的困难。我们申请德国支援，事实上也得到了燃油、原材料和零部件这一形式的援助；我们给意大利船装上定位仪器，训练炮手，还从国内调来教官，但所有方法都是远水难救近火。

地中海战场另一个特点是敌人谍报系统手段高明、无孔不入，以至于连我，或许还有意大利海军的里卡尔迪将军、桑佐内蒂将军当时都全然无察。我们曾怀疑船队航行信息被泄漏出去，但始终无从查证。

无论如何，事实证明反间谍措施整体而言还是不够。如今我们才知道大量舰船沉没和人员伤亡是毛杰里将军[①]通敌的牺牲品。

意大利海军被视为意大利武装部队的顶梁柱，动用它总是慎之又慎，这种态度

---

① 时任意大利海军情报机构负责人。

滋生出特殊的内部障碍。不过我们曾有三次克服了困难，成功推动意大利海军出航。更麻烦的是，意大利海军分驻在不同的基地，会合耗时又费油。最后，总有那么几艘战舰要么没完成出航准备，要么没加油，要么还呆在船坞。同样的，大型演练很大程度上受燃油紧缺所限而无法开展，射击训练难得一见。除此之外，意大利海军还存在一个离奇的技术缺陷，使得他们当之无愧地被戏称为“晴天舰队”。由于适航性能不靠谱，他们需要加强空中掩护，而地中海的轴心国空军兵力有限，于是这种荒谬的要求被甩给德国空军，可后者一直忙于保护护航运输船队，德国飞行员承担了75%—90%的飞行任务，结果连最后一点精力也要被榨光。如果意大利海军不小心闯进英国舰队的最大射程内，又真的发生交火，那么随着夜幕降临，他们会因为夜晚射术不佳而退出战斗，逃往最近的塔兰托或墨西拿港口。

意大利造船业是另一为人诟病之处。船厂拥挤不堪，原材料供应不足，造出来的作战舰队，尤其是主力舰之成事不足有目共睹。恰在这段年月，“罗马”号战列舰建造完工了。墨索里尼对自己的军工业政策存在的危害浑然不知，豪情万丈地在亚得里亚海港口为他这个“技术奇迹”举行阅兵仪式（1943年7月墨索里尼垮台后，“罗马”号遵照协议从拉斯佩齐亚港驶往马耳他向盟军投降，途中被德国空军的滑翔制导炸弹炸沉），我相信其他几艘主力舰也完工或者服役了。连外行也看得出来，靠切实可行的建设政策解决补给难题有多么任重道远。对于墨索里尼公开宣称会在关键时刻出动全体舰队，我很早就不再相信他会兑现。

总而言之，我无抨击之意，只希望尽最大努力描述客观事实，我深深珍视意大利官兵表现出的同袍之谊，也多次亲眼见到他们忘我的工作。我同意大利空军总司令部里的国务秘书福吉耶等许多空军军官的友谊都足以证明我对意大利空军的批评是客观公正的。

意大利的战斗机可以用于纯粹的防御，鱼雷机、轰炸机参与攻击行动，个别情况下投入俯冲轰炸机、战斗轰炸机。至于技术性能，我已经坦率地吐露过个人意见：水平相当低。

我的结论是，意大利战斗机在相对安全的地区可堪一战，就是说可以派到第勒尼安海、班加西和的黎波里的狭长海岸线，某种程度上还可以考虑进亚得里亚海和巴特勒海湾。而西西里岛和克里特岛以南、爱琴海这部分地中海地区的危险空域由德国战斗机中队负责，装备两款夜间战斗机容克 Ju 88、梅塞施米特 Me 110 的中队也位列其中，但只部分适合该类型任务。北非空战的重任由德意两军共同承担。从1942年春开始，我们增加了1到3个战斗轰炸机中队为船队护航，它们携带深水炸弹，负责预警、搜索、对付敌人的潜艇。鱼雷艇也会提供支援，武器同样是深水炸弹，偶尔实施炮击。用20毫米航空机炮对付浮出水面的潜艇，至少能将其赶回水下。

作战指导由第2航空队的作战参谋部负责，该部将命令下达给第2航空军、第10航空军以及空军驻非洲指挥部，在必要时联络意大利空军总司令部开展合作。

所有德国飞机均携带副油箱执行任务，所有海空搜救飞机随时待命，准备起飞，搜救船也要做好出航准备或者留在阵位。主攻要地设有雷达站。船队的护航兵力取决于危险程度、天气状况、时间段以及船队速度和规模以及重要程度。昼间战斗机在夜间停飞，非主力战斗机（Ju88和Me110）会在傍晚出动，接手护航任务。负责空中警戒的飞机数量从2到16架不等。困难情况下会投入领航机（Ju88和Me110）——有好几次，编队得由1架装有测向装置的飞机领航才能返航。如果发现有敌机接近，所有可用的战斗机都将上前拦截，为船队挡下威胁。当然了，这些任务都相当危险，因为我方战斗机要以有限的航程飞在茫茫大海上。

这还不是全部，如果接报沿途发现英国海军，所有可用的战斗轰炸机、俯冲轰炸机和鱼雷机必倾巢而出。由于不得不飞越敌舰格外有效的防空炮弹幕，这些拦截任务给德国空军作战编队带来难以想象的巨大压力，被击落通常意味着葬身大海，尽管不时会有坠海的机组成员幸运获救——盟军舰船报告过他们救起了跳伞航空兵。不过，至少来袭的敌舰中队被击退了。

从这套船队保护体系的介绍足以看出轴心国空军兵力随着飞行员和飞机的损耗有多么不堪重负，更不要说损坏或完全损毁的后果。从战术观点出发，派飞行员去保护船队是得不偿失，大部分时候在浪费宝贵的飞行时间。尽管如此，我们别无他法。为了单纯用于空中格斗，有必要将一定数量的飞机留在机场，但规定它们的限额变得越发困难，由此必然招致不幸的后果，但我们同样无计可施。随着对空军全方面的需求持续增加，机组成员的休息时间被步步蚕食——一切都是跨海例行飞行的结果。

1941—1942年间，德国和意大利空军都没有组织过专门的空运部队，每个战斗机中队全靠队内的运输机解决各自的运输需要。这些运输机首次参加作战行动是在挪威战役和克里特战役期间，稍后在1941—1942年冬季又参加了东线的行动。某种意义上讲，当年空降荷兰的经验为这些行动奠定了基础。从那时起，运输机飞行员被组建为联队，单独设立联队长，其中两三个联队在紧急情况下由我直接调遣，被派到西西里岛、意大利、希腊、克里特岛和的黎波里塔尼亚执行吃力不讨好的任务。除去夜间飞行，运输飞行必须有战斗机护航，或者至少在黎明时与战斗机会合，在目的地机场得到防护。运输机联队取得了非凡的成就，战场表现甚至好过曾经的六引擎“巨人”运输机部队。

这类飞行相安无事地持续了很长一段时间，直到1943年春天，一个Ju 52运输机联队和一个“巨人”运输机中队离开突尼斯时几乎被敌人的战斗机全歼。美国媒体不失时机地发表了一通苛刻的评论，可是我们的损失并非第2航空队工作过失或疏忽所致。

虽然发起了所谓的“补给品动员”（程度极为有限），意大利的煤矿和石油还是严重供不应求，不得不靠德国伸出援手，尽管后者自己也急需石油支撑战争。就这样，一项双方都很郁闷的实物交易应运而生，结局也以双方都很失望告终。除此之外，另一个后续影响是那点可怜的补给品还得分发到遥远分散的仓库，有了由此产生的延误，想在任何一个指定时间准时收齐护航船队所需的油料都是不可能的。考虑到必然的短缺，我们不得不转而依靠意大利公海舰队的储备库存，有那么一两次甚至把意大利战列舰的油箱差不多搜刮一空，方才解决了护航船的燃眉之急，这些事情又一次导致了运输延误。总的来说，雷德尔元帅慷慨响应了意大利海军的大声求援，第2航空队亦是如此协助意大利空军总司令部。

煤炭不如汽油那么重要，我们得到的煤炭足以满足海上和公路运输。

很难说这些状况究竟能否到达改善，也很难避免“事后诸葛亮”之嫌。可以确定的是，德国给得越多，意大利对自己的资源出手越小气。不过毫无疑问，由于上述种种困难，必需的护航不是召之即有，而组织护航船队跨越地中海的最佳时机已经错失了。

现场控制装卸超出了我的职权范围，但我从部分听命于我的德国起货检查员那里了解到现场管控的缺乏，我视察港口时也能确定，他们的抱怨不无道理。我发给最高统帅部的报告促成了希特勒在1943年先后将戈林和邓尼茨派到意大利，为我对意大利最高统帅部和海军总司令部采取的强硬立场撑腰。戈林召开冗长的会议、巡游视察，还责成航运建设委员们移除了船上那些最显眼的缺陷。问题有所改善，但始终没有根治。

装卸部门的工作极其松懈，物资配送和装载的脱节程度令人火冒三丈。空袭警报被不必要地延长。卸载下来的货物长时间被晾在码头，结果时常白白毁于炸弹。

很久以后，高炮防御才强大起来，从此防空几乎全靠德国高炮，但再次以削弱前线机场和装甲部队的防御力量为代价。

我必须承认，到了突尼斯，南线总司令部在当地设立了补给管控办，任命了一名来自德国空军补给部门的前高级军需官，从此，过往所有纪录都被打破了。在班加西或的黎波里，一艘运输船装货需要两到五天，而同样的工作在突尼斯市或比塞大半天到两天就能完成。如果预计有大空袭，船会被拖离码头，在港口或港湾外面抛锚，这样就能避免很多损失。相反，让一艘油轮驶离防御完备的图卜鲁格港是我们失策了，它的覆灭扭转了隆美尔在阿拉曼发动攻势前的有利条件。

眼见大型舰船的处境越来越危险，为了克服卸载方式上的弊端，我极力提倡建造小船，事实上说是小艇也不为过。小船在货运途中损失数量较少，在港口则带着它们完好的货物几乎没损失。由此便有了一道命令，像坦克这样的贵重货物只能使用渡轮或平底船运输，体型较大的船舶最多运 6 辆。抵御空袭最有效的办法是将两个高炮连，共 6 到 20 门防空炮部署在一起。

护航运输队的交通必须始终同可行的空中和海上护卫方式保持一致，谍报、潜艇、飞机和无线电监听部门为我们提供了大量情报，但决策时不能受无法核实的情报干扰而失去所有胆识和主动权。遗憾的是那时候我们就犯过这样的错误。优秀的侦察应该与灵活的领导、可靠的舰船运用相结合。

1941 年 12 月到 1942 年 1 月期间德国和意大利的陆军、空军战斗部队已成强弩之末，在储备耗尽的情况下还能到达苏尔特（Sirte），仅靠一艘搁浅在欧盖莱（El Agheila）湾的运输船凑合着供应补给。考虑到这些状况，同时期的补给运行情况仍是可圈可点。

十四　马耳他还是埃及？1941年11月–1942年10月

- 1942年1月21–30日，隆美尔反攻昔兰尼加，兵临加扎拉。
- 4月2日–5月10日，德国空军猛烈轰炸马耳他。
- 5月26日，隆美尔指挥德意联军发动新的进攻。
- 6月11日，轴心国攻占比尔哈基姆；21日，攻占图卜鲁格。
- 6月23日，隆美尔打过埃及边境。
- 7月1日，隆美尔到达阿拉曼，距离亚历山大港西南只剩约60英里。
- 德意联军的进攻受挫。
- 8月30–31日，隆美尔徒劳地试图从阿拉曼卷土重来。
- 10月23日，英军反攻，打响阿拉曼战役。
- 11月5日，隆美尔撤退。

我来到地中海战区时，隆美尔刚开始从图卜鲁格向苏尔特湾撤退，在军队得到喘息之机和补充后，他又马不停蹄于1942年1月发动反击，一直打到加扎拉。两场行动都极富隆美尔风格，初来乍到的我更是久久难以忘怀。这一退一进间，我都不得不扮演起意大利最高统帅部和隆美尔之间的调解人角色。对意大利人表示出某种妥协的意愿，即使一次形式上的矫正，也能稍微平息或者压下那股浓浓的火药味。隆美尔的撤退之举无论正确与否，对于罗马和意军非洲司令部都是一种打击，卡瓦莱罗伯爵和巴斯蒂科元帅感到隆美尔的擅作主张是对他们的蔑视，也是对轴心联盟的威胁。

1941年12月17日，我们在贝尔塔（Berta）举行会晤。会上，意方对隆美尔的机动战略提出异议，而隆美尔断然拒绝接受，还放话说将来要调整部署，将手上的机动部队调去别处，引得哗然一片。我试图缓和气氛，承诺在意大利步兵安全撤回来前绝不放弃要地德尔纳及邻近机场。

行动确实依照计划完成了，没有发生重大损失。撤退期间一如既往出现了步兵师一溃千里的现象，隆美尔设法在基本沿用原计划的前提下稳住了防线。此间德国空军和高炮部队做出的贡献无需多言。

隆美尔决定在 1942 年 1 月 21 日发动反攻，主意出自他的作战处长韦斯特法尔，有一天韦斯特法尔驾驶鹳式联络机飞过荒无人烟的敌军阵线时有这个念头。它即刻被采纳，并以最快速度和最高机密做好准备并付诸实践。隆美尔养成了习惯，不到最后关头绝不向意大利人透露自己的行动计划，原因毋庸讳言——他信不过他们。战术突然性的首要前提疑问是绝对保密，为了保密无所不用其极也无可厚非。但同样可以肯定的是，隆美尔那样做给联合指挥制造了很多困难，毕竟他从属于巴斯蒂科元帅和意大利最高统帅部。

隆美尔发动进攻后，我将此事告之了在罗马的卡瓦莱罗。他闻讯激动异常，唯恐再遭失败。在我的建议下，1 月 22 日他同我一道飞抵非洲，不过第一件事不是见隆美尔，而是直奔当地意军司令部，而我的关注重心也放在当地的德国空军和后勤补给上。

在 1942 年 1 月，我们对英军兵力、部署和战斗素质一清二楚。我向卡瓦莱罗保证，隆美尔的攻势即使一时有所停滞，也不存在疯狂的孤注一掷。英军的部署和明显紧张的资源都令我们相信有望拿下班加西，而有了班加西，补给线就有了保障。与意方多番争论后，会议就一次目标有限的进攻达成共识。不同于我战后读到的一些观点，讨论时我确为扮演调解人一角，但并不意味着我反对行动，卡瓦莱罗的日记也证实了这一点。意大利最高统帅部不愿进一步冒险，觉得无助于另一场反败为胜。

尽管会议达成共识，我知道应该对隆美尔报以什么期望，凯歌高奏时他一定会一鼓作气，直到被敌人的抵抗止住前进的脚步。果不其然，精疲力倦的非洲军却以如虹的士气打响了这次进攻，并得到了凌厉的空中支援。到 1 月 30 日，我军打到了所谓的加扎拉防线。光荣归于隆美尔，一位在当时无与伦比的装甲军将领、大胆勇猛的突袭战大师。

在非洲的德意空军规模很小，战斗力却强过英国空军。德国战斗机控制了战场空域。“斯图卡”令英军闻风丧胆，一如令我军欢欣鼓舞。不过，班加西沿途，英军飞机使用照明弹生成的“魔幻之光”给我留下深刻印象，它们营造出庞大的轰炸机群正开赴过来的错觉，所有被照射到的区域顿时陷入停顿。

这里要提一段插曲，虽鸡毛蒜皮却也堪称空前绝后。1 月 23 日，我亲自驾驶我的鹳式机载着卡瓦莱罗去开会，这是因为当时停机坪没有别的飞机，所以卡瓦莱罗坚持要我随行。那次会议长得出奇，直到日落西山，我们才从欧盖莱动身返航。就这样，一个德国元帅驾驶一架不适合夜航的飞机，载着一个意大利元帅飞越茫茫大漠，总算把他提心吊胆的乘客安全交到前拥后簇的将军们手中。着陆后，迎上来的拥抱和亲吻肯定不是我异想天开。

1942 年 2 月初，隆美尔的反攻止步于加扎拉防线，的黎波里塔尼亚的德意联军随之停留下来，占据着与不久前还在班加西的英国第 8 集团军大致相同的阵地。敌人被隆美尔成功挥出的一拳打得晕头转向，多久回过神取决于他们的替补和补给情况，尤其是不利于行军打仗的时节趋于结束，英军补给线也会越来越短。如今我们的当务之急是修复班加西和德尔纳这两座港口，而攻占班加西几天后，第一批货船就驶入港口卸货。尤其幸运的是，德军从前的军火库及另外几个堆集所被发现时完好如初，我们的海上补给从而得到扩充。

尽管有了这些意料之外的优势，现在仍然急需抓紧时间，做好空袭马耳他的准备工作。此事因北非战事一拖再拖，成了一桩沉重的心理包袱，幸好换来北非的胜利，终究是值得的。

在西西里的第 2 航空军司令部举行的会议上，我亲自确定下每个人都理解透彻了进攻马耳他的指令。检阅部队时，我看到官兵们个个摩拳擦掌、信心十足。第 2 航空军进攻令的基本思路是突然袭击，压制敌方战斗机，至少削弱它们，令其无法威胁到后续轰炸；以密集的波次对岛上三个机场投放重型炸弹、轻型杀伤弹，并加以机枪扫射，从而摧毁地面飞机，而且至少使跑道瘫痪。

下一步的轰炸目标是机场和港口设施、船舶，城镇本身被排除在外。昼间实施集中而不间断的打击，战斗机提供严密的护航，阻挡下靠近我军轰炸机的英军战斗机，追击并消灭它们。

在夜间，出动单机频繁袭扰，阻碍敌人清理废墟和修复重建，附加的计划是用俯冲轰炸机击沉少数几艘驶过来的补给船，用机投水雷封闭港口航道。

该计划立下了周全的重大任务，但要圆满完成势必要付出轻微的代价。攻克这座海上要塞存在几大难点。机场周界和港口附近有岩礁改造而成的天然掩体，保护着飞机和物资储备，最猛烈的延时引信炸弹也未必能彻底摧毁它们。即使尝试用战斗轰炸机炸毁掩体入口，也以失败告终，飞机只有以小型（触发引信）炸弹为武器，搜索加扫荡才有望取得成功。另外，英军在海岸集中部署了强大的防空炮，还有海军的防空炮支援对港口的保护。要突破它们的拦截火力，唯有靠奋不顾身的勇气并以损失许多飞机为代价。

俯冲轰炸最脆弱的时刻莫过于俯冲及随后的改平，这套机动动作会放慢飞机速度并破坏编队队形。要将此过程发生的损失控制在最低限度，必须派出战斗机陪同俯冲，还要在它们改平时安排一对一的战斗机保护。应该认识到，英国战斗机飞行员不乏勇猛和灵活的技艺，尤其是他们从高空（3 万到 4 万英尺）俯冲杀入密集的德国轰炸机编队，将飞机操纵得很是漂亮。英军卸货组织工作也值得称道，进港的货船和油轮卸载速度快得不可思议，货物瞬间被藏进海岸线上的防空地下仓库。

在墨西拿，第 2 航空军极为出色地完成了空袭马耳他的计划和实施工作，出类拔萃、足智多谋的航空军参谋长戴希曼将军尤其值得称道。

由于要将攻击部队转去对付英国的护航运输船队，对马耳他的空袭暂时中止了。毕竟要拿下这座岛，先击沉补给船队是不可或缺的。经过苦战，这些船队全部覆灭，只有少数几艘逃过一劫。

主攻于 1942 年 4 月 2 日打响，5 月 10 日，我认为任务完成。这次胜利保障了我们拥有意大利至非洲补给线的海上优势和空中优势。大轰炸过后一鼓作气占领马耳他岛本不在话下，结果并非如此，这是德意联合司令部所犯下的一个严重错误，日后只能自食苦果。难能可贵的是，德国空军将攻击目标限制在纯军事范围内，这是连英国也承认的事实。

有了空袭马耳他的战果，德军最高统帅部认为南线的压力大为缓解，便可以将这边很大一部分空军调往东线。当然，仍有足够的兵力留在地中海，一边继续盯住马耳他，一边遏制敌人的海运并保护我方交通运输系统，也无需劳驾德国空军在非洲的部队。然而随着时间推移，事实证明这点力量并不足以压制马耳他这座要塞，也无法掐断其补给。

意大利在战役初期错失良机，未能占领马耳他，终以一着不慎、满盘皆输之名载入史册。

德军最高统帅部很快认识到马耳他岛至关重要，可饶是我苦口婆心，极力争取攻打该岛，后来还得到意大利统帅部和隆美尔支持，他们仍旧满足于轰炸压制，他们有意地拒绝了亡羊补牢，也就是在根本性战略上的错上加错，令地中海司令部受困于一个致命的软肋。

不同于德军南线总司令部的态度，意大利最高统帅部摇摆不定。攻下图卜鲁格后的 1942 年 6 月 26 日，一次元帅级重大会议在西迪拜拉尼召开，决议背离了既定的战略方向，批准了隆美尔的提议，即继续向尼罗河进军。北非战场的命运就此注定。我提出反对，理由归纳如下。

隆美尔曾对我们侃侃而谈战场局势，他宣布现在众志成城，十天内就能挥师直捣开罗，对此我回复道：

就算我认可隆美尔对地面局势高瞻远瞩，也不能消除自己心中的疑虑。宜将剩勇追穷寇的道理我自然懂。可如果继续推进，即使只有最零星的战斗，也必然有更多的装甲车和汽车因故障抛锚。现在故障率已经居高不下了，预计必需的替换件数量也支撑不了多久。即使眼下英军在埃及没什么值得一提的预备队，但首批增援力量肯定正从近东地区赶来。

可是，我有资格代表德国空军说一句，航空兵到达尼罗河附近时将彻底师劳力竭，飞机急需大修，补给却全面匮乏，他们将面临生龙活虎的敌军的抵挡，对方还能在最短时间内得到进一步增援。作为空军一员，我认为此时向一个兵强马壮的空军基地发动进攻是疯狂之举。鉴于空地协同作战至关重要，单就这一点我就反对继续朝开罗进军。

面对卡瓦莱罗所要求的三思，隆美尔不为所动，乐观如初，依旧信誓旦旦十天内兵抵开罗。

巴斯蒂科和卡瓦莱罗终于同意了。军队开赴埃及首都那一天，墨索里尼也将赴非洲亮相于世人。

希特勒发来电报，告诉我不要再干涉此事，我对他的决定深感遗憾，原因相同：夺取开罗无益于缓解补给困境，即便能，效果也微乎其微。除非一举拿下亚历山大港，补给线才真正有保障，接下来轴心国还要有足够的防守力量挫败发自亚丁和叙利亚的进攻，这些想法不但当时行不通，将来也无发展余地。[①]

1942 年春季，德军南线总司令部和非洲装甲集团军都同意接下来的作战目标定是马耳他和图卜鲁格，舍马耳他而取图卜鲁格是不够的。因为雅典到克里特、克里特岛到图卜鲁格的海上航线都处于以埃及为基地的英国空军和海军有效打范围内，需要动用强大的护航力量，这超出了我们对从意大利出港船队的护航能力范围。而且，东线形势也很紧迫，不容这边彻底解决补给和替换品经由希腊运输的特殊困难。

隆美尔和我之间的分歧焦点只有一个：攻打马耳他和图卜鲁格的先后顺序。护卫海运航道和输入港口乃我职责所在，所以我向希特勒建言应以马耳他优先，从而

---

① 作者注：有一种异想天开的想法是，利用埃及为基地，从高加索进攻苏联。它充其量就是一种盲目的投机取巧，但如果最高统帅部真的认真考虑过（我个人持怀疑态度），要付诸实践倒必须保证我们的补给线，也就是占领马耳他。

为攻克图卜鲁格做好准备，希特勒当时表示同意，后来却变卦了。4 月底在贝希特加登，他批准了隆美尔的意图：先从加扎拉发起地面行动。我懂陆战，能理解隆美尔为何急不可待，也明白攻打马耳他的时机还不成熟，没到万事俱备的程度。我想由我做出妥协也合情合理，因为我们（在非洲）逼得越紧，英军重振旗鼓就越慢，我们就能越早到达终极目标：伊塔洛－埃及边界。非洲战场取胜后，攻打马耳他便是万无一失，届时我们也做足了准备工作。所以说，我与隆美尔的分歧在攻占下图卜鲁格之前并没到不可调和的地步 。

对于错误的决策，希特勒及国防军最高统帅部与意大利最高统帅部一样难辞其咎。隆美尔的宣传机器一开动，他们辨别势态的能力便明显大打折扣。

德国的统帅部有着与生俱来的大陆战争思维，看不到海外战区的利益，也不懂地中海的重要性和北非战场固有的困难。那里不适合构思或生搬硬套任何条条框框的计划，而是要因时制宜、随机应变。与墨索里尼的私人交情令希特勒不便插手地中海战事，哪怕到了大厦将倾，必需他介入的地步也不例外。他的口号是“开罗的墨索里尼”。

那阵子，隆美尔对希特勒有着近乎催眠一样的影响力，后者几乎失去了客观辨别形势的能力。有了这等咄咄怪事，前文提到的那份发给我的电报就不足为奇。那时希特勒心系图卜鲁格的成败，还有可能受了隆美尔的联络人贝恩特博士怂恿，便叫我不要给隆美尔的行动计划添乱，要鼎力支持他。

后来，希特勒自然大喜于图卜鲁格大捷，也有了名正言顺的理由可以取消刺眼的马耳他冒险。这件事上戈林唯命是从，他本人也唯恐马耳他成为第二个克里特，再次“血流成河”，尽管克里特和马耳他丝毫没有可比性。我再三告诉他，有了 4 月和 5 月的空袭后，只需要一点点兵力和损失就能拿下马耳他。越拖到后面，难度和代价越大。意大利那边，由于海军重新变得举棋不定，意大利最高统帅部也面临如何消除分歧的问题。

随着向尼罗河进军的决断敲定，攻打马耳他的行动被搁置了。原本为此准备的陆军和空军部队奉命转移到非洲，后来进军埃及的努力以灾难收场，马耳他彻底遥不可及。

总而言之，在这个引起战争史学家和心理学家浓厚兴趣的问题上，我们的失败对整场战役是决定性的。

1942 年年初的大捷和加扎拉防线的建立令我们重返去年 12 月撤退时的地盘。隆美尔对自己领导能力和麾下军队的信心再次爆棚，他知道英军正虚弱，急需时间休整，他也肯定预计到了，接下来六个月里，英军就会得到相当可观的巩固，重振旗鼓。他还知道，一旦沙漠战陷入僵局，非洲集团军的锋芒将难以为继。此外，压制敌人需要付出高昂的人力和物力代价，无利可图。拖延不利于计划好的进攻，很不可取，这我也同意。可与此同时，他要求的增加补给都得到了满足，这是拜我们成功空袭马耳他所赐。到了 5 月初，隆美尔统领的德意联军装备齐全、供应充足，甚至还有一定的剩余储备。

隆美尔起草了（进军埃及的）行动计划，并同德国空军非洲指挥部指挥官霍夫曼·冯·瓦尔道将军进行了探讨。瓦尔道有义务同意大利空军指挥官一道部署好空战事宜，而我也对意方寄予充分信任。魏霍尔德将军负责解决海军协同的问题，即如何从敌军后部海域迂回穿插，以及随后如何运送补给。

战术突然性是行动成功的核心要素，要达到这个目标，就要对英军正面发动歼灭性打击，同时从沙漠实施侧翼包抄，随后还需要一小股精锐的突击队从海上登陆，策应主攻。

第二阶段是包围和攻占图卜鲁格。隆美尔欲带领最重要的侧翼纵队亲征，但保留了自己的全权指挥权，正面进攻由克鲁威尔将军①指挥。

该计划简单明确，巴斯蒂科元帅予以批准，不过我不太满意传令安排。万一隆美尔不得不滞留在翼侧，他就无法坐镇指挥全局。其实应该设一个固定的战地指挥部。

敌人确实被打得措手不及，不过隆美尔一度失联。一些对于空军和克鲁威尔将军同等重要的报告都久等不来。进攻和反击的坦克频繁转错方向，打得不可开交，既加大了空中侦察的难度，又令每次轰炸都是孤注一掷。尽管如此，我们不间断的空袭却从没有误伤地面友军。战斗首日和次日堪称非洲空军指挥部大放异彩的日子。

5 月 29 日早些时候，克鲁威尔将军乘坐鹳式联络机迫降敌后方，沦为俘虏，前线群龙无首。克鲁威尔的作战处长梅伦廷少校不肯也不适合代理军长，于是在众人苦苦哀求下，我答应暂时代为指挥前线。我总算了解到，被一个发不出也收不到命令的上级指挥部搞得束手束脚的军长有多么不容易。此外，隆美尔重现在重要的侧翼，消息传来，令人兴奋又心焦，因为这也意味着他直接暴露于变化无常的战场。想要了解在这场坦克大战首日隆美尔的参谋部里发生了什么，就必须听听亲历者陈述。不过第二天就真相大白了：我们的装甲军及其指挥官度过了辉煌的一天。

我不断地通过无线电要求与隆美尔通话，无论他选择何时何地均可。终于，他

---

① 非洲军军长。

在南翼侧同我建立了联系，随后促成了正面与翼侧的行动在千钧一发之际形成配合。看着隆美尔以出神入化的娴熟技巧在沙漠排兵布阵实为快事一桩。不过当时的形势也不是完美无缺，我驾驶鹳式飞机飞往意军总部开会，寻了一处理应被我军控制的区域，准备降落，突然遭到地面机枪和20mm炮弹射击。根据这次在空中亲眼观察所得，我在夜幕降临前下令对一支敌军实施空中打击，对方已突破前线，正向西横穿隆美尔的后方交通线，很可能打算洗劫非洲装甲集团军的补给车队。我直接降落到某部队的机场，通知他们出动俯冲轰炸机、Me 110战斗机以及战斗轰炸机，实际上可以说是机场上所有可用战机。这次打击非常成功，敌人蒙受了重大损失，只好调头作罢。可是飞机在沉沉暮色中降落后，我发现两名沙漠战场上最出色、最资深、最有斗志的航空兵也赫然在伤亡人员之列，不禁格外痛惜。

后来我对隆美尔攻打比尔哈基姆据点的办法存在异议，这个由科尼少将[①]率自由法国旅坚守的据点对我军是个不小的威胁。隆美尔要求空中支援，于是俯冲轰炸机成群结队投下汽油燃烧弹，地面进攻却没有及时跟上，导致陆空协同以及随后的步兵进攻均告失败。不过争论很快平息，隆美尔拿下了比尔哈基姆，我也向他表示了祝贺。

比尔哈基姆绿洲陷落后，隆美尔与我一番简单交谈，随即马不停蹄率领装甲大军杀向图卜鲁格，精力之旺盛可见一斑，不久之后图卜鲁格便被他包围。

那段日子里，我们的陆军和空军过关斩将、攻城掠地，堪称军事史上一段传奇。事实上这一系列战斗也成为了隆美尔军事生涯巅峰之作。意大利军队同样发挥出色。

对图卜鲁格要塞的进攻有前期胜利的鼓舞，有隆美尔和霍夫曼·冯·瓦尔道大胆的计划，还有奋勇利落的执行。我将希腊和克里特岛上具备俯冲轰炸能力的多余的飞行部队全部调到北非。进攻前一晚，我挨个走访各部队，发表了一通简短致辞：

> 先生们，明天一早倘若你们恪尽职守，那么明天晚上全世界的广播电台都将播报这条新闻：图卜鲁格陷落了！
>
> 祝你们满载而归！

进攻准时发起。最后一枚炸弹刚坠地，突击部队就在俯冲轰炸机和大炮的出色支援下攻克了纵深处的防御阵地，连港口都被我军炮火所覆盖。虽然在不少关键时

---

① 马里-皮埃尔·科尼在1944年指挥自由法国军队参加了诺曼底登陆，二战结束后任法国驻德国占领区司令，后来升任为法国国防部长。

刻仍历经过艰苦卓绝的战斗，但我们最终赢得了胜利，夺取了图卜鲁格要塞。消息果然传遍全世界。霍夫曼·冯·瓦尔道被授予骑士铁十字勋章，隆美尔将军晋升为元帅，意大利人对此愤愤不平，他们或许更认可给隆美尔高级勋章而非军衔。英军俘虏不计其数。包括食品在内，种类齐全、数量庞大的战争物资补充到我军补给，港口设施也扩展了我军交通系统。

我们以微不足道的损失取得胜利，沉重打击到敌军的抵抗力量。而且敌人的撤退会因为失去图卜鲁格而难于补给。英军司令部陷入绝境。如今消灭整个英国第8集团军的机会看似唾手可得，就算普通人也会禁不住诱惑乘胜追击，不会比隆美尔更克制，但追击需要马不停蹄。1942年6月22日我来到新晋陆军元帅设在图卜鲁格的司令部拜访他，发现他正对部下布置简令，准备当天上午就向西迪巴拉尼进发。在不妨碍攻打马耳他的前提下，他的计划与我不谋而合。

霍夫曼·冯·瓦尔道与隆美尔协商了空中支援的战术安排，冯·波尔忙于将地面组织转移到图卜鲁格地域，那里有充足的机场，不过得先清除地雷才能使用，并由高炮提供保护。尽管如此，这一系列工作很快落成。

与此同时，魏霍尔德海军少将和意大利海军司令部下令立即修复图卜鲁格港口设施。我认为图卜鲁格作为输入港价值连城，不管是供船舶沿码头停泊也好，驳船卸货也罢。汽油储备越堆越多，泊车场挤满了俘获来的卡车，尽管如此，班加西/的黎波里到前线的公路被拉得太长，导致无法时刻保证不间断的运输流量。西迪巴拉尼这座小型港口被我们拿下后也开始投入使用，然而不占领马耳他，北非战场始终没有保障。

按照计划，下一步就是攻打马耳他了。准备工作从2月开展至今已万事俱备。计划中的部队配置情况经过了仔细周密的计算，完全能避免失败。施图登特指挥的两个伞兵师被调了过来，其中一个是意大利第2伞兵师“闪电”师[①]。部队运输机、重型货运飞机以及用于运输坦克的“巨人”运输机达到可观的数量。此外，轴心国还准备了两三个意大利突击师，一支作战舰队，届时将炮轰岛上防御工事、护送运兵船和冲锋舟，还有一支规模大大超出原计划的空军部队。

行动计划草案概括如下：

1.空降部队占领马耳他岛南部高地，以此为出击基地发起一次突击，夺取城镇

① 作者注：这支意大利伞兵精锐得到了德国伞兵部队里精力充沛的拉姆克将军（Ramcke）快速而成功的训练，从我观看过的演习情况来看，马耳他正好给了这些小伙子用武之地。

南边的机场和瓦莱塔港口。在此之前，空军先对目标机场和高炮点实施一轮轰炸。

2. 海军和登陆部队发动主攻，负责攻克瓦莱塔港口南边的据点，并与空降部队联合夺取瓦莱塔港口。空军同步开展对岸炮的轰炸。

3. 从海上对马尔萨什洛克湾实施佯攻。

与此同时，非洲军也正按计划挺进埃及，第一阶段进程顺利，证明隆美尔是对的，但不久之后，敌军的抵抗越来越强，以至于我们不得不正视一个问题：是往北非投入生力军，还是加快为现有军队输血。战斗越发艰苦，终于在阿拉曼停滞下来，非洲军转攻为守。

在这个紧要关头，也只能不顾一切地派装甲侦察单位和德国空军介入。陆军和空军部队都兵疲马乏，急需增援和物资。不但如此，隆美尔也在疾呼新的部队，而事实上，不但第二支德国步兵师和原本用于攻打马耳他的德意伞兵师调给了他，另外几支增援部队也已经从希腊和意大利奔赴北非。这些增援部队都没带任何车辆，因此需要首先抽调当地德意各师的定额装备为他们补充交通工具，此举将进一步限制所有师的机动能力。结果，连高炮军和航空军都被搜刮走了大量机动车，这也使得补给部门除了供应新部队，需要额外承担的工作量与日俱增。要摆脱困境，就必须得到马耳他，可是原本为夺岛行动而准备的军队被撤走，马耳他终成泡影，最后连我也被迫放弃了，因为成功的前提条件已经不复存在。行动取消对于整个北非战场的士气是个沉重打击。

几天后，敌人的反击也弱了下来，显然英军没有利用个别意大利师的失败扩大战果，于是还不足以发动一次绝杀。

此时，战线稳定在一处对于我军侧方阵地相当有利的地段，其宽度适宜我们增强打击力量。我开始拼命催促重启进攻，一如当初我在图卜鲁格之战后强烈要求暂停进攻一样。地中海和北非局势变得何等风雨飘摇，完全可以想象。在东边，与我们正面对峙的英国第 8 集团军兵力攀升到新的高峰，上方有一支强大的空军，后方有一个安全稳妥、装备充足的补给基地。我们西边的威胁仍不明朗。在后方，补给线被严重拉长。随着英军在马耳他岛再度活跃，埃及基地实力大增。我们大祸临头的兆头已隐约可见。

想要挺过两线作战，全部希望都维系在一件事上：要抢在与后一个敌人兵戎相见之前先从内线收拾掉已经与之交战的敌人。面对一场首先连补给都得不到保障的纯防御战，既然我们全面落于下风，那么发动进攻只要有一丝成功的机会，我们也必须抓住，除此之外别无选择。如果进攻，轴心国占有先机，可以决定发起进攻的时间。一切都取决于隆美尔能否抢在英军坐大之前尽早出拳。我个人认为，进攻时间最晚不能晚于 1942 年 8 月底。

有了交通系统这个隐患，就不可能打下包票称补给需求能全部得到满足，我承诺尽个人最大努力，动用自己在意大利最高统帅部的影响力去保持交通运输流量。那时我很确信，只有埃及和地中海的港口到手，才能在北非站稳脚跟。然而前有马耳他岛，后有亚历山大港，我们的补给线两面受敌，永无宁日。这时，眼看开罗几乎只有一步之遥，隆美尔断然拒绝打退堂鼓。他虽一门心思沉浸于筹划进攻，却仍然注意了阿拉曼防线的防御工事，确保能坚固到抵挡英军大规模反攻，对此他再三向我做了保证。这可苦了工兵一段时日，不过隆美尔可以无愧于心地表示已经竭尽人之所能，必能闯出一条富于想象力的新途径。

英国第 8 集团军也在试探德军阵线，只是未见任何切实收获。不过正因我方诸多不利因素，他们很快就摸清了我军防御体系和火炮阵地，而且这些小规模冲突会消耗我们大量物资，还不要提人员伤亡。另一方面，英军肯定根据我军前线实力得出结论：隆美尔放弃了继续进攻的念头，正考虑转入战略防御，再另行决断，卷土重来时很可能是更大的突然进攻。

8 月中旬，进攻计划逐渐成形，但最终方案直到最后一刻才敲定——8 月 29 日，进攻时间被定于 30 日到 31 日，由装甲师和摩托化师从实力较强的右翼发起。意大利最高统帅部和南线总司令部千方百计凑够了汽油。至于油轮驶出图卜鲁格后沉没，起码不是南线总司令部的责任。① 这次损失过后，空军的燃油储备令身为空军司令的我自顾不暇。我承诺过送给陆军 500 立方米高标号航空燃油，但供求矛盾依旧尖锐，何况交付的航空燃油一直没达到我承诺的数量，直到战后我也不明白原因何在②，但我还是承担下了这个责任，不过我也不认为这批汽油能发挥决定性作用。事实上，9 月 6 日以前，所有的摩托化部队视手头补给情况不同，或多或少都参与过机动防御。充分可见，他们的汽油足够继续进攻。更何况，假设他们能像以前那样通过缴获的

---

① “8 月 28 日，一架‘马里兰’执行侦察任务时发现一些船舶在驱逐舰密集护航下，疾行在克里特岛以西海域。黄昏降临后，一支由‘惠灵顿’和‘解放者’轰炸机组成的打击力量立即升空，前往搜索。其中一架轰炸机首先发现目标，在德尔纳正北命中 1 艘油轮，目标随后爆炸。这一次打击便打掉了够德军坦克在沙漠行使数英里之远的汽油。驱逐舰迅速急转调头，在油轮周围释放烟幕。由鱼雷机和‘惠灵顿’轰炸机构成的第二波打击力量起飞并攻击了剩余油轮和其他一些商船，一架‘惠灵顿’鱼雷机发现油轮正装载着‘梅塞施米特’飞机所用的高标号航空燃油。”——摘自英国皇家空军中东司令部报告。

② 北非和地中海战场上轴心国运输途中所损失的油料，大部分是因为英国“超级机密”密码机破译了德军的密码，准确掌握了轴心国的货运和部队调动情况。

战利品补充库存，我就更有理由这么认为了。这次失败的原因或许更多出自主观因素。当时我坚信，此战对于曾经那个隆美尔根本不在话下。倘若不是连年无休的非洲战事带来的压力令他长期饱受病痛折磨，他不会在已经完全包围敌人的大好局面下罢手——那时，被称作英国人的“救命稻草”的阵地都被我们巧妙突破了。今日我才知道，当时连他手下的部队都无法理解撤退的命令。

隆美尔一如既往地呆在具有决定意义的侧翼。因受阻于敌人密布的地雷，这次进攻未能在最初几个小时拿下预期的地面目标。此外，敌人连续不断、突如其来的空中活动也令我军蒙受损失，而且特别折磨人。受此影响，早上 6 点到 7 点之间，他下令取消进攻。下午早些时候，他一番左思右想，在我出面干预前一刻又重新发动进攻。当然，很难断言如果一鼓作气打下去，这次进攻就能达到目标。但可以肯定的是，胜利曾是隆美尔唾手可得的，中止进攻既给了敌人机会，也相应阻挡了我方装甲军成功的可能。

从那些密密麻麻的地雷来看，隆美尔又一次从沙漠迂回穿插的意图早在蒙哥马利意料之中。英国人有理由这么推测，因为德军在左翼和中央的前沿防护区域也有大量布雷，这样能阻断敌人从那里进攻。可见，对防御而言我们有必要将主攻点转换到英军左翼。英军雷区给了他们的第 8 集团军必要的应对时间，他们将德军的进攻部队压制在一条狭长地带，使之成为皇家空军的绝佳靶子。对错与否这里姑且不论，倘若我们能坚持进攻，其实能一鼓作气突破这一瓶颈，进而来到相对安全的地方做最后一步部署，并避开空袭。但是我们缺乏这种不屈不挠的钢铁意志，既如此，由于我们也了解孤注一掷要承担的全面风险，那么这次进攻一开始就不应该发动。

这次作战行动本身有多大胜算，从蒙哥马利对于德军在 1942 年 8 月推进之势的观点可以清楚地体现出来。经此一败，我意识到北非战役的结局已经注定。我对力挽狂澜已经不抱希望，唯一可行的策略是退到某地，防守北非一段时间。自此以后，我的关注重心便是巩固现有阵地，在南线尽可能久地拖住盟军，使欧洲战场不受威胁。

可一个事实仍然摆在面前：我们的交通系统再也没有保障。南线和其他地方一样，时间站在了敌人一方。

蓄谋已久的英美联合登陆行动（按我的判断将发生在北非）意味着开启一场钳形攻势。届时即使英美两军相隔万里，也势必导致轴心国军力耗散，也会沉重打击到在非洲孤军奋战的军队的士气。

不管怎么说，蒙哥马利打败了隆美尔，这件事的深远影响比战场成就更为重大，因为德军方面暴露出来的劣势只会有助于英军将来的行动。

随着皇家空军把持了天空，英军在海战将得到更加有利的支援，马耳他也变得固若金汤。而上空有这么一支强大的空中力量保驾护航，英国第 8 集团军足以应付最艰巨的任务，何况他们自成功击退敌人的进攻后更是信心倍增。

这样的局面下，难道我们就该在阿拉曼坐以待毙，等着英军攻过来吗？鉴于战后一些著作归咎于是我做出了那样的决定，我在这里明确声明：首先也最重要的一点，我作为航空队总司令和南线总司令，只保留有过问和干涉隆美尔的权力，但非他的上司，那时隆美尔隶属于巴斯蒂科元帅，更上一级是意大利最高统帅部；同时他又自认对德军最高统帅部负责，并与其保持密切联系，此事的效果不可小觑。我确有责任为隆美尔提供建议——前提是他肯接受。我摆明这些事实，不是为了推诿这份责任。兴登堡曾有言：胜利偶尔有他的功劳，失败永远是他的责任。此话同样适用于此事以及我的其他一些案例。犹记得 1943 年 5 月突尼斯战役尾声时的一段插曲，那时也存在一些不公正和无理的诽谤之辞，直指我对战役的指挥。两个参谋长力劝我予以驳斥，我拒绝了，只道是当着全世界的面，这个责任总要有人承担。当尘埃落定，战争得到盖棺定论之时，真相总会大白于天下。清者自清，如此即是立于不败之地。另外，正是同样的信念，在我日后受审时支撑着我。

摆明了个人立场后，我还需要补充说明一点，无论德国还是意大利军队的最高统帅部都不会执意反对隆美尔任何重大撤退意愿。那时候的隆美尔总有办法得偿所愿。但这次，他相信阿拉曼防线上的兵力。按照以往非洲战场的标准判断，他的军队状态良好，兵力可观。同样的，起初补给数量充足。基于此，我才推测这条防线可以抵挡一次进攻，这也不至于被诟病为赌徒心态。

回首过去便能发现，留在阿拉曼是个错误。东西数百英里长的阵线上无论何处承受考验，能否拖住蒙哥马利的猛攻，其实都不重要。重要的是阻挡英国第 8 集团军，是让我军拥有一个更宽广的补给基地支持——如果可能的话，位置以的黎波里到图卜鲁格之间为宜。然而别忘了，德意两国陆军和空军基本丧失了机动化，充其量是有限的机动能力，无法胜任一场持久的机动战，连他们的指挥官也感到束手束脚。此外，英国空军占有绝对优势，很可能令我们陆军在地面的运动毁于一旦。蒙哥马利的战略谨慎也好，冒进也罢，过往的战斗再无借鉴意义，而且当时在我们的印象里，他会仔细权衡所有风险。最大的未知因素是盟军在西地中海发动入侵的时间和目标。隆美尔及其副司令施图姆对阿拉曼阵地信心十足，这无论如何都是不合理的。隆美尔比施图姆（他很不幸地恰恰死在英军进攻首日上午）更有可能在一定区域内完成有限的机动。但是从各方面考虑，更好的办法是靠一支后卫部队殿后，撤退到一个易于防守的阵地，比如哈勒法亚隘口就比较合适；或者佯装在阿拉曼防线上坚决抵抗，实际在其西边二十英里处展开决战，也就是那个叫富卡（Fuka）的阵地，那边较之阿拉曼占尽优势，而且左翼能更好地得到地势的保护。

无论采用哪种对策，都应该尽早行动，也就是说尽早勘探阵地，刻不容缓地进行强化。然而隆美尔和施图姆都从没向我提到过这样的计划。我们无需再做主要决策之外的部署，因为接下来的一切作战行动都受盟军在西地中海的入侵进程所左右。夏季末，我和隆美尔时常天南海北讨论未来的走势。将德军撤出北非，撤退到亚平宁半岛或阿尔卑斯山的念头那时曾闪现过。但权衡了一番政治和军事利弊后，我表示了反对，我对隆美尔也是这样说的。这个问题稍后再叙。

无论对错，决议已定。为了备战这场大决战，意大利最高统帅部，意大利陆军、海军和空军的总司令，巴斯蒂科及其手下陆军和海军将军们，隆美尔以及南线总司令都做了力所能及的一切。隆美尔回国养病期间，施图姆本着公正无私的眼光检查并有效改善了阵线，这是一员成名于东线的装甲军老将，比隆美尔稳重、和善，他做了大量工作去缓解手下官兵们紧绷的神经，还与意军司令部建立起较为平稳的关系，可惜他的身体状况同样欠佳。

所有相关负责人员都使出了浑身解数，提高的黎波里、班加西、图卜鲁格、西迪巴拉尼和马特鲁港这些输入港口的效率，加大战斗机和高炮对港口的保护力度，组织新的运输方式，还在伊塔洛－希腊地区囤积了大量补给物资。至此，我们和敌人在海洋运输线上的争斗愈演愈烈。

到头来，双方都蒙受了巨大损失，又都达到了目标。轴心国军队在非洲保持着需求量下限的给养、装备和增援。但另一方面，英军打击力量在马耳他卷土重来，越发猖獗地袭扰我方船队，可见想要在地中海自由驰骋，一昧防守是守不来的。事实上我们不得不考虑，预料中的英美联合大型登陆如若成功，联同这些海上破交战，恐怕会重创我方补给线，尤其最严峻的，届时对方还能对我们在非洲和克里特的空军基地采取非常有效的破坏行动。

我不甘心无所事事地坐以待毙。到了9月中旬，我很清楚，如果只能通过空袭马耳他缓解补给的困境，哪怕只是暂时缓解，也必须奋力一搏——正如“超级机密”情报告诉盟军的那样。至于有多困难，我也完全明白。如今的马耳他戒备森严，上空有实力大增的战斗机部队把守，从航母起飞的英国战斗机转眼间就能完成转场，除非我们无所不用其极地加以阻止。即使雷达能探测到它们，我军战斗机也总是姗姗来迟——南线很难争取到高速战斗机。由于保护运输船队的需求量太大，因而德－意空军的相对兵力很吃亏。最后一个困难是，英军吸取第一次马耳他空战中的教训，扩散了岛上基地，还把防空保护提升到最高等级。

德国空军总司令对我提议的（二打马耳他）行动给予了广泛支持，只不过依旧无法满足我所有需求。好在部队的战斗素质多少能弥补其他方面的不足。几支德国战斗机联队同英军打过多年交道，轰炸机部队也是久经沙场。意大利空军则不容乐观，他们的轰炸机和战斗机太落伍，而且轰炸机机组缺乏夜间作战训练。

此次空袭再次由第 2 航空军担当，但自 10 月中旬发起突袭以来，未能取得我所期待的成功。打到第三天，因损失过重，我不得不取消了行动，尤其考虑到盟军登陆，不得不防。

突然袭击和轰炸马耳他岛的空军基地也以失败告终，我们反而在疲于应付敌人升空拦截的战斗机和地面的防空掩体。英军使出了一个前所未见的花招：掷铝箔条迷惑我方雷达，从而扰乱了我军战斗机作战和对轰炸机的护航，他们的防御手段确实有了显著提升。

1942 年 10 月 23 日，英军大举进攻阿拉曼阵地。因非洲集团军代理总司令身亡，总司令部群龙无首、不知所措，直到隆美尔归来才回到正轨。防御战中第一道命令是多么生死攸关，但凡知道的人都不难理解折损了施图姆将军对整场战役意味着什么，更不幸的是隆美尔尚未完全康复。第三个问题是英军的空中优势一目了然。顺便一提，按计划埋设、有着“魔鬼花园”美称的地雷区实在辜负了我们的厚望。

1942 年 11 月 3 日，阿拉曼之战几乎到了决定性时刻，我打算再去会会隆美尔，同他讨论当前形势。可飞往埃尔达巴（El Daba）途中，飞机在地中海上空发生发动机故障，我被迫改变航线，于下午晚些时候就近降落在克里特机场，次日黎明才赶到非洲，新任非洲空军司令部总司令赛德曼将军立即带我去见了隆美尔。

隆美尔向我描绘了局势有多岌岌可危，迫使他想下令撤退。而右翼部队已经退出了主控阵地。希特勒收到隆美尔的战报后，回了一封电报，表示反对这种“懦弱的逃避”，要求必须坚守战线①。隆美尔过于悲愤交加，收回撤退命令，准备遵照命令，杀身成仁。当着他的作战处长的面，我告诉他，这样做无疑是愚蠢至极的，不能再理会希特勒的命令了，因为它将导致全军覆没，甚至的黎波里塔尼亚也将不保。我还告诉他，我会担起违抗命令的连带责任，我这就去电告希特勒此事。我说照当时情况看，希特勒一定误以为我军将士已经弃守阵地，逃到空旷的沙漠，所以如果没

① 作者注：在去见隆美尔的路上，赛德曼告诉我空中侦察有误，才引发了撤退命令，他已经因此挨了一顿痛斥。他说自己拂晓亲自驾机升空，亲眼确认前一天空中侦察的报告，锡瓦绿洲和盖塔拉注地均无敌军。隆美尔显然被意大利方面错误的情报所骗。这里纠正《没有仇恨的战争》一书所述。

有其他原因，他的命令不必执行。

我用无线电向元首简要汇报了当前形势以及执行那道命令的后果，随后立即补充请求他给予隆美尔自由处置权。隆美尔也设法传达了类似意思的电报。[①]

当天下午我起飞离去前一刻，我的请示获得批准。然则此间几个小时的宝贵时间已经白白浪费了。我以前飞行从未遇到过发动机故障，为什么偏偏发生在这个节骨眼上？我在 11 月 4 日所做的一切倘若能提前一天，就将起到最重要、或许还具有决定性的作用。在隆美尔及其副司令高超的指挥下，加上部队无可比拟的纪律，军队原本有望脱困并重创敌人。

我终于可以将关注重心放在西地中海那边的当务之急了，还有如何努力维持一条持久的补给线。自此，一段格外繁重费劲的时期开始了，而且隆美尔的态度和索求无度令这段日子煞是难熬。

多亏了非洲战场的老兵们，轴心国才幸免于大溃败的下场。我在远处目送了阿拉曼战役落下帷幕，那一幅幅画面深深地铭刻进记忆。比如拉姆克的伞兵师[②]通过夺下追击者的车辆完成了机动撤离；比如通往巴尔比亚的路上乱七八糟挤满了敌人、友军，其他意外事件层出不穷。对我们而言幸运的是，尽管英国空军有过不少如哈勒法亚隘口那样的良机，却还是没学会如何消灭撤退中的敌人。

---

① 作者注：我曾读到过，隆美尔也派遣他的私人代表贝恩特博士去了元首大本营。

② 当时实际编制为伞兵旅。

十五　盟军登陆北非和突尼斯战役

· 1942 年 11 月 8 日，英美军队登陆摩洛哥、阿尔及利亚。

· 11 月 9 日，首支德军部队空降到突尼斯。

· 德军巩固突尼斯桥头堡。

· 1942 年 12 月至 1943 年 1 月，隆美尔率军完全放弃意属北非。

· 英国第 8 集团军自东向西推进。

· 1943 年 1 月，德军从突尼斯桥头堡向阿尔及利亚－突尼斯边境的英国第一集团军和美军发动反攻。

· 轴心国发动进攻，试图从英军手中夺取战场主动权，但以失败告终。

· 1943 年3月－4月,盟军从西、南两个方向发动钳形攻势,突尼斯要塞收缩防御。

· 1943 年 5 月 12 日，突尼斯战役结束，残余的德军投降。

登陆前的形势

盟军入侵登陆北非之前有一场紧张的心理战。几周以来，各种互相矛盾的流言和报告纷纷涌入我的司令部。登陆地、登陆兵力及构成如此千变万化，俨然臻于一门精湛的艺术。盟军海军驶出西非海岸，显示那边可能有一次直接从欧洲大陆杀来的登陆。那边厢，挤满了军队和舰船的直布罗陀海峡又将登陆地点指向地中海区域。航母和大型运输船的突然现身令我们确信，主要登陆地点位于直布罗陀、马耳他、亚历山大港和叙利亚三个基地的打击范围之外。直布罗陀到地中海之间来来往往的船只令情况更加扑朔迷离。对手中所有情报进行了关键评估后，我归纳的形势如下：

入侵行动势必将与英国第 8 集团军在北非的运动形成战略配合，故而不太可能在非洲西海岸登陆。那是一桩前所未有的冒险，而美军缺乏战斗经验。

盟军一定知道意大利及附属岛屿部署有实力可观的（轴心国）空军，无法用舰载战斗机压制，因此登陆意大利本土或邻近岛屿不可行；基于同样的原因，从西西里岛到突尼斯之间的狭窄海域实施突破看上去更不可能。

如果敌人选择在非洲北部海岸登陆，肯定处于西西里岛和撒丁岛上的（轴心国）轰炸机和鱼雷机极限航程范围。这样的距离为入侵舰队提供了一定程度的防空保障。敌人也无须对付驻本土基地的意大利舰队攻击。所以，阿尔及利亚及周边地区是我首先需要考虑的可能登陆地点，届时法军有多大的抵抗力度存疑，但哪怕只是赤裸裸的象征性抵抗对我们也有好处。

西西里是个诱人的目标，占领该岛既能切断意大利和北非的联系，又能将战火引入亚平宁半岛，对于这场战役将起到决定性作用。尽管如此，由于入侵舰队承担的风险太大，登陆西西里的可能性依然很小。

在撒丁岛和科西嘉岛登陆能占据极为有利的条件，为下一步登陆意大利本土或法国南部提供一个跳板。届时盟军空军的打击范围也能覆盖意大利。但这样的战略目标在我看来野心太大，因而也不太可能。

同样的，法国南部看似诱人，但盟军登陆舰队再庞大，要完成一场如此独立的作战行动仍然显得实力不济。

接下来便是立足于上述推测，着手制定对策。我要求十万火急增援第 2 航空队，德国空军总司令部予以批准，调来了几个受过海外实战训练的中队。西西里和撒丁岛上的空军基地被彻底整修、巩固，并得到了物资供应。对鱼雷机类似的检修申请也在格罗塞托这个老牌鱼雷机基地执行完成了。我们制定了一个同法国南部的德国航空师相配合的计划，还同意大利空军之间建立起必要的联络，遗憾的是对方唯一能帮得上忙的只有几架鱼雷轰炸机。空中和地面侦察活动逐步升级。U 型潜艇严阵以待，准备攻击进入地中海的大型护航船队。我们还同意大利海军司令部共同讨论了计划，谨防盟军舰队到最后突然现身意大利海岸。

我进一步请求德军最高统帅部至少调一个师到西西里，用以枕戈待旦，随时增援突尼斯，或者抗击西西里登陆，毕竟意大利海岸防御近乎一片空白，令人难以置信。

这个要求被否决了，不过一个加强的伞兵营进入了战斗准备，这样事发时我也不至于仅有当地守备营可用。意大利本土及其岛屿上的意军防御布局被仔细检查了一道，结果令我大开眼界。不得已，我派去了一批德国建筑工程人员。

北非登陆前一天，我接到戈林的电话，他向我传达元首的意思——我当时不知道他一直留在贝希特斯加登——说我对局势的理解全错了，元首大本营相当笃定盟军进攻会发生在法国南部，我的责任是务必保证届时第2航空队能全体出战。

我的空军确实都部署到位了，届时主要任务是在敌舰船抢滩上岸前予以打击。下一步任务是前往科西嘉岛、意大利中部和北部作战，地勤、机械师以及补给物资则唯有搭乘运输机过去。不过在正常情况下，我不认为会在法国开战。

除去远程侦察机提供的情报，谍报部门和U艇也一直在汇报从直布罗陀驶出并穿过海峡的入侵舰船动向，包括了舰队规模、构成和部署等具体信息。接连不断的报告确认了对方航向向东，于是法国和意大利北部也被排除了。

隆美尔正在慌忙撤退。除了几个孤立的意军哨所和要塞，的黎波里塔尼亚已经没有轴心国的战斗部队了。补给变得越来越困难，除非稳住撤退的势头，相当大一批补给品只能报废处理掉。德国和意大利都没在突尼斯做过任何准备工作，而且考虑到法国和意大利彼此结怨，可以肯定的是，无论采取什么准备措施都会遇到不小的阻碍。法国南部对于德军南线总司令部是禁区，那里的所有港口都被禁止使用，补给只能从突尼斯市和比塞大两座港口运输。自然，德军在突尼斯没有任何守备部队，也就无从阻挡敌人突然袭击。即便我完全理解这种种空缺皆因涉及重大政治议题，但怎么也想不通，为什么至少增派一个师到西西里这样纯军事的要求也被拒绝。德军有限的空中打击力量既无法阻挡发生在其作战半径之外的登陆，也无法凭一己之力制止或歼灭滩头敌军。

我始终无法完全理解希特勒和国防军作战参谋部的心思。他们犯下一个根本性错误：轻视地中海战场的重要性，他们没有看到，或者无力看到自1941年年底以来，这场殖民地战争进行到了全新的层面，非洲已经成为一个发展完善了能左右欧洲形势的决策的战场。

希特勒他们的第二个错误是猜错了盟军登陆地，或许希特勒还觉得欧洲战区尚无任何迫在眉睫的威胁，无需预计，也无需投入过多的精力。我不相信他想把主动权留给意大利，更倾向于认为他信赖法国人。

如果新来的德军未能挡住盟军入侵，轴心国军队就将彻底败走非洲。因为此后再也没有希望阻止英国第8集团军与登陆军队携巨大的空中与海上优势形成左右夹击。更有甚者，我们还会失去整个的黎波里塔尼亚，失去和平占有法国殖民地的机会和无需拼死一战的有条件投降机会。而盟军会得到一个开年后进攻西西里和意大利本土的理想跳板，进而很可能促成轴心国成员之一的灭亡。

结论昭然若揭，我们必须全力以赴，拖延入侵演变到决定战争结局的进程。由于德意两军的最高统帅部都毫无准备，我们只能摸着石头过河，克服初期危机，逐步形成一份最终作战行动。我的当务之急是想办法迟缓盟军登陆、夺取港口和机场，进而扩大在阿尔及利亚和突尼斯的地盘，我还要想办法守住突尼斯。同样重要的还有建立我们自己的桥头堡，以此掩护比塞大市和突尼斯市——当地法军和酋长们的一举一动或许有着至关重要的影响力。另外，我还必须全力组建一个高效的补给基地。

如果现实出现巨大差池，那么就能据此认定我这个计划付诸实践一定是一个错误吗？

如我所愿，英军在埃及的攻势令我清楚地了解了蒙哥马利的战略。简而言之，他讲究稳扎稳打和相对的按部就班，所以才没有利用上隆美尔撤退的有利时机，他以为隆美尔可以迅速逃之夭夭，以至于来不及逐步制定一个更为系统的计划。

然而别忘了，即使一支胜利之师也不能一口气追击上千英里，兵力越强，补给难度越大。英军前几次停止追击都缘于这个道理。缓慢的规避行动可以杜绝图卜鲁格、班加西和的黎波里的港口设施被敌人加以利用。而英军缺乏强有力的空运补给机构。类似的，皇家空军肩负的低空对地支援也很有限。如果蒙哥马利选择派一支较小的机动部队以正面或侧翼包抄的方式，来替代一味向前推进，我军就能甩掉对方，为大部队撤退赢得宝贵时间。

这个任务不容易，可它配得上隆美尔。只要没有潜意识里的抗拒，纵有千难万阻，他也能完成任务。他想退到突尼斯，如若可能，退到更远的意大利和阿尔卑斯地区，这个如意算盘扰乱了他的判断力。

艾森豪威尔的入侵军队无疑拥有所能达到的最好装备，官兵们斗志高昂，但没有战斗经验。只要英国第 8 集团军一直在远处作战，美军的侧翼就缺少支援。就连一支初来乍到、尚未适应非洲当地环境的德军也能顶住艰苦，在多山和沙漠的地形条件下对付他们，但是必须做到兵贵神速，重拳出击。

轴心国对于盟军入侵军队的判断一致，但在非洲集团军的战略问题上存在分歧。无论别人晓之以理还是动用军令，隆美尔皆不为所动。他的想法用他自己的话来表达再合适不过：他认为在 1942 年 12 月月初，自己的任务唯“不让他的军队完蛋”而已。我后来读过《隆美尔的装甲集团军》里一名军官所著的研究报告，正如他指出的那样，隆美尔这种心态导致了“除去后卫部队，装甲集团军从阿拉曼一路败退到布雷加，却在一定程度上相当于一次‘旅次行军’[①]，虽面临敌人在地面和空中的轻微压力，但援兵正从后方赶来。”

---

① 指部队可以休息、交谈甚至歌唱，并可自由持枪的行军。

关于隆美尔特立独行之举应该被视作政治花招还是“严重抗命不从”，我不予评论，但有件事肯定不对，即让隆美尔完全自行指挥。只要他在其位，摩擦分歧就不可能得到消除，作战实施也将受到波及。出于最基本的战略计划以及政治、战术上的考量，意大利和德国的军方不可能支持隆美尔的想法。

划分指挥权不是为了让事情变得更简单。我只对德军最高统帅部负责事关抵挡盟军登陆的作战实施，除此之外，所有地面和海上部队听命于意大利最高统帅部。我要定期知会卡瓦莱罗伯爵和领袖。而只要涉及非洲战场，他们不会不咨询我的意见就自作主张，不过这样的安排根本算不得理想，我也只能挑起烂摊子尽力而为。

利比亚战役结束

1942 年 11 月至 1943 年 1 月

随着空军扑向敌军舰队，突尼斯之战就此掀开序幕。发动空袭的战机编队需要从最西端的基地起飞，即撒丁岛和西西里岛，但他们还是出战并飞至了最大作战半径。最初几天，敌人出动舰载机防守，还匆忙派出战斗机自阿尔及利亚的机场出战，增援强大的高射炮。尽管我军飞行员英勇无畏，空袭结果还是低于预期。

根据我手中的报告，盟军登陆过程中只遇到法军不值一提的抵抗。11 月 11 日和 12 日，布日伊和波尼[①]的港口、机场落入敌手。

直到 11 月 9 日清晨，希特勒听到达尔朗海军上将[②]的广播演讲才如梦初醒，亲自打来电话，将突尼斯战事交予我全权负责——只不过后来他又加以限制，禁止我亲自去那边视察。我最初制定了几个极度克制的对策，但迫于国防军作战参谋处干涉，需要推迟执行——偏偏这个时刻，作战处不归希特勒管。我也只好暂时按兵不动，等待贝当同意德军介入突尼斯的冲突。

在战斗机和斯图卡俯冲轰炸机保护下，半个伞兵团和我的司令部警卫营率先行动，占领了乡村。与此同时，由哈林豪森（Harlinghausen）上校和勒尔策（Loerzer）将军领衔，德军与法国驻突尼斯总督埃斯特瓦海军上将的外交谈判至 11 月 9 日也接近完成。我们希望这次谈判能拉拢法军及其海军并肩作战，至少保持中立。

---

① 布日伊（Bougie），阿尔及利亚的贝贾亚旧称；波尼（Bône），阿尔及利亚的安纳巴旧称。

② 时任维希法国的国防部长和二号领导人，盟军登陆北非后，达尔朗立即与盟军签署了停火协议，并被任命为盟军驻北非地区法军最高长官。

起初，协商进展顺利，法国和德国士兵相处融洽。德国伞兵坐着法军装甲车巡逻敌情。然而当一支意大利战斗机中队突然降落在突尼斯市附近，局势急转直下，朋友转眼变敌人。意军此举属于瞒着我公然违背了明示协议。在我干预下，卡瓦莱罗立即把该中队召回了撒丁岛，但于事无补。更令人不快的是，卡瓦莱罗估计自己的名誉，曲解了我的意愿。贝当已经下令法国殖民地军队与我们共进退，随后生效。若非这次节外生枝，这道命令必能得到执行，从而令我们占得优势，对此我很有把握。但事已至此，我就不得不尽快对巴里将军的军队采取点行动了，这位先生心里的算盘和态度太过高深莫测，在他身上继续浪费时间非我所能承受。德国领事默林豪森积极游说，也未能拉拢这个狡猾的将军倒向我方阵营，我只好让俯冲轰炸机去给这难以容忍的局面画上句号。大敌当前，同墙头草讨价还价是徒劳。

出人意料的是，一个弱小的德国师辅以高射炮，居然成功建立起一个小型桥头堡。11 月 15 日，内林将军受命指挥在突尼斯的德军，他得到后来的驻意大利大使拉恩博士及同僚默林豪森的鼎力支持，海军的门德森 - 博尔肯将军通过同法国海军上将德里安[①]打交道同样也帮了大忙。内林面对的是一项极为艰巨、同时对一位年轻将军而言又极具吸引力的任务。对他的任命被视作我那无可救药的乐观心态的例证之一。我承认自己表现得很乐观，但我从不轻敌，而乐观和轻敌是两码事。这里讲一个插曲为证，战后它引来媒体很多误解。1942 年 11 月 26 日，敌人 6 辆装甲车突袭了朱代伊德的一个斯图卡轰炸机机场。内林以一种可想而知的激动给我打来电话，对遇袭后果下了最坏的结论。尽管我一时无法分忧解难，还是叫他冷静下来，说我第二天就会赶到。

此时此刻，登陆大军已经抢滩上岸，法国那点弱不禁风的岸防土崩瓦解。盟军必须花一些时间去集结他们生疏的部队，并与法国人接洽、协商，不过他们肯定急于站稳脚跟，不会浪费须臾。突尼斯的法国人、阿拉伯人立场可疑，至少是对我们暗怀敌意。而敌人知道德军方方面面都严重实力不济，会忍不住以突然袭击的方式消除他们在突尼斯的危险，敌人另有一个不确定因素：交通问题。他们要行军 500 英里，穿越陌生、危险的野外山区。就算铁路正常运转，也不足以承担任何大规模军队运动，还不要说敌人还处于德国俯冲轰炸机的打击范围。眼下暂无大战之虞，但显而易见，我们预计少不了敌对突袭和侦察活动。

有了这些以及其他多方面的考虑，我意识到，在这种特殊环境下我们各支小

---

① 路易斯·德里安，时任法国海军驻比塞大的基地司令。

股力量必须有一个司令部统一组织和指挥。我请求组建一个装甲集团军总司令部，1942 年 12 月初如愿以偿，冯·阿尼姆将军的第 5 装甲集团军来到突尼斯。希特勒给阿尼姆指派了一名高级将领齐格勒，事实证明这位“不管部将军”不但成为他那个心力交瘁的长官的朋友兼幕僚，只要有需要，还是一名能干的代理军长。这对搭档的效率取决于默契程度，好在两位将军经受住了考验。

这时隆美尔还在继续撤退，炮轰一般连连呼吁增援，可他的要求不可能办到，我甚至没准备去办。海上补给线一缩再缩，突尼斯至利比亚的交通系统尚未建立，我也没有理由打劫我的空军运输机部队。马耳他依旧为英国所把持，地中海每个角落无不笼罩在它的阴影下。隆美尔的部队报告越来越清楚地表明，即使一次成功的抵抗最终也会前功尽弃，他们已然放弃了战斗。巴斯蒂科元帅上报给意大利最高统帅部的话更是直言不讳。卡瓦莱罗和我相当清楚，这场朝着突尼斯撤退的“马拉松”如果继续下去，意大利师会全军覆没，而班加西、的黎波里的港口会落入英军之手，然后立刻为他们所用。非洲集团军疲惫不堪，士气摇摇欲坠。马雷斯防线（突尼斯边境最南端的防御阵地）远未完工，还无力扭转颓势。

这时巴斯蒂科和隆美尔之间脆弱的关系快要恶化到公开撕破脸。1942 年 11 月底，卡瓦莱罗在费勒尼拱门[①]开会斡旋，共商对策，当事双方的剑拔弩张才算有所缓解，但敌意依旧存在。卡瓦莱罗在会上阐释了意方观点：1. 只要尚存任何可能，必须守住的黎波里塔尼亚；2. 不要再提超出意大利步兵师耐力限度的要求。突尼斯南部边境上的防御工事正修筑得如火如荼，以上两点为设防必不可少的条件。而此后轴心国将经由突尼斯向利比亚输送补给，效率会得到大幅提升。

到了 11 月底，盟军入侵逐步深入。11 月 25 日一支美军小纵队首次推进到迈贾兹巴卜（Medjez-el-Bab）。与此同时德国和意大利的陆、空军援兵也赶过来稳固了阵地。一个战斗机中队在一队弱小的步兵护送下转移到加贝斯（Gabès）后，从突尼斯输送给在的黎波里塔尼亚的隆美尔的补给线得以开通。英、美、法联军共 8 到 10 个师将面对轴心国 5 个师，后者中至少有 2 个意大利师、1 个混编的高炮师，师长是诺伊弗（Neuffer）将军。战斗机、俯冲轰炸机和侦察机的数量满足当前所需，它们归前奥地利飞行员科施（Kosch）将军指挥。

西部阵线长 250 多英里，虽然靠这点有限的兵力（火炮尤其紧缺，起初我们仅能凑出 100 门炮）守住它看似绝无可能，可我仍然觉得不能一味防守，还应该通过

---

① 今利比亚的大理石拱门村，北非战役期间的黎波里和昔兰尼加分界线上矗立有一座古代拱门，因高大雄伟成为当地地标性建筑，附近还有一处重要的德军机场。

游击的进攻方式尽可能向前推进，这样我们才不至于一次次被敌人成功的攻击逼得朝大海步步后退。地势对我们有利，唯一一条公路和铁路交通网就处于西部阵线北边三分之一段；要从盟军的位置接近中段更难，从沿海平原开始就会遇到山脉阻隔，它们易守难攻，隘口屈指可数；沙漠的存在令接近南边三分之一段也非易事，我估计没有打过沙漠战的盟军新手们一时半会儿推进不了那么远。南边的防线是为隆美尔的军队预备的，坐北朝南，暂时不存在威胁，故我没做考虑。中部地段有意大利师卫戍足矣，不过我心知肚明，倘若敌人突破到那里，还是得派德军过去。北边三分之一地域由德军防守。我的计划一是在中部和北部大面积变换地点、变换兵力，不断进攻，从而掩盖我们薄弱的真实兵力；二是阻碍敌人强大攻势前的集结。

就这样，第5装甲集团军开始沿一条重点防线布防，它朝着斯贝特拉－加夫萨（Sbeitla-Gafsa）方向，沿锡勒亚奈（Siliana）大致穿过阿布罗德山－贝扎－蒂布苏克（Dj. Abrod-Bezha-Tibursuk）。为最终目标着想，我还考虑过沿波尼－苏格艾赫拉斯－泰贝萨－富里亚奈－加夫萨－吉比利一线布防，那里距离海岸线约150英里处，是第一道阵地，我们最后也可以那里发动反击。这段防线得天独厚，有助于仓促设防，还有便利的交通线，这是敌人在整个南段都缺乏的，即使在北段，敌人的交通也远不及轴心国。要是最初就能有一个德国师登陆，或者法国坚定立场，今日之局该有多么简单啊！我们从一开始就能取得事半功倍乃至四倍的效果。

英军在的黎波里塔尼亚猛追了几周后，势头有所缓和。埃及的暴雨干扰了蒙哥马利前进。11月底隆美尔退到欧盖莱，他的军队渡过了眼前的危机。依靠着苏尔特崎岖干旱的沙漠和布埃拉特（Buerat）牢固的阵地，非洲集团军的前景变得光明许多。按照官兵们的心愿，1942年圣诞节前夕和次年元旦前夕我两次飞到前线，所见之处毫无灰心丧气的迹象，他们唯独耿耿于怀于本可以与敌人一战却没有得到这样的机会，他们对更好的补给望眼欲穿，这无可厚非。

1月15日，非洲集团军打退了进攻布埃拉特的敌人，但在宰姆宰姆（Zemzem）避开了南面围攻过来的敌军。的黎波里陷落前，同样的战术如是反复，举例而言：1月16日到22日，军队在七天时间里撤退了220英里（直线距离），平均每天30英里。不需要总参谋部培训也能猜到其间没有战斗可言。1942年11月24日的元帅会议明显白开一场。说实话，卡瓦莱罗和我反对可能招致非洲集团军覆灭或大伤元气的战斗，但我们都确信，朝着适当的目标，有反击的机会就一定要充分利用，这样才不会磨灭战斗意志。若是指挥有方，即使我们涓涓细流一般可怜的补给也足够完成这种有限目标的任务。我们被迫到处打一场“穷人的战争”，可离奇的是，1941年隆美尔却应付自如。

随着撤离的黎波里，大量宝贵物资沿途被抛弃，为意大利争夺殖民地的战斗至此基本画上句号，意大利人对打仗更加心灰意冷。不过1月25日，隆美尔决定将由7个意大利师改编而来的3个师派到突尼斯南部，他的点子乃大势所趋，意大利最高统帅部和德国南线总司令部立即批准。

相比之下，冯·阿尼姆的第5装甲集团军总司令部在头一个月便完全达成了战略目标。如果将意大利部队换作能干的德军，还能实现进一步推进到阿尔及利亚边境的目标。拥有了好师长穆勒将军的第10装甲师、第5装甲军进行了连续冲刺，虽然缓慢但无疑在向西徐进。德国士兵素质之高一次次展露无遗。尽管突尼斯阵线的右翼因突击部队撤出有所削弱，但德军依旧把守得无懈可击。盟军的进攻全是专挑意军防守的阵地下手。

意军遇袭总是以几处阵地失守收场，有时还是大段防线被突破，即使偶有德军成功的反击——比如1943年1月25日那次俘敌4000人——那也无法掩饰一个事实，即我们进攻计划的系统性实施会因此受到严重危害。1月底，盟军从费德（Faid）向斯法克斯（Sfax）突击穿插的后果也不容小觑，如果美军的指挥和战斗水平能够应付棘手的局面，这次突击完全可能发展为一场为盟军锁定胜局的攻势。由于美军尚未达到那样的水准，我们有效的机动到最后居然扩充了战线，吃掉了敌人部分军力。如果德军指挥机构放任这种不期而遇的良机，没捞到好处，那绝对是一群十足的门外汉。

德国飞行员还算控制着突尼斯空域，他们的对地攻击常常给初来乍到的美军地面部队造成毁灭性后果。这时德国空军在西地中海也不可谓不成功，但对比战场之广袤，我们的空军委实势单力薄。眼看日月如流，德军最高统帅部却漠视时间因素，我决定乘飞机去一趟元首大本营。

面见戈林时，我强调了几个要点：需要燃油，需要更高效的轻型（55mm口径）和重型高射炮，需要加强火力的飞机，还需要增加分米波雷达、“芙蕾雅”雷达以及远程侦察机用的搜索雷达。

在元首大本营，我依自己所见画了一张态势图，我指出，拉拢法国的尝试已经搞砸了。由于兵力不足，将前线推进到君士坦丁（Constantine）的机会也不能扩大胜利。

“我们已经完成了不可能完成的任务，建立了一个桥头堡，向前推进了一条战线，它虽然挡不住一次大规模进攻，但能得到巩固。”我告诉他们：“这就需要新的增援。

两三个意大利师难堪大用，我们在长达 200 英里的战线上只有三个半德国师和刚好 100门火炮，装甲师只有一个第10师，想靠这点兵力向前推进根本没戏。我们还有时间，但也只是指间沙。一旦天气转好，艾森豪威尔就会发动进攻，掌握主动权。作为进攻方，他可以自主选择时间和地点，只要打击我军助攻正面就稳操胜券，因为我们不能向对方那样及时地集中兵力”

“万一第 5 装甲集团军败退，他们连能确保守住突尼斯的接收点都没有。再次可见，增援是必不可少的。”

“我们像海狸一样不知疲倦地修筑马雷斯防线及翼侧阵地，但不要指望六到八个月内能完工。如果没有其他理由，我认为隆美尔的德意联军快速撤退的问题是不值得考虑的。最最重要的是，绝不能让英国第 8 集团军和入侵登陆的盟军建立联系，要阻止两边的盟军空军在狭小的突尼斯要塞空域配合行动，否则目前尚良好的突尼斯和比塞大港口卸货工作将毁于空袭。”

“我方战略目标必须是阻隔两边的盟军，然后从内线开始各个击破。我反对立即撤回隆美尔的军队，因为那是同防守突尼斯的地面计划背道而驰。但我支持部分撤走，前提是隆美尔不能以此为由变本加厉地避战或者加速向突尼斯后撤。坦白地说，自阿拉曼一战后他就再没有以我期盼的强硬气势回击过。”

我继续解释道：受限于前线防御工事进度，非洲军的装甲部队在 2 月上旬或中旬之前不必急着撤回突尼斯境内。另外，应该新设一套指挥系统，即一个集团军群司令部和一个陆军最高司令部，我建议前者由隆美尔指挥，而后者由意大利坐镇，以便顾全对方声望。新指挥系统启动前的准备工作不能晚于 2 月上旬完成。除此之外，我还要求增加两三个师，若干炮兵连、迫击炮部队，各类型火焰发射器营和反坦克炮营。最后还要求积极改善当前的应急办法来加强海上运输。

这套战略计划被批准了，我得到一箩筐承诺，“增援马上就到”云云。隆美尔曾提出将他的两个摩托化师让于我，我权当他想为自己加快后撤找借口，自然回绝了。最终我们达成共识，他让出一个师，但要保证此举不会损害作战行动的实施。

希特勒的其他承诺无不是随着时间推移就再无下文了，他显然觉得拿隆美尔的一个师足以堵住我的嘴。我能感觉出统帅部有难处，自认为对他们的态度郑重又恭敬。但作为一个战区的统帅，必须明白自己所处的立场，否则何以立足。同希特勒私下交流时他很少食言，然而一旦我离开他的视野，他对地中海的关注立即褪去。对有些人而言，太过遥远的事就权当不存在罢，顺便一提，很多能力突出的人就是这样。

突尼斯战役

1943年2月–5月

2月里，马雷斯防线正面战斗的突出特征是，防守不是从一条连绵的战线，而是从一系列后卫阵地上进行的。火炮和斯图卡俯冲轰炸机作战得力。但是论在直接保护突尼斯要塞的地域里，战斗能坚持到整个2月，最大功臣当属担任后卫部队的第15装甲师。当2月20日英国第8集团军到达马雷斯防线，德意军队已经被困在某种宽阔的堡垒，这一事实不会因援兵自海上和空中赶到而改变。

盟军两大集团军建立直接联系的计划落空了，也没有明显迹象表明他们的空军开始协同作战。但另一方面，对我方海运和空运的敌对活动在加剧。盟军四引擎轰炸机首次从3万英尺高空袭击了我们的港口，它们的亮相宣告空战进入新的阶段。我们的战斗机和高射炮该如何击退它们，这成为一个永难破解的困局。

从1942年10月底至今，英国第8集团军行进了1500英里，已经踏过半个北非，闯过严冬和大漠，克服了各种补给困难。此外，因公路稀少，不容长时间并排行军，第8集团军的队列前后延伸得太长，故我敢推测，那一段防线至少会有持续几周时间的宁日。

在西边，盟军入侵军的战略集中进展很快，在这方面艾森豪威尔胜过蒙哥马利一筹，但两人的军队论战斗力可谓恰好相反。于是一个主意自然而然地应运而生：先从西边下手，对两支盟军各个击破，方式是通过一系列突击，迟滞对方的进攻，短则几周，久至数月。要实现目标需要付出巨大的人员和物资损失，故必须从海外进行补充。尽管从英国第8集团军手中夺回主动权的时机还不成熟，但在敌人攻势预备阶段进行大胆突击是很有希望的。同时南段仍有可能不冒风险就避开接敌。在防线西段，我们的目标除了摧毁敌军，还要将战线推进一个地段，我军在那里能将不可避免的战场意外损失控制在最低限度，同时更便于防守。如果仅仅满足于遏制前线的敌军，抓住一切时机改善自己的局部阵地，那么正面冲突是迟早的事。预计实施一次侧翼包抄，收获会更大，毕竟中部（斯贝特拉、卡塞林）地势得天独厚，拥有如下优势：

从西北边实施一次扫荡具有重大战略意义，附近目标特贝萨（Tebessa）是重要的铁路和公路枢纽，连接着物资应有尽有的大型仓库，攻破此地有利于切断交通线，置初涉战场的稚嫩的敌军于险境。

隆美尔的机动化部队短期内能接近一个出击基地，那边人迹罕至的乡野也能保证行动的高度保密。

类似地，冯·阿尼姆在西边的部队掩护一段距离也不成问题。美军防线尚不巩固，所以我军下手简单易行，而且也许会被证明是决定性的。

这次强攻必须始终保持速度，每一天都无比宝贵。为了加强突击群，每个人都有可能被推上前线。突尼斯西部防线出现任何崩溃的趋势，将以成功推进到敌人后方的成果得到弥补。接下来我们应该获得了倾巢而出进攻蒙哥马利所需要的自由空间。在这次行动关键时刻，英军不太可能对马雷斯防线先下手为强，但蒙哥马利应该会被艾森豪威尔的军队遭到的反戈一击所诱导，提前发动一次进攻。于是第 90 轻装甲师将不得不调头对付英军，这种情况下，无论怎样的反击都必须到达蒙哥马利进攻马雷斯防线的出击阵地，所以从一开始便不会有突然性可言。

马雷斯是一条用碉堡和据点构筑的天然防线，但就算正面强攻也不会取得战略成果，因为从马雷斯开始推进，哪怕打到阿卡里特（Akarit）防线也会止步于杰里德盐沼（Chott Djerid）。就算考虑到作为我们最高级的防御，马雷斯防线确存在软肋，它的实力也足以把敌人逐出其初始据点，正如后来英军冲过来时我们所展现的那样。马雷斯防线的软肋在于可以在右翼侧迂回，但这也非燃眉之急，因为右侧地势就是天然屏障，允许德军从容地重新部署。而英军如果实施迂回运动，会缺乏隐蔽，会被空袭和地面反攻所阻滞。最后一点，崎岖荒凉的沙漠地区将两支盟军自内侧侧翼分隔开，有利于我们防守。

这种原理简单的策略招来不少异议。地中海战区的指挥系统与战场环境格格不入，德军最高统帅部确实宣称同意成立一个集团军群，但指名点姓由隆美尔指挥。尽管打击盟军入侵军队的行动获得口头批准和书面确认，而且毋庸置疑已经进展到主攻准备阶段，指挥系统却依然没有统一。不幸的是，战役最关键那两天里，我在元首大本营分身乏术，无法及时想出补救办法。我的参谋长试图让意大利最高统帅部下令变更指挥权，这个命令是提前构思好的，但徒劳无功。于是，第 5 装甲师固守于自己的作战计划，想当然地认为必须符合迂回运动。那边厢，隆美尔也觉得他还有自由行动的余地，行事只受形势需求推动，这是他的一贯作风。

此战的意图是，隆美尔凭借其沙漠战经验狠狠打击英国第 8 集团军，从而与进攻艾森豪威尔军队的行动形成策应。1943 年 2 月 22 日，我来到隆美尔位于卡塞林（Kasserine）附近的战地指挥所，与他促膝长谈，发现他无精打采，对自己的任务心不在焉，底气不足。我尤其震惊的是，他几乎不加掩饰，急不可待地想将尚且完整的部队尽快和尽可能多地撤到南部防线，梅塞（Messe）元帅自 2 月初就在那边坐镇。隆美尔的漠不关心暴露出他根本不愿、或者无法理解这场已经开赴特贝萨的行动的重要意义。我召来第 5 装甲集团军司令，在机场的一番会谈却令我更加失望。

现在只有我一头热，这促使我回到弗拉斯卡蒂[①]的司令部后权衡再三，最终取消了进攻特贝萨。

鉴于隆美尔和冯·阿尼姆两人都死心眼，我启动了新指挥系统，相信自己为隆美尔进攻第8集团军创造了最有利的前提条件。[②]我刻意不让自己插手他的作战计划，以便让他有独立自主之感。在两个极尽周密复杂的提议之间，他选择了需要长途跋涉穿山越岭的那个，与他自己的计划原理相吻合——齐格勒将军则构思了在海岸附近的进攻。两份方案都各有利弊，事实上也都有望取胜，只要能得到有效执行并达到战术突然性。

结果，至少战术突然性这个目标落空了。发现蒙哥马利的军队严阵以待，隆美尔立即相当明智地中止进攻。如今再争论是非对错已无意义，因为那时我收到的情报说，内部可能有人通敌，这似乎与开战以来我所读过的报告相印证。如若属实，意大利集团军司令梅塞应当被视作意大利海军里叛变的毛杰里将军的帮凶。[③]

从2月中旬开始，我军的进攻（特贝萨和梅德宁）全都没达到预期的成功。盟军入侵军队举步维艰，证明我们仍然有望取得一次战略胜利。可是，战术成就无法延缓战役进程，（德—意）第1集团军冲击梅德宁，结果得不偿失，完全暴露出指挥无能，三军无力。我现在很清楚，轴心国军队失去了主动权，新晋总司令冯·阿尼姆只能率集团军群撤退，然后永远被动防守。

1943年3月初，隆美尔告假离开了突尼斯。我很高兴能为他推荐钻石饰骑士十字勋章，我还为这名卓越的军人推荐过意大利最高军事荣誉，遗憾的是未能如愿。

只要两支盟军军队及其空军各自为战，“突尼斯要塞”的防御还不至于完全陷入绝境。我们的右翼有精心打造的阵地，由久经沙场的德军把守，左翼纵深同样是一片戒备森严的防区。两翼内侧各个方面都较弱，其中一部分是由意军单独防守，纵然按意大利的标准，它们皆为精锐，例如“半人马座”师、“因佩里亚利”旅，但仍然无法独自抵挡盟军进攻。如果不为那边预备三个德国摩托化师（第10、第21和第15装甲师），那么遇到任何硬仗便只能退避三舍，撤到已提上日程但尚未建造的昂菲达维尔防线，除此之外别无他法。届时也算实现了隆美尔念念不忘的心愿。撤退

---

① 位于罗马附近。

② 1943年2月23日，隆美尔被任命为非洲装甲集团军群司令，统一指挥阿尼姆的第5装甲集团军和梅塞的意大利第1集团军（原隆美尔的非洲装甲集团军）。隆美尔获得新权力后，决定抢先攻击蒙哥马利所在的梅德宁。这次进攻失败后，他奉希特勒之命，以健康为由回国。阿尼姆接任为非洲装甲集团军群总司令。

③ 事实上，蒙哥马利从密码破译机获得的情报中，掌握了隆美尔这次进攻的方向和确切时间。

行动的优点一目了然，顺着海岸线延展的漫长翼侧会萎缩，而缩小要塞地域后，我们能组建更好的纵深梯队防御，一定程度上能弥补突尼斯自身狭长地形带来的不利。

对于陆战，这些优点不假，却经不起仔细推敲，例如防御地域纵深不足，两翼外侧均处于英国海军威胁之下。我这里只强调一个要害：敌人若从空中和海上集中打击港口、机场，那么不出几天，我们的补给线乃至整个抵抗就会崩溃。对敌人而言，是否发动进攻——若是，前景光明；或者是否满足于另外投入时间、兵力，以主力军从容准备甚至发起在意大利或希腊的登陆，选择权全在他们自己手中。

盟军错失良机，我们随后以不算太严重的伤亡为代价，完成了撤退，这完全要归功于德军对入侵盟军的有力反击。通过此事，历史学家便就能明白，我们在突尼斯的军事行动即使没有收获原本可以实现的决定性胜利，但仍有其合理性。

1943 年 3 月 20 日，英国第 8 集团军猛烈进攻马雷斯防线，盟军由此开启了终结轴心国军队命运的攻势。英军初期取得一些战果，德国第 15 装甲师的反击扭转颓势，为德军扳回重要一局，但也付出了高昂的代价。敌军绕过马特马塔山，从沙漠迂回，马雷斯防线翼侧的西南方面临威胁，而德国陆军和空军一时没能坚决反击。他们还墨守成规，以为沙漠地区不适合大规模的军队运动，比如新西兰人如何从富姆泰塔温（Foum Tatahouine）长途行军，穿过沙漠？我们也知道，英国第 8 集团军几个师在梅德宁正面强攻失败后，转而取道哈卢夫（Hallouf）向更西边而去。最后，我们得知德军侦察部队未能阻止新西兰师的前进。也知道马内里尼（Manerini）将军那几个沙漠营虽尽了最大努力，但守在杰贝勒塔巴加（Djebel Tabaga）至杰贝勒迈拉卜（Djebel Melab）一带筑防落后的阵地，无法与现代化敌军相匹敌。

由于过度自信于马雷斯防线，德军直到很晚才采取防御措施。其实本该早做决断，然后更迅速地行动。空军同样也没赶上时间要求。梅克纳西－加夫萨－盖塔尔（Maknassy-Gafsa-El Guettar）一带的激战险象环生，到了需要我亲自干预的地步。梅克纳西便是例子，要不是朗（Lang）上校棋高一着，德意联军不可能逃离包围圈。总而言之，3 月 21 日至 27 日这段时期对于内翼，即两支轴心国军队的接合部而言生死攸关。一个军团有多么缺乏司令部积极有力的命令此间暴露无遗，对此我早就三番五次提过要求，但从未见到一次改进。

3 月 27 日，英国第 8 集团军对哈迈（El Hamma）施加了更大压力，正面是我们匆忙集中高炮建立的一道坚固屏障。与此同时北边的形势开始告急，于是有必要放弃马雷斯防线，撤往南边盐沼的阵地了。4 月 7 日，随着这片占尽优势的阵地溃败如山倒（可见意大利师有多么不靠谱），突尼斯战役进入倒计时。尽管如此，德军在沿途顶着正面及右侧的威胁和一刻不断的空袭，行军 120 英里，有条不紊地撤到昂菲达维尔防线，证明了他们的毅力和军纪。

一旦开始从盐沼阵地脱离接触运动，我们的活动空间便急剧收缩。参谋部、补给后勤的大量非战斗人员不但无助于接下来的抵抗，反而成为累赘，会不可避免地增加我军伤亡。我再次请求系统地精简人员，说是部分撤离也无妨，结果希特勒担心会动摇军心，再次拒绝，只同意撤走一些重要军事人员。空勤部队和水面舰队基本完整地撤走了，他们要为防守西西里提前做好准备。当然，我和我的司令部下属本来应该以陆军能理解的方式做出这些安排。

昂菲达维尔防线的战斗自 1943 年 4 月 16 日打响，4 月 21 日到 22 日我们成功反戈一击，以至于蒙哥马利的军队再也没有攻击那段防区。在昂菲达维尔防线多处试探后，盟军将致命一击打在通往突尼斯市的那一段，那里从一开始就是咽喉要地。艾森豪威尔的师团自 4 月 7 日开始攻打被称作“常驻峰”的山头，但直到 27 日才由英国第 1 集团军拿下目标。

进攻一方的表现同样值得称道，尤其是英军第 78 师。随着这一座座高地落入敌手，突尼斯平原门户大开。5 月 5 日到 9 日，伴着史无前例的猛烈炮击和地毯式轰炸，盟军四个半师齐头并进，以势不可挡之势横扫平庸。强大的先头部队翼侧拥有纵深掩护，右翼由法军保护，左翼则有美军四个师，那部分美军无比幸运地闯过了早期的战火洗礼，如今正带着实战经验，沿海岸向比塞大长驱直入。

随着盟军势如破竹，1943 年 5 月 9 日攻占突尼斯市，轴心国只剩下几支孤立的部队继续抵抗，5 月 12 日，残余部队缴械投降。直到那一刻，我在罗马仍然能与突尼斯的德军司令部保持无线电通讯。打到最后一颗子弹的第 5 装甲集团军司令冯·韦尔斯特（von Vaerst）将军、率领最后一个空军中队飞过战场的科希将军（Koechy），还有高炮师师长诺伊弗，坚守突尼斯的英雄气概凝聚在了他们最后发来的报告中。

只要个别战线上的敌军仍未熄火，我们的空中支援也没有停歇，对第 5 装甲集团军的空中支援尤为出色。南线的德军战斗机飞行员在击落敌机方面战功彪炳，“斯图卡”俯冲轰炸机和战斗轰炸机飞行员们同样奋勇杀敌，直到招架不住敌人先进的现代化战斗机才会被迫撤退。为了打击正穿过沙漠实施迂回的英国第 10 军和敌军机场，第 2 航空军的轰炸机群一度从意大利基地前来驰援，可惜回天乏力，重要原因在于机组缺乏沙漠作战训练，在导航和地面侦察方面极其困难。

因战场不断收缩，突尼斯的大部分空勤部队被迫转移到西西里，所以战机出动数和效率大为降低。相反，盟军却能集中出动两支空军的重型轰炸机，轰炸德国船运和突尼斯、比塞大的港口，同时还能投入所有轻型轰炸机，畅通无阻地支援地面部队。当我不厌其烦地向德国国防军最高统帅部请求增加援兵和补给，再三敦促隆美尔和阿尼姆充分利用确实吃紧的资源，那些画面就浮现在眼前久久不散。

我以一个简要的归纳总结为本章收尾：

在我看来，突尼斯战役是一个错误战略发展到极致的表现。如前文所述，我认为最大的错误在于决策者完全不懂非洲和地中海战场的重要意义。

第二个错误是对海运保护不力，任补给线渐渐崩溃。

对我而言，第三个障碍在于两国的联合作战困难重重。一味妥协和寸步不让有着不相上下的危害。意大利总参谋长卡瓦莱罗被前陆军总司令安布罗西奥将军取而代之后，双方合作变得不堪忍受。昔日我和卡瓦莱罗之间交洽无嫌，到了安布罗西奥那里恶化到无以复加。领袖任命此人前我警告过他，但他权当耳旁风，于是我主动请辞，他不为所动，并保证我们会“坦诚相待，情同手足”。很遗憾，我最终屈服了。那时我便隐约怀疑意大利政府高层圈内正在商量如何背弃盟约，后来果真如此。

第四个，或许也是最不幸的一个错误在于德国对待法国的态度。不可思议地，法国的非洲殖民地被希特勒视作禁地，固执地不准我们踏足。

追根溯源起来，否认我们犯下的战略错误是毫无意义的。但上述几点可以做出部分解释（倘若这些原因是可以理解的），为什么我们这么快就丢了突尼斯；为什么早在 1943 年，盟军即便整体实力不如我们，也在南欧开辟了新战线。考虑到大部分错误其实都能避免，就更令人痛心疾首了。

盟军赢得了全面胜利，还在终场之战打出优越感，三军士气大振。而继的黎波里塔尼亚后，败走突尼斯对意大利人民和军队高层都是无比沉重的打击。随着开拓殖民地的梦想破碎，他们意识到，当时仍不失太平的祖国已然唇亡齿寒。

作为轴心国主导方，眼见战火势不可挡地烧到地中海的重要区域，德国有一点浑浑噩噩地接受了这个事实。她错失良机，未能对英国在这个世界上的要害之地打出致命一击。这个机遇蕴含着宏伟的战略计划和政治目标的大洗牌，如今一去不复返。自突尼斯战役尘埃落定，轴心国便丧失了战略主动权。

而大不列颠帝国，这个老牌的地中海霸主在美国的帮助下，终于建起一座出击基地，从此便能一路向北，攻入欧洲大陆。

十六　西西里夺岛战

·1943 年 6 月 11—12 日，潘泰莱里亚和兰佩杜萨岛上意军投降。

·7 月 10 月，盟军登陆西西里岛（首批登陆兵力 16 万人和 600 辆坦克）。

·7 月 12 日，轴心国兵败锡拉库萨和奥古斯塔。

·7 月 22 日，巴勒莫守军投降。

·8 月 17 日，墨西拿附近桥头堡的最后一批德军撤退，西西里意军投降。

西西里战役前瞻

消灭和俘虏北非的轴心国军队后，盟军赢得了地中海战场的主动权。虽然突尼斯与意大利半岛、潘泰莱里亚岛、西西里岛和撒丁岛之间只隔着一道暗潮涌动的狭窄海峡，但鉴于意大利海军愈发明显的不作为，盟军横渡海峡可谓万无一失。轴心国空军则是一个日渐式微的防备对象。

盟军下一步动作肯定将揭晓他们的终极目标。继续打击意大利，不但能得偿所愿地将其彻底击败和消灭，还意味着夺取了一个可以向德国东西两线以及腹地核心发动进攻的新基地。

如果盟军最终在法国南部或巴尔干地区登陆，尤其再同地中海地区的结盟力量遥相呼应，或许就能成为一次具有深远战略意义和政治目标的军事行动前的热身。

我从 1943 年 1 月就开始苦思这些问题。通过个人渠道以及同驻岛意军指挥官们会谈所了解到的信息，我的思路逐渐清晰。德意两国最高统帅部批准了应对这种状况的初步必要措施。岛上的意军指挥官们流露出的乐观情绪经不起严峻现实的考验。地图上的一切是井然有序的，防守计划亦是经过深思熟虑的，某些方面甚至精明过头，然而，防御工事的修筑流于表面。岛上没有一个阵地做好了准备，防备马虎。敞露在外的反坦克障碍物不像对付敌人，更像作茧自缚。总之，一切都是花花架子。

我检查的岸防师半斤八两，这样的部队、这样的防御抵抗敌人是毫无指望的。凡事也有例外，科西嘉岛的岸防做得最好，其次是撒丁岛，西西里和卡拉布里亚海岸有很多待改善之处。针锋相对于安布罗西奥将军的敌意，我在4月开始施加压力。同下级部门打交道只能运用这种手腕。我很确定，驻岛指挥官们都乐意在他们的资源和能力范围内执行我的建议。德国最高统帅部逐步送来补给，但那也只是杯水车薪，如何分配它们取决于预估敌人的战略意图，我简要归纳如下：

非洲北部沿海应该不是盟军的最终目标，哪怕两支轴心国军队的覆灭证明了盟军北非的投入是值得的。先在军事上打垮轴心国是开展任何下一步行动和实现“卡萨布兰卡”计划必不可少的一环（当时我们并不了解“卡萨布兰卡”计划详情）。

英军和美军在突尼斯合并首先表明了盟军不打算在西地中海罢手。西西里就位于他们打击范围内。占领该岛是通往意大利本土的重要途径。作为辅助措施，以卡拉布里亚为目标的牵制性进攻也必须考虑进去。潘泰莱里亚岛不堪一击，故占领该岛的意义不是特别重要。如果盟军的目标是尽快占领罗马，那么攻打撒丁岛和科西嘉岛获益更大。若是成功突袭了这两个岛，对于部署在西西里和意大利南部的轴心国军队造成的影响不可小觑。另一方面，盟军也不会忽视西西里对自己翼侧的威胁，但威胁程度难以衡量。拿下这两座岛有助于直接进攻法国南部，尤其是科西嘉，不啻一艘航空母舰。

如果盟军要在东地中海开展行动，突尼斯太远。不过困难尚可克服，穿过意大利本土就能到达巴尔干。摩托化部队可以经陆路到达的黎波里、班加西或图卜鲁格，再从这些地方被运过爱琴海。盟军知道他们在海上基本上畅通无阻。另一方面，虽然轴心国部署在克里特岛、伯罗奔尼撒半岛、雅典以及萨洛尼卡湾的空军战斗力量一时势单力薄，增援却很容易，届时很可能在纵深组织起有效防御，盟军则只能吃力地投入相匹敌的兵力抗衡。但如果盟军打算登陆巴尔干，对东线德军后方发动攻势，实现与苏军会师的目标，这不仅会撼动军事形势，对政治格局的影响之大有过之而无不及。

可见，接下来的军事行动作存在多种选择，但基于盟军过往的策略，衡量各种可能性对我而言并不复杂。

盟军在阿尔及利亚的登陆相当于一次和平演习，那边毫无海岸防御可言，于是我就能猜个八九不离十：盟军考虑到他们有限的训练水平，尤其是有限的两栖登陆作战经验和兵力，一定会选择一个最为稳妥的方案。而且他们极度重视空中掩护，单靠航母及舰载机满足不了他们的需求，这意味着登陆地点必位于陆基战斗机作战半径内。

上述推测能排除法国南部、意大利北部和巴尔干（除非横穿意大利“足尖”过去）。盟军的海空优势同样将目标指向西西里岛，这样手头的兵力才能同时兼顾主攻西西里和助攻卡拉布里亚南部。至于敌人受罗马这个诱人的远期目标所驱使，绕过西西里，直取撒丁岛和科西嘉岛，可能性不是没有，但不大，因为实施难度之大无可估量。

盟军的北非登陆与一次和平演习无异，因为几乎没遇到抵抗，德国空军当时鞭长莫及，空袭大打折扣，而且因此几乎没有抗击海上登陆的经验可言。即便如此，在登陆最为脆弱的阶段对敌人集中发动空袭，至少理论上是可行的。

穿越外海的大规模船运会为包括 U 艇、轰炸机在内的德国海军、空军提供绝佳靶子，再加上大量驳船挤在一片狭小海域，此时登陆行动本身对于空中打击和海岸防御而言也极具攻击价值，而我们的岸防能力还能通过在航道和海岸布雷得到大幅加强。稀疏的岸炮虽有混凝土炮台和装甲防护，但招架不住盟军大规模舰炮轰击。不过另一方面，在滩头精心伪装的隐蔽阵地里机枪纵射、重机枪可以粉碎一次突袭，至少能抵挡盟军战斗机。

在还来得及的时间和可行的办法限度内，起草计划和准备岛屿及海岸防御时，上述因素都需要考虑进去。

紧要关头，德军建筑工程参谋部被调来指导意军构筑最先进的静态防御工事，德军工程部队和建筑材料也紧随而至。以当时在意大利的新兵训练营为基底，几支新部队在西西里被匆忙组建出来，例如第 15 装甲掷弹兵师（摩托化步兵师）和“赫尔曼·戈林”装甲师、以及一些空军和高炮的部队。另外几个新组建的满员师到达时间待定。与此同时，为了提升意大利军队的战斗力，我们提供了全新的军火。补给物资集中在尽量远离敌人空袭的地方，因其数量庞大，暂时的交通瘫痪尚可容忍。

突尼斯的轴心国军队投降时，西西里和其他地方一样前景黯淡。我预计敌人就算不会立即乘胜追击，也只会休整片刻。在马尔萨拉（Marsala），一次可怕的空袭令我痛失半数护卫队，敌人放过我们一天，我们就赚到一天。就这样，一支打击力量总算逐渐组织起来了。第 2 航空队新总司令冯·里希特霍芬元帅走马上任后很快了解了这个战区的特殊难题。

截至 7 月初，也就是突尼斯陷落两个月后，意大利诸岛的防御对付突袭有余，抵挡有计划的大规模入侵能力不足。西西里岛上有两个德国师，卡拉布里亚南部和撒丁岛各有一个加强的德国师。科西嘉有一个弱小的德国旅。强大的高炮部队集中拱卫西西里、卡拉布里亚西部和撒丁岛。战斗机的兵力在西西里相对较强，在撒丁较弱，届时它们将为从阿普利亚（Apulia）、意大利北部和罗马地区飞来的轰炸机护航。

高炮主力重点掩护墨西拿。

一次会议上，意大利第6集团军总司令古佐尼将军和驻岛指挥官们齐聚一堂，众人针对海岸防线上所有可能的突发状况反复研讨应对之道，最终确定了防守计划。我给德军师长们最后一次下达简令时反复强调了一点：自己同古佐尼意见一致。

“有没有收到恩纳的意军[①]命令无关紧要，”我告诉他们：“一旦查明确为舰队入侵，你们必须第一时间行动起来，投入反击。”

“赫尔曼·戈林”师师长康拉特（Conrath）将军低声吼道：“元帅，如果你的意思是揍他们一顿，我就全听你的。”

就这样，我信心十足地踏上返程的路。

陆军忙于刻苦训练时，德国空军第2航空队密切关注着拥挤的北非港口。冯·里希特霍芬圆满完成了我要求的所有侦察任务，还率军奋力驱逐着空中入侵者，他要对我负责。从5月中旬到6月中旬，敌机日复一日，变本加厉地空袭我空军基地和墨西拿海峡的运输线。

遗憾的是，偏偏在这个节骨眼上，西西里战斗机指挥部的奥斯特坎普将军被解职，由王牌飞行员兼空军战斗机部队总监加兰德将军接替，对此我也无可奈何。随着奥斯特坎普离任，他无比宝贵的地中海战场经验再也无法助我们一臂之力。不谈撤到卡拉布里亚和阿普利亚的部队，留在西西里岛的德国空军甚至在盟军登陆前就不堪一击；即使是驻意大利本土的空军也蒙受了很大的损失。战斗机部队势单力薄，无力扭转颓势。类似的，高炮部队也未能保护好机场、港口和铁路设施，究其原因还是心有余而力不足。面对敌人无休止的猛烈空袭，仅凭高炮是独木难支。这一局面下，尤其在地面防空火力差劲时，胜利的天平必然是偏向进攻方。这个事实不会因后来高炮绝无仅有地成功掩护（墨西拿）海峡而改变——在那里，我们将集中高炮、投入远程大炮、绝妙的战术指导进行完美结合，才挫败了敌军空袭。

海军的门德森-博尔肯将军运用驳船，突击艇和西贝尔渡轮，巧妙地组织完成了墨西拿海峡的渡运工作。另一方面，我们的潜艇数量完全居于劣势，又受困于狭小的海域。我不再相信意大利海军会执行任何紧急预案。安布罗西奥在位期间，双方合作完全是如履薄冰。我时常思忖，德军以有限的兵力单打独斗也比背负这么扑朔迷离的联盟责任轻松，意大利人民普遍厌战，我们的盟友战斗力低下，又无忠诚可言。

---

① 这里指设在西西里岛恩纳的意大利第6集团军总司令部，该集团军名义上统领德军第15装甲师和“赫尔曼·戈林”师，但德军实际只听命于凯塞林。

随着兰佩杜萨岛和潘泰莱里亚岛落入敌手（1943 年 6 月 11 日—12 日），我们对盟军登陆目标的最后一丝疑惑尽消，意大利历史也掀开一段格外灰暗的篇章。最后一次视察西西里的备战工作后，我故意收缩了两边侧翼，因为守疆故土首先当属意大利人的本分。

这时，我们手中的防守力量连完成最基本的需求也捉襟见肘，至少在对付第一次两栖登陆时如此。

盟军登陆舰队由大型运兵船编队及一支掩护编队构成，运兵船编队包括了大小不同的商船，甲板上放着登陆驳船；掩护编队里从战列舰、航母到驱逐舰，应有尽有，油轮也在其中。

登陆艇载着坦克等重型武器，会在多个地点同时突击登陆，从海岸望去，仿佛不计其数的小船组成浩荡无际的队伍缓缓驶来。登陆地点显然是根据地形和洋流选出来的，它们之中作用更大的港口会专用于卸载重型装备和补给物资。战斗机飞行员向机场的转场完成得相当迅速。

西西里战役爆发

尽管之前已做出决定[①]，但 7 月 10 日入侵发生的那天清晨，如果说我出手干预，通过无线电命令“赫尔曼·戈林”装甲师立即行动，那完全是为了亡羊补牢。一旦查明敌人的准确情况，所有参与反击的师必须进入战斗准备，最迟在午夜完成整队，以便能够赶到滩头发起反击。其他一些错误耽误了军队调动，浪费的时间再也无法挽回。尽管如此，“赫尔曼·戈林”师险些就要成功击退在杰拉登陆的盟军。

令人失望的事层出不穷，意大利岸防师完全失败了，无一能及时——甚至压根没有——向敌人发起反击，比如西南端的“拿波里”师就消失得无影无踪。奥古斯塔的要塞司令甚至没等敌人攻过来就缴械投降。究竟是怯战还是叛变？墨索里尼曾向我保证要军事审判他们，但我一直不知道他到底兑现没有。与这一切相对应的是敌人压倒性的优势兵力，地面十个师携强大的空降部队和数千架飞机支援，它们基本上没遇到德国空军阻拦。

7 月 11 日，尤其在我几乎无法与意大利集团军司令部里的冯·森格尔（Von

① 凯塞林担心盟军还会在西西里岛西边实施二次登陆，以便截断德意军队退路，于是私下指示过“赫尔曼·戈林”师暂时不要轻举妄动。

Senger）将军取得联系后，我意识到，在司令部靠电话发号施令不可能解决前线的混乱局面。于是 7 月 12 日，我先下令将第 1 伞兵师空投过来，然后便飞抵西西里，在森格尔将军陪同下走访了前线所有阵地。当晚我就见到第一批伞兵降落在卡塔尼亚以南，这场空降持续了多日，多亏英军战斗机死板地遵守时间安排，给了我军多次冒险调运的机会。

除了换来头痛，我的第一次西西里之行一事无成，我亲眼目睹意军溃不成形、战术紊乱，那都是缘于他们罔顾议定好的防守计划。西西里岛的西部没有继续防守的战术价值，唯有弃之，但即便如此，东部或者埃特纳山周围一个延伸出来的桥头堡也只能据守较短的时间。两个正独撑大局的德国师是不够的，想要尽快巩固"埃特纳防线"，急需增加一个师。好在我不用再提防盟军登陆卡拉布里亚，那曾是我的心头大患。

到 7 月 13 日上午，我同希特勒和墨索里尼基本就所有事项达成一致，希特勒仅仅规定了即刻调来完整的第 29 装甲掷弹兵师——后来的战斗中，他将为这份苛刻付出代价。第 29 师直到 7 月 15 日才有少量部队渡过海峡。

15 日到 16 日晚上，我来到西西里北部的米拉佐（Milazzo），交通工具是一架水上飞机，因为当时普通飞机已经不可能在那边完成降落。我现场向第 14 装甲军军长胡贝（Hube）将军详细布置任务，让他务必在一条坚固防线上掘壕固守，哪怕初期做一定的退让。胡贝在白天几乎无法得到任何空中支援，作为补偿，我不惜违背空军组织原则，将重型高炮的指挥权交付于他，还催促第 29 装甲掷弹兵师快马加鞭赶来增援。我又告诉胡贝正计划撤离西西里，因此他的任务便是尽可能拖住敌军。墨西拿海峡两岸正在加紧进行防御准备，现在都由他指挥。我又补充道，他无需忧心于掩护卡拉布里亚和阿普利亚，因为目前看来两地都不太可能是敌军主要目标。

次日，我又花了一天的时间去视察前线、会晤古佐尼。会后我消除了心中的误会，并说动了古佐尼执行必要的撤退，因为我使他感到仍然有望阻挡英国第 8 集团军。那天，我无意中看到英军舰队的猛烈炮轰，不禁叹为观止，后来的萨莱诺之战也存在类似经历，从此以后我改变了过去对海岸防御的看法。

第 1 伞兵师的一位团长海尔曼上校回来报告时，我正在"赫尔曼·戈林"装甲师施马尔茨将军的战地指挥所，见到自己一度以为完蛋的海尔曼，我着实松了口气。原来他的伞兵们没有同翼侧德军建立联系便孤身降落在英军前线正面。随后的交战中，他们被蒙哥马利的部队包抄并围困，所幸承蒙幸运女神眷顾，成功击退了敌人。在英军后方实施空降的主意刚被提出来时有人认为太莽撞，违背了"军队实力必须合理匹敌于敌军"，这是一条同样适用于空降作战的基本原则。另一批伞兵降落在我军后方，意外捞到一场不可思议的胜利，因为片刻之后，英国伞兵也降落在同一个地方，我军顺势将其消灭。战果虽不起眼，但很大程度上干扰了蒙哥马利的进攻计划。[①]

总的来说，我如愿以偿。胡贝属于好钢用在刀刃上，又得参谋长冯·博宁这般人才辅佐。我略感扫兴的是德国国防军最高统帅部拖拖拉拉，压着在卡拉布里亚的第 29 装甲掷弹兵师余部不放，第 26 装甲掷弹兵师也迟迟无法投入卡拉布里亚作战，直到为时已晚。

和早期的地中海战役一样，西西里的行动指挥权名义上属于意军，实则在第 14 装甲军和南线总司令部手里。这段时期双方共同努力维持着并肩作战的姿态，彼此尊重，也没有发生私人冲突，这对胡贝再好不过了。我因自作主张，撤离西西里，坐了很长一段时间“冷板凳”，但相较于军队全身而退，个人得失何足斤斤计较。

胡贝以高超的技巧带领他的人马结束了迟滞战，安然撤离墨西拿海峡，足可证明身为军长的他取得了令人称道的成就。

西西里战役总结

最后要说的是，轴心国军队这次实属不幸中的万幸。首先多亏了盟军按部就班。其次，盟军的作战思维也送来大把机会，他们既没有大举包围西西里岛，也不直取卡拉布里亚海岸，这就给了我们长达几周的时间，以贫弱的资源组织起防御。盟军主力军推进速度缓慢，其余部队又被虚耗在全岛，轴心国得以调来足够的援军，巩固了受威胁的防区。最后一个机会是海空协同，持续强攻墨西拿海峡，阻止德军撤退，但盟军也未能抓住。他们这次赏给德军的恩惠比后来 8 月 17 日放弃渡海追击还要慷慨。当仲夏的烈日炙烤着岩石和几乎光秃秃的山丘，交战双方无疑都得在高温下付出百倍努力，但盟军在 9 月 3 日前裹足不前，虽未必一定是环境所致，却再次成为送给轴心国的大礼。

西西里登陆战演变成在不可一世的舰炮支援和空中支援下，慢悠悠地攻克纵深防御，意味着我们一度预计的来自海上和空中的远程打击还不到时候。盟军反而将大把的精力花在可供他们挥霍的物资上。

---

① 7 月 12 日夜晚，英国第 1 伞兵旅和德国第 3 伞兵团为争夺西西里东部的卡塔尼亚机场而爆发激战，战斗以英军失败告终，德军暂时控制了卡塔尼亚机场，将向墨西拿进军的英军装甲部队挡在卡塔尼亚平原之外。

通过西西里一役，可以得出几点经验教训：

构筑纵深防御阵地是海岸防御不可或缺的补充，因为如果敌军以巨舰大炮猛烈轰击可见的岸防工事，线性防御便失去作用。尽管意军岸防部队完败，集中火力攻击敌人软肋仍不失为最佳防御办法，也就是说，攻击卸载时的运兵船、抢滩的登陆艇及人员。在（登陆）纵深的战斗中，当地的预备队必须足够强、足够近，才能立即完成补位，形成强大的反击。第一批主力后备队的部署地必须靠近海岸，才有最大可能在最残酷的时刻赶到战斗区域。

十七　墨索里尼垮台和意大利倒戈

· 1943 年 7 月 24 日，意大利法西斯党召开最高委员会会议，发表对墨索里尼的不信任议案。

· 7 月 25 日，墨索里尼被捕，巴多格里奥奉国王命令组建新政府。

· 8 月 12 日，意大利新政府秘密寻求媾和。

· 8 月 22 日，德军第 10 集团军司令部在意大利南部组建。

· 9 月 3 日，意大利单独同盟军达成停战投降协议。

· 9 月 3 日，英军第 8 集团军在卡拉布里亚南部登陆。

· 9 月 8 日，艾森豪威尔和意大利政府对外公布停战投降协议。

· 9 月 12 日，德军营救墨索里尼。

山雨欲来

1943 年 1 月 31 日，意大利元帅卡瓦莱罗伯爵被解职时，我自然而然也向墨索里尼请辞。卡瓦莱罗不仅与我并肩作战，更心意相通，我完全站在他一边，并警告墨索里尼小心安布罗西奥，意军军官们对此人的非议多次传到我耳中，而且我认为他不具备执掌一个联合司令部所需的综合素质。墨索里尼求我三思，再次保证他“亲如手足的信任”，表示他渴望在将来建立更亲密的个人合作。我得遗憾地说，我虽不乏清醒的判断，但还是被说服了。

我当时立即意识到意大利最高统帅部风向有异。安布罗西奥提议由我指挥突尼斯的轴心国军队，我拒绝了，直觉对方目的是甩掉我这个不识相却位高权重的德军总司令兼观察员，同时让罗马远离我的影响力。当初约定的“所有命令必须经我同意才能下达”仍然有效，实践起来也很简单，因为大部分命令都直接出自我的参谋部或联络官手笔。虽然安布罗西奥有时专横到难以忍受，我仍然尽忠于他，只不过改了一些惯常做法，不再亲自出席会议，而是由我的参谋长代表我去。同墨索里尼的会晤被局限于个别万分紧急的事务内。如果说我一开始想着安布罗西奥对我明显的敌意乃是缘于竞争，那么不久之后很多事端便清楚无误地表明，他其实正在为权力更迭或者更大的野心铺路。意大利海军和空军的总司令里卡尔迪将军、福吉耶将军仍在其位，两人和新任陆军总司令罗西将军一样，都是正人君子，也是我的朋友。依靠着同墨索里尼之间的绝对信任，我老老实实地努力压制住心头的猜疑。起初我担忧墨索里尼用安布罗西奥取代卡瓦莱罗是自掘坟墓，1943 年 2 月 8 日的内阁改组一度令我放下心来，那时无论我还是冯·马肯森大使，抑或是驻罗马的武官冯·林特伦，都没察觉马上要改朝换代。[①]

甚至到了 7 月 24 日，墨索里尼仍自信大权在握。那天我独自去见墨索里尼，但他有个重要的政治会议，便请我稍等片刻。大约半个小时后，他满脸堆笑，和气地同我打招呼：

“您知道格兰迪吗？”他说：“他刚走，我们促膝交谈了一阵，观点完全一致，他对我忠心耿耿。”

我理解他这番喜不自禁，然而也正是这个格兰迪，次日在法西斯党最高委员会会议上带头发动了倒戈。7 月 25 日我得知此事，不禁扪心自问，是墨索里尼太好骗，还是格兰迪城府太深？究竟哪个更离奇？前日冯·马肯森还告诉我，他有积极的情报显示目前无危险，墨索里尼依然掌控局势。

从意大利内阁改组到墨索里尼垮台这段时期，轴心国高层忙着召开一场场军事和政治会议。由于战事变化，这些会议朝令夕改，看似最鸡毛蒜皮的小事也能变成晴天霹雳，含沙射影多，鞭辟入里少。

我简单重述这一历史事件。首先，各方对于德军往意大利增兵的问题存在争论，陆军总参谋长罗阿塔力主此事，而墨索里尼和安布罗西奥出于一些费解的原因却希望予以限制。德、意军队的部署问题也引来喋喋不休的争吵；意大利从 6 月 21 日开始狮子大张口，索要数量惊人的军备： 17 个装甲营、33 个炮兵连、18 个反坦克营或突击炮营、2000 架飞机。隐隐可见意大利的方针有巨变。对此，我在由意大利外交部副部长巴斯蒂亚尼尼主持的会议上表示了反对，尽管几名意大利官员支持我，但安布罗西奥一口拒绝调整数量，着实耐人寻味。这些不可能满足的要求同样困扰了

---

① 作者注：希特勒玩了一手双轨并行体系，这里便有一个完美范例：直到战后我才知晓，希姆莱（党卫军首领——译者注）在罗马安插有情报部门和间谍，他们只向希特勒和希姆莱汇报，而瞒着我和德国大使馆。

德军最高统帅部，7月中旬他们回绝了意方。

希特勒与墨索里尼7月19日在费尔特雷（Feltre）的会晤也未能解决问题。希特勒没有坚持他那个意义深远的声明，即德国要居于领导地位，而墨索里尼掩盖了他对战争继续打下去是否明智的怀疑。

凯特尔和安布罗西奥的军事谈判达成协议：德意两军的师转移到意大利足尖地区。但双方都希望对方先动。

与此同时，在前线的两国指挥官们依旧相处融洽。我的参谋部里的意大利三军军官们无不是以友好相报，唯一例外是我的意大利副官，他是个令人有些失望的人。共事多年来，我一直对他以诚相待，只是调整他的职务令我颇为棘手，那时起，我感觉他对我、对轴心国联盟的态度不复往日。

墨索里尼被捕后我的第一反应

法西斯党最高委员会的会议及随后发生的一连串事件完全推翻了我们之前的猜测，墨索里尼被罢黜，法西斯政权随之坍塌。和1945年希特勒因纳粹党内伙伴的背叛而痛心疾首一样，这时的意大利领袖面对被自己最信任的信徒抛弃，也彻底垮了。就算一部分仍忠于他的军队同德国里应外合，尚能拉他一把，阻止政变，至少阻止他被逮捕，然而事实证明，那份目空一切的自信才是他最致命的敌人。

7月25日墨索里尼被捕的消息传到我这里，我立即要求拜谒国王，那时夜色已深，对方犹豫再三，吞吞吐吐说陛下当晚无法接见我，但第二天可以。

面见国王前，我先去找了巴多格里奥，他给我的答复都是我已经从皇室公告中听说的部分，要旨不外乎新政府会充分尊重联盟协议约定的义务；为安全着想，领袖正受到保护性监禁，巴多格里奥还给我看了墨索里尼的信，信里承认政权更迭。不过他对墨索里尼人在何处保持缄默，表示只有国王知道，恳请我不要拿政治问题为难他。此话一出，我忍不住提醒他，我个人要对墨索里尼负责任，理所当然会在意他的下落，更不用说希特勒比我更关心他的朋友。

与巴多格里奥的会面徒留下寒心、谨言和虚伪的印象。我后来又见了他的副官蒙泰泽莫洛（Montezemolo）伯爵，此人后来再出现时已是抗德游击队头目。

在皇宫拜会国王的大约一个小时里，氛围极尽亲切友好。陛下向我保证，战争不但会照旧进行下去，而且还会加强。他表示自己不得不罢黜墨索里尼，因为最高委员会坚持如此，再说墨索里尼失去了民心。国王是勉为其难做出这个决定的，他也不知道墨索里尼在哪里，只有巴多格里奥知道！！不过他向我保证会对墨索里尼的安全负责，并予以妥善处置。他还说十分敬重元首，羡慕对方无可撼动的权威，他个人望尘莫及。

我对这次拜会的印象是：戴着浮夸的友情面具，遮掩保留和伪善。

希特勒的第一反应

墨索里尼的垮台和被捕损害了两国高层关系。在希特勒眼里，这突如其来的意大利政坛地震不是寻常的内讧，而是政策上彻底倒行逆施，目的是以最优惠的条件尽快结束战争，乃至不惜牺牲她的盟友。之前希特勒只是信不过皇室及忠于皇室的人，如今他将这份不信任连同一腔怒火发泄到全体意大利政客和军队首脑头上。过去一场场败仗顿时有了蓄意出卖德国之嫌，连意大利最高统帅部部分人员也难逃嫌疑。意大利最近在阿尔卑斯山区建造或者完工的阵地被视作准备调转枪口对准德军。感觉自己被背叛后，他决心自卫了。

按照希特勒的想法，第一步就是“肃清”意大利皇室和巴多格里奥，这不是什么难事。幸好他打消了这一时冲动之下的念头。

一份备选计划是在意大利冒出第一丝落跑的苗头之前先发制人，控制住皇室成员和军政首脑。柏林方面瞒着我进行了仔细筹谋。

幸运的是，这个计划也没有付诸实践。希特勒更希望救出墨索里尼，从而一起重塑他们的共同政策。一种唇齿相依的情感促使他下令不择手段落实之，他的命令最终由党卫军的斯科尔兹内少校在施图登特将军协作下完成了。尽管那次胆大妄为的营救计划对我保密，但还是走漏了风声，毕竟相关线索全都要汇集经过我这里。

当时还想过其他办法，比如巴多格里奥建议与希特勒进行会谈，但不出所料地遭到拒绝，因为后者预见到不会取得任何成果。我不得不同意，但观点一致也无妨于我与希特勒及其应声虫们之间的分歧愈发尖锐。我被贴上“意迷”的标签，所以被派到意大利再适合不过，因为只要我在位，就有助于维持德国同意大利王室的友好关系。

到了该迎难而上和换一种交流方式的时候，人选也出炉了：隆美尔，他的集团军群已经部署在我后方，司令部在慕尼黑。我在意大利的伙伴们亦丧失了希特勒的信任，冯·马肯森大使以及冯·林特伦首当其冲，接着是冯·波尔和冯·里希特霍芬，还有马肯森的继任拉恩。我们都信了国王的承诺和巴多格里奥的官方保证。前线将士以始终如一的同志情谊对待彼此，我们视之为国王信守承诺的保障，哪怕安布罗西奥和新任总司令的态度更加疑窦丛生。

罗阿塔所争取的军事需求，即使耍了些手腕，就我看到的还算光明正大。我愿意同他共事，因为他是当时唯一肯承担某种责任之人。时至今日我没完全明白，大众给罗阿塔扣上的“敌人”“卖国贼”帽子是否公允。

海军上将柯尔顿[①]表面上最为通情达理，结果也是他最令人失望。

新任空军总参谋长圣达利（Sandalli）将军从前对冯·里希特霍芬甚是坦诚，但与他的寥寥几次谈话给我留下的印象最差劲。

除了安布罗西奥，我仍然没有确凿的理由质疑周遭所有人，林特伦有同感，但试图消除希特勒不分青红皂白地憎恶，只会是火上浇油。有一次，希特勒用一种忍我很久的语气说：“凯塞林这家伙，对那边一帮天生反骨也太实诚了。”

转折点出现在 8 月 25 日凌晨 3 点，希特勒当着戈林的面告诉我，他收到意大利投敌的铁证，他请我不要再被意大利人愚弄，并且做好事态恶化的准备。这下我束手无策。很遗憾，他没有透露情报源，但我不能不信。这一刻起，我所有努力都背负上了政治压力。

希特勒对我的疑心即使有所消除，但依旧存在。所以拉姆克的第 2 伞兵师在罗马的机场从天而降时，我的惊讶程度不亚于意大利政府。我苦寻援兵良久，这支部队从各方面看都是天赐的礼物，但不是以那么神出鬼没的方式到达就好了。尽管该师在罗马的突然亮相会招来一些怒气，但肯定壮大了我们的声势。从那时起，意大利政府不会意识不到他们背地里的勾当已被看穿。

没过多久，德军开始源源不断涌入意大利北部，令意大利人更加郁闷了。每个士兵都明白希特勒这一手的理由：必须提前做好最坏的打算——假设巴多格里奥打算在北方边境修筑防御工事对付我们，截断通往德国的铁路，从而困住防守意大利的德军，然后交给敌人，我们该怎么办？无论是谁，只要控制住布伦纳地区，控制住意大利东西两边通往奥地利、巴尔干和法国的铁路、公路，就扼住德国的咽喉。希特勒将B集团军群派往意大利北部，无论意大利人有多么生气，既然他们不仁在前，就理应承担这个后果。整体而言德军官兵都尽量体谅意大利人的感受，不过其间还是出了些篓子，影响了我在阿尔卑斯山另一边的名誉。冯·林特伦承担了一项苦差。

① 时任意大利海军部长。

无论如何，巴多格里奥的险恶用心再也不可能得逞，因我不容他这样回报我们付出的忠诚和鲜血。回想起来，我认为他确实居心叵测，意方愈发强硬地要求在意大利中部和北部的德军转移到卡拉布里亚和阿普利亚，更是清楚暴露了巴多格里奥等人的企图。那时意大利已经在与盟军谈判投降事宜了。

不管怎么说，意大利政府和最高统帅部还是口头抗议和书面声讨了这种对主权“不可容忍的践踏”以及在他们眼皮底下采取军事防范措施。

我们的措施包括在罗马周边加强战斗部队，那里逐渐增加到了五个以上的师，还有一些装甲部队——尽管战事吃紧，在此之前这些部队依旧被羞答答地预备着。

8月6日，里宾特洛甫和凯特尔来到塔尔维斯，与安布罗西奥和瓜里利亚[①]（Guariglia）元帅举行会晤，但未能取得实质性成果，这是意料之中的事，双方裂痕太深。将军们都希望对方做出让步，所提的要求在这些正常情况下本来没什么可争的。凯特尔希望驻守中部和北部的几个意大利师投入作战，安布罗西奥则坚持所有已经进驻伦巴第的德国师必须服从意军指挥，铁路也该由意军接管和保卫。这些分歧不解决，其他议题就很难开展。

8月15日，第二轮会议在罗阿塔提议下召开，这次德方由约德尔出席。会议自始至终都笼罩在明显的紧张气氛中。隆美尔陪同参加，其身份是驻意大利的B集团军群总司令，约德尔事先领到希特勒的明确指示，表示希望德军南线总司令部及意大利南部和中部的所有德军直属于国王，而意大利北部的德军归B集团军群指挥，后者仍从属于德国国防军最高统帅部。罗阿塔重申了安布罗西奥的提议，即意大利北部的德军归意大利军队指挥，他还建议召回在法国南部的意大利第4集团军，这个获得了同意，因为这支意军回到意大利北部也不足为惧，那一带所有要地已经被B集团军群控制。除此之外，所有其他议题都悬而未决。其实南线总司令部自墨索里尼倒台后就只服从意大利国王。想必约德尔在构思德方要求时乃醉翁之意，他清楚意大利不可能接受，提出来就是为了逼对方亮底牌，我当时就能肯定这一点。

尽管高层互生嫌隙，我作为南线总司令依旧友好公正地同意大利各部门一道开展工作。即使是8月21日我在意大利最高统帅部同安布罗西奥之间的会谈，表面上看也端端正正，意大利三军总司令均应邀出席，我由参谋长韦斯特法尔将军陪同（起初他随一个作战参谋组进入我南线总司令部工作，继而成了我的参谋长）。会议讨论了将来的计划，然后安布罗西奥要求往撒丁岛再增派一个德国师，我因为纯军事理

---

① 时任意大利外交部部长，没有资料显示他有过元帅军衔。

由而拒绝了。事实证明，当时安布罗西奥知道投降谈判正在进行，但我还蒙在鼓里，只不过他的要求太脱离局势，才引起我对背后动机的疑心。

对于坐实的意大利背叛，8 月 23 日被希特勒揭露出来时已经不算什么重磅消息。安布罗西奥的目标一定是通过削弱意大利中部和南部的德军来帮助盟军。我确信他想支开第 2 伞兵师，为盟军空降罗马扫清障碍，这样就能联手从坎帕尼亚对我们后背刺出致命一刀 。

稳定局势

眼看两国交恶步步升级，我不得不为意大利降敌而早作打算。我重点致力于牢牢控制住意大利的部队及指挥机构，万一意大利退出战争（随着战争继续进行下去，他们为了自己的日子好过一点而转投敌营，那也是完全在意料之中的），这一手胜过冒险树立新的敌人。

首先，我通过我的参谋部或者亲自出马，试着说服意大利海军和空军的总司令部，与他们就将来战争的实施达成一致。意军里的联络官们都毫无保留地予以协助。不过在投降盟军前不久，意大利同意将他们的军队调到卡拉布里亚和阿普利亚，这令我思索约德尔对罗阿塔的判断是否正确，难道不是前者的幌子而已？会不会罗阿塔确实不知道正在进行的投降谈判，只是晚一步收到安布罗西奥和巴多格里奥的许可？这个可能性不大，却也不能完全排除。

几个星期以来，我还亲自联系了意大利南部、撒丁岛和科西嘉岛的意军指挥官们，我发现他们个个懂事、肯出力，又深受德国同僚信任。

这段时期我很少同现役海军将军们有直接往来。西西里岛军港的行动已经让意大利海军忙得不可开交，与此同时，他们还要采取某种恐慌的办法，防守塔兰托和布林迪西两个港口，以防盟军登陆卡拉布里亚。此外他们更要挤出空闲时间，准备迎战迟早降临在亚平宁半岛更北边的盟军登陆。德军南线总司令和意大利海军总司令部不停地开会讨论舰队作战行动。就在意大利正式投降那天，我还如期同柯尔顿上将进行了探讨——意大利海军终于要出战，迎击靠近那不勒斯的入侵舰队，敢情他指的是旗下的海军逃出拉斯佩齐亚港，投靠敌人。

冯·里希特霍芬及其参谋部负责同意大利空军打交道。尽管后者帮不上什么忙，地面机构倒是大方地任我们处置，而轰炸机机组和战斗机飞行员都在德国教官指导下，使用德国飞机重新训练德军战术。

“轴心行动”

很不幸，远离前线的地方完全是另一番光景。我们有充分理由怀疑意大利打算背弃联盟约定，为了保护驻意德军，德国国防军最高统帅部制定了应对方案，行动代号为“轴心”。

当时意大利缴械投降的方式、地点和时间仍未可知，故而反制措施十分客气，最重要的是要囊括进所有可能，做好万全之策。我没有书面规定具体战术，比如“在罗马采取何种措施”，只是将自己的意图同一些能力出众的军官进行了讨论。我的指导原则是：

从危险战线上撤军，包括撤出孤岛上的卫戍部队。尽量藏好所有补给品；与意军指挥官进行谈判，以便德军完成撤离。在预计有难度的地方，人员撤离和物资搬运应低调秘密进行。

意大利诸岛和卡拉布里亚地区的撤离过程不可发生交战，但如遇意军阻拦，不择手段地将其清理出铁路。

在意军参谋部里的德军联络官员密切留意对方活动。

采取自卫必须与撤离城镇相辅助。在无法满足这个条件的地方，德军行政中心机构必须集中在具备防御能力的建筑内。

“轴心”行动中，空军司令部的任务是第一时间控制住所有可用的飞机和防空炮。海军要阻止意大利舰队出海，并着眼于它们将来能为德国所用。

如果无法完全挟制意军司令部，再采用阻碍其发号施令的最后一招：占领所有重要军事通讯站点。

加强南线总司令部和第2航空队总司令部所在地弗拉斯卡蒂的警卫力量（由陆军和高炮分队构成，陆军分队驻在罗马的阿尔班山）。扩建当地防空掩体。

意大利倒戈前夕，我和我手下指挥官们都承受着巨大精神压力。盟友和希特勒耍的两面派对我这样一个军人是难以忍受的。我全身心信任意大利盟友，相信国王和巴多格里奥的话，无法接受盟友欺骗我们存在任何合理的可能性。不仅如此，在元首大本营里不欢而散的争论、军务缠身的压力、蔓延到意大利全境的空战、黯淡的前景，内忧外患之下我渐渐心力交瘁。到了意大利正式投降那天——也是我的司令部遭到轰炸、盟军登陆萨莱诺、意大利皇室及政府机构逃出罗马的日子——我反倒陡然一松。可以说，我终于可以放手做能力范围内的任何事，去制止意大利，去保护德国未竟的事业不会毁于无妄之灾。

意大利投降

1943 年 9 月 8 日

9 月 8 日早上，尚无迹象显示这一天会是永远改变地中海战场的日子。当盟军轰炸机机群飞临弗拉斯卡蒂，地面的高炮猛烈开火，此时我正在开会讨论防守事宜。我刚走出办公室，第一枚炸弹就与玻璃外廊擦肩而过。随后又有多枚炸弹落在我呆的防空洞附近。轰炸对我方军事人员造成的伤害比不上附近城镇的伤亡，我下来立即通知所有部队过来帮忙。此次空袭非常发人深省，因为我们在一架被击落的轰炸机机舱里找到一张地图，上面准确标出我和里希特霍芬的司令部位置，可见某些意大利人伺候新主子是多么卖力。不过多亏我们的信号机构，司令部很快恢复了指挥功能。国王和巴多格里奥明显准许了此次空袭，哪怕他们只要让我将司令部搬到稍微冷僻之地，我无法、也绝不会拒绝。空袭结束几分钟后，我离开防空洞，罗马的防空部门和消防队已经出现在弗拉斯卡蒂镇的关口，显然早有准备。

我预料到 9 月 8 日—9 日夜间盟军会有一场登陆，而且估计会得到意大利的公然配合。

可上午的空袭过后，意大利陆军总部一切如常。我指示参谋长和接替林特伦的图桑（Toussaint）将军去蒙特罗通多（Monterotondo）参加罗阿塔安排好的会议，又再次联系了所有前线指挥官，命令他们处于待命状态，还授权德国海军驻意大利的司令部从罗马搬到弗拉斯卡蒂。下午晚些时候约德尔打来电话，问我意大利宣布投降的广播是否属实？我对此一无所知，只好打电话询问他人，对方震惊地表示广播为故意混淆视听，战争一定会继续下去。我遂直截了当要求出台一份官方声明，否认这种危险的谣言。这当然是不可能的，因为与此同时，意大利政府被迫向世人坦白了真相。我第一次听到这条消息还是源自约德尔，他将元首大本营刚刚收到的一条来自巴多格里奥的电报转达给我，我把消息告之了图桑和韦斯特法尔，后者不客气地询问了罗阿塔，得到的回答是整桩事情完全是官方宣传伎俩。

蒙特罗通多的会议继续了下去。那天晚上很晚了，韦斯特法尔回报我，说自己和图桑恐怕被扣留住了。晚上 8 点到 9 点之间，罗阿塔也打来电话，沉痛表示，消息传到了他那里，他大吃一惊，他保证无意耍我。但我确信巴多格里奥和安布罗西奥希望我一直蒙在鼓里，从而拖延我采取反制措施。如今真相大白，但要动手为时已晚，意大利皇室和政府要员已溜之大吉。

虽然我仍能同约德尔以及前线指挥官们保持通话，但德军最高统帅部决定让我们自生自灭。元首大本营也当南线总司令部完蛋了。我发出了“轴心”的代号，然后向手下指挥官们简单交代了接下来几天自己的关注重心。当晚侦察机报告过入侵舰队还在那不勒斯海域，或许我们还没到悬崖边上。不过敌舰的逼近使得位于意大利南部的第10集团军的责任更加重大——当然我也是，因为B集团军群的支援是指望不上的。那天晚上，同时从罗马传来报告：德国的外交使团和所有侨民由大使馆负责，正紧急撤回国。消息搅得风声鹤唳，仿佛实际形势真有那么严重。

卡瓦莱罗的结局

罗马城内外的意军奉卡尔博尼将军①之命刚放下武器，我立即下令释放所有被囚禁的法西斯党官员，其中就包括卡瓦莱罗伯爵。他和另外一两个同胞一起成为我的座上宾。他们出现时的状态令我难以理解——今日的我也有了阶下囚的经历，方才茅塞顿开。卡瓦莱罗跪下来亲吻我，我第一次见到这样的问候礼。

考虑到他们的精神状态，我只告诉他们，为他们人身安全着想，需要暂时将他们送到德国。过两天会有一架飞机来接他们。卡瓦莱罗非常挂念病重住院的妻子，恳求第二天去见她。我自然欣然应允。次日，他花了几个小时陪在妻子病榻前，又对我千恩万谢。晚餐时，我表达得很清楚，他在德国期间他的妻子会由我亲自保护，而且我会负责转达他们的信件，也希望他在德国不会待太久。我还提示说，希特勒极其敬重他，墨索里尼肯定会选他做新内阁的战争部长。

席间卡瓦莱罗异常肃穆，我归因为最近几周的跌宕以及与爱妻离别在即。他早早道了晚安，由我手下一名军官护送回到起居室。第二天一早，他被人发现坐在花园里，没了呼吸，双目仍凝望着不朽之城的方向。我被这消息震得大惊失色，立即派医生去检查。尸检结果明确指出，他亲自了结自己的生命。此外，他的一个意大利朋友被审问时提到，当晚他在房间里踱来踱去良久，然后一大早去了花园。

关于他何至于如此，据我所知，卡瓦莱罗卷入了一桩针对墨索里尼的密谋事件，后者或许也知道。德国之行和希特勒所盘算的建立意大利流亡政府必然令他重新接触到领袖，这是他万万无法面对的。绝望之中他看不到任何生路。可惜的是，他没有向我敞开心扉。

复述这起悲剧乃是因为我在威尼斯受审时听到一种说法，也从报上读到过同样意思的影射，说卡瓦莱罗是被我枪杀或者我下令枪杀的。这里我重申一遍自己在威

① 时任罗马城防司令。

尼斯法庭上说过的话：

“我敬重卡瓦莱罗伯爵，无条件支持他，因为自我们相识，他便是轴心联盟可靠的朋友，他认识到推进双方共同利益所带来的天大的好处，并为此直面所有异议，鞠躬尽瘁。他是一名能干且天赋出众的军人，兼具了充沛的精力和精明的外交手腕。而且依我之见，他也是意大利当时唯一能协调好打仗和战时经济的人。我特意这么说，乃是充分认识到他内在的弱点以及盘桓在部分意大利陆军军官团中对他强烈的恶意。”

维克托·埃曼纽尔三世、墨索里尼和希特勒

墨索里尼自然是一个彻头彻尾的独裁者，但论侍奉皇室，他也深谙其道。然而到头来，惊人的事实表明他和国王共事多年，竟有多么貌合神离，更令人惊讶的是，原因出自墨索里尼膨胀的权力野心触及到国王的权益。两人对待彼此都是虚与委蛇，这为后来共同垮台埋下了祸患。

社会主义报刊教会了墨索里尼政治学，他到最后都是一个政客，将外交规则玩弄于股掌，知道它们在何处有用，首要用于发展壮大他本人和他的人民。他精于为自己索求政治目标，呼吁强军和军队现代化建设，还在鼓吹之下兼任了海陆空三军的部长。可他军事素养低下，认识不到意大利军队外强中干的事实。无论对外形象还是意识形态上，他都是希特勒的朋友，可后者坐拥的军事权力和成就又令墨索里尼眼红不已，他之所以投身于军事冒险并最终可悲地葬送自己的生涯，很大程度上也是嫉妒心作祟。

我开始同墨索里尼有进一步密切接触时，他的健康和权力都过了巅峰期，他对追随者的绝对信任在衰减，他再想当机立断，却已力不从心，越来越需要幕僚帮他做决定。带着那点可怜的缩水的权力在加尔达湖畔东山再起后，他愈发沉迷于空洞的哲学思辨。他不再是一个独裁者，只是阅尽人生百态，短暂尝过万人之上是什么滋味的普通人。其实仅凭这个原因，他本不至于落得那样一个众叛亲离的残酷结局。

希特勒以德国人民的领袖之姿崛起时，德国还深陷于第一次世界大战动荡的余波。从1921年到1945年，他首先以军人自居，深信国内政治欣欣向荣，这就是为什么他要求党组织统一着装，为什么要兴建一支外表耀眼、内部高效的国防军。在他

非凡的宣传机构运作下，他确实成为大众膜拜的偶像。无怪乎久而久之，他也当自己举世无双、无可取代，命中注定要献身于德国的伟大事业，无论何时都要捍卫她。这一使命必须在上天赐予的有生之年里完成，因他从不认为自己是长命百岁之人。然而也正是这个人，这个在早期将一个空前疆域呈给他的战士和臣民的人，却随着深陷战争泥沼而变得判若两人。他认定幕僚们没有按他希望的方式效劳，后来又认定大部分幕僚不再理解自己，他感到被抛弃、被背叛。在心理方面值得玩味的一点是，在很多领域确实出类拔萃的他却怀有自卑感，所以他憎恶一切直抒己见，迫害任何疑似的或真正的反对者。他把所有责任都揽在自己身上，负担了太多，结果不堪重负，导致那出了名的突然歇斯底里和贸然拍板决定，其后果往往是可怕而残忍的。

所以说，抛去相似本质中的那些核心差异，希特勒和墨索里尼都沦为个人权力欲望和毫无节制的独裁统治的受害者。若是像希特勒曾打算过的那样，在国家元首之上再设一个上议院作为监督机构，那也不够——有道是“绝不迈出第一步”，这种最基础的权力控制需要一开始就建立起来，即使世界上最伟大的统治者们，为了自身和人民的利益也应这么做。如果无视外部和内在规律，那么极权统治无论以什么面貌示人，最终都是昙花一现，自取灭亡。

十八　萨莱诺之战和奋力构筑罗马南方的防线

· 1943年9月8日，克拉克将军率美军第5集团军登陆萨莱诺。
· 9月9日—16日，恶战萨莱诺。
· 9月9日开始，德军解除占领区的意大利军队武装。
· 9月10日，德军占领罗马。
· 9月16日，德军对萨莱诺的反击被遏制。
· 9月20日，撒丁岛上的德军全部撤离。
· 9月27日，盟军攻占意大利南部重要空军基地福贾。
· 9月30日，德军地面部队撤离那不勒斯。
· 10月5日，科西嘉岛的德军全部撤离。
· 10月，盟军进攻沃尔图诺防线、米尼亚诺隘口（Mignano）和亚得里亚地区。

随着意大利背信弃义，维护德国在意大利的纯军事利益成为头等大事。第一反应至关重要。防御真空地带逐渐由调来这边的第76装甲军和第10集团军填补上，后者主要以维廷霍夫将军的集团军群有生力量组建而成。[①]

盟军登陆和占领西西里已经显露出了他们在地中海的行动目标——基本可以肯定，他们会继续打到意大利本土。而意大利退出轴心联盟给了盟军意料之外的好处，从此他们可以加大对德国本土的轰炸力度，能打击苏德战场南边的德军基地，还能打击法国。作为南线总司令，我必须为上述所有可能做好准备。

① 原文如此。

一、1943年9月8日德军兵力部署

〈A〉南线总司令部　　总司令：阿尔贝特·凯塞林元帅

1.第10集团军

第14装甲军，下辖：第16装甲师（该师部分参战、部分预备或正在取代意大利的军队）、"赫尔曼·戈林"装甲伞兵师（该师在那不勒斯休整并进入战斗状态）。

第76装甲军。1/3预备在萨莱诺后方。主力迎战登陆卡拉布里亚的英国第8集团军，包括：第29装甲掷弹兵师（该师刚从西西里撤回，留在卡拉布里亚休整）、第26装甲师、第1伞兵师（驻阿普利亚）。

2.第11高炮军，驻罗马地区，下辖：

第3装甲掷弹兵师，驻博尔塞纳湖、里窝那及南边。

第2空降师，驻罗马南部。

3.第90装甲掷弹兵师，下辖要塞守备旅，驻撒丁岛。

4.党卫军"帝国领袖"突击旅，驻科西嘉岛。

5.空军第2航空队，下辖强大的航空和高炮部队驻意大利半岛、撒丁岛和科西嘉岛。

6.驻意海军，下辖的轻型水面舰艇部队在第勒尼安海。

〈B〉B集团军群　　总司令：埃尔温·隆美尔元帅

1.第87军，下辖第76步兵师、第94步兵师、第305步兵师、第24装甲师。

2.第51山地军，包括党卫军"阿道夫·希特勒"装甲师、第65步兵师、第44步兵师、"德尔拉"山地旅。

3."维特赫夫特"军，下辖第71步兵师和一些零星部队。

二、在包括罗马在内的意大利南部，德军地面战斗部队共8个师对战盟军10个师及若干个旅、战斗群、2个空降师和5个意大利师（总共17个师）。德军在意大利北部的8个半师没有参加关键的战斗，加上它们之中的2个师足以击退登陆萨莱诺的盟军。

尽管看似不可思议，但盟军确实短暂地止步不前，没有立即跨过墨西拿海峡。这令我疑窦丛生，难道敌人打算以有着大型港口的西西里为出击基地，深入到巴尔干吗？我否决了这个念头，因为那样的话，阿普利亚的海域和空军基地是必不可少的。至于在意大利中部、罗马北部或亚得里亚海岸登陆的可能性，我权衡利弊后也排除了，这些行动本身难度极大，当时地中海地区的盟军还不具备这个实力。登陆阿普利亚必伴随有穿过卡拉布里亚、占领阿布鲁齐山口的攻势。总之，除非敌军部署，尤其是海军部署暴露出其他意图，对意大利南部的进攻都不能不防，无论那是主攻还是助攻。

罗马有着重要政治和战略价值，从各方面看都是那条最大的鱼——如果盟军只打算慢慢走陆路到达，那么自第勒尼安海登陆快捷得多。不考虑直接空降到城市附近的话，最显而易见、事实上也是最合适的登陆地点就是萨莱诺湾。

9月3日至4日，盟军亮出了第一张牌：蒙哥马利的军队渡过墨西拿海峡，开始翻越卡拉布里亚山区发动进攻，但势头缓慢。除了9月8日凌晨5点登陆皮佐（Pizzo），英军再无大型登陆行动，这令我们如释重负，否则正朝萨莱诺北上的第29装甲掷弹兵师和第26装甲师危矣，我们在萨莱诺的防御组织也可能受破坏。9月8日，登陆舰队主力在第勒尼安海整装待发，同一天中午，盟军轰炸机大军呼啸而来，炸了我在弗拉斯卡蒂的司令部。

如今，最大的问题在于登陆地点。敌舰队正航行穿越在那不勒斯纬度的海域，但未必意味着那不勒斯就是目标，罗马和坎帕尼亚同样有可能，两地有五个精良的意大利师可以支援登陆部队，地形也极其适合空降。

如果登陆发生在那不勒斯，我认为没有必要撤出意大利中部。届时形势固然严峻，但仍可控。倘若国防军最高统帅部答应我的几项请求，将隆美尔手上一两个在北方无所事事的师调来，增援在南方的我们，而且倘若这些援军能及时赶到，我就更有把握了。意军那边可能有点麻烦，但我相信维廷霍夫将军，事实上他确实与卡拉布里亚的意大利第7集团军指挥层建立了友好关系。我同样相信驻撒丁岛和科西嘉岛的德军指挥官能同当地意军达成一致，最坏的情况下，也能收拾掉对方。

总而言之，盟军给我布的局一点也不高明，我至今都想不通，为什么希特勒宁可失去八个一流的德国师（其中六个在意大利南部、两个在罗马附近）和一个加强的高炮军，也不愿从北边再调两个师给我。我不厌其烦地向最高统帅部解释过，盟军拥有阿普利亚的空军基地对于德国本土意味着什么，我们决不能将那片平原拱手相让。结果却是，即便明摆着可以让我和隆美尔各自的师在罗马北边或附近建立联系，统帅层也无动于衷。隆美尔认为我们应该撤出整个意大利南部和中部，只守北部，他的观点在希特勒脑海里扎了根，以至于后者对于再明显不过的战术需要也熟视无睹。可如果希特勒能认真对待它们，届时再不济也能及时撤走那几个师，外加在意大利南部的德国空军和海军单位。

下午晚些时候，约德尔告诉我意大利绝尘而去，我无暇也无需思考这个，因为随着代号发布，“轴心行动”已经启动，只有罗马的局势仍有待进一步指示。好在我无需再对意大利人手下留情，而且因通讯中断，我暂时摆脱了希特勒的干预。

当晚报告传来，入侵舰队还在那不勒斯附近，我的双重焦虑尽消：一来没有理由提防在坎帕尼亚的二次登陆了，二来第29装甲掷弹兵师和第26装甲师不会被阻截在最窄的卡拉布里亚“脚趾”位置。盟军一心扑在了萨莱诺海滩。

这样一来，我们必须让那两个在卡拉布里亚的师加快北上步伐，同时利用连绵山脉的有利地形拖延蒙哥马利。也必须稳住罗马的局势，让那里的部队脱身，南下增援第10集团军，该集团军下属的突击师必须集结在萨莱诺后方。正在卡塞塔（Caserta）地区休整的“赫尔曼·戈林”师必须尽快回到前线。在阿普利亚，海德里希将军将率第1伞兵师大部队主动行动。

此时，第2航空队对盟军舰队发动了攻击，罗马周围的高炮和空军地面机构奉命做好准备，迎击敌军空袭。盟军浪费掉空降罗马的机会，消除了那里的紧张态势。而留在罗马的意大利师尽管占有三倍的优势兵力也不足为惧。都以为若非兵戎相见，我们就无法同前盟友做个了断，然而和高层尔虞我诈形成鲜明对比的是，昔日并肩作战的情谊整体而言依旧深厚，德意两军只在罗马和科西嘉岛爆发了激烈冲突。

即便有点危言耸听，从罗马传来的第一份报告听上去委实不妙，第2伞兵师急忙奔赴南郊，但为了避免在城里交战而止步于铁路，而且据我收到的报告，越过铁路的进攻随即被取消。在蒙特罗通多，突袭意大利陆军总部的伞兵取得战术大胜，只不过过程比我预料的更曲折，而且让罗阿塔将军带头的作战参谋部逃掉了。第3装甲（掷弹兵）师同时也从博赛纳湖南下赶到罗马北郊，一路基本没遇到抵抗。

9月9日，意大利师里一个法西斯党老党员告诉我，他们停止了进一步抵抗，准备谈判。很快意军便下令放下武器。卡尔维·迪·贝尔戈洛将军（伯爵）和蒙泰泽莫洛上校（伯爵）在休战旗下出席投降仪式。简单的初步讨论后，我将条款细则交给能干的韦斯特法尔去办。我要求意军立即遣散并解除武装，但同意所有士兵各自回家。隆美尔曾发来电报，指示我将所有意大利士兵作为战俘押回德国，然而尚无任何命令擢升他为我的上级，我决定不予理睬，并顶着艰难的处境给希特勒发去电报，表示自己坚持搁置这份无法执行的指示。

我行事是以可行性和自己的是非观为准绳，确实也再无人对我提及此事。隆美尔本来同样该着眼于长远，遣散意大利北部的意军，而不是让他们成群结队踏上逃亡之路，成了日后的游击队骨干。意大利由我和隆美尔分而治之，再加上希特勒对后者近乎讨好一般的百依百顺，这导致我对于增援的首要需求被拒。遗憾的是，考虑到萨莱诺的战事进程，解除意军武装，为安全着想而缴存武器、军需品和其他物资，这些工作花去大量时间和人力，超出了我从萨莱诺战事发展考虑所愿意接受的程度。

尽管盟军拥有压倒性的空中优势和威力巨大的舰炮，还占有优势兵力，萨莱诺滩头的战斗却比我原本乐观期盼的还要好。拜幸运女神垂青，9 月 11 日第 29 装甲掷弹兵师第一批部队从卡拉布里亚赶到了，虽然汽油短缺，他们还是在左翼投入了反击战。第 26 装甲师大部队也紧随而至。右翼的反击交给第 15 装甲掷弹兵师和一部分“赫尔曼·戈林”师，后者准备好了前仆后继顶上去。靠着曾经被当做预备队的第 16 装甲师和一直留守萨莱诺的第 1 伞兵师一个营，正面防线的缺口勉强堵住了。9 月 11 日，第 16 装甲师满怀希望地发动反击，但被战壕破坏的乡村路面所阻，随后成为盟军舰炮的活靶子。另一边，左翼部队在第 76 装甲军领导下，也于 9 月 13 或 14 日成功发起反击——实际上 14 日下午晚些时候，我就收到宣称有望将敌人赶下海的报告。维廷霍夫和我倒是相当怀疑，很不幸，我们是对的。如果当初希特勒肯采纳我那点微不足道的请求，那么从这段关键时期，这段连英国人也称作“戏剧性的一周”开始，德军会多么轻松地取得一场决定性胜利啊。

那段关键时期的最后阶段，形势没发生本质变化。萨莱诺左翼侧的德军有第 76 装甲军后卫部队的掩护，还有天然及人工障碍物，得以避开了谨慎前进的蒙哥马利军队。阿普利亚方向的威胁不足为惧，英国第 8 集团军徒耗军力，帮了我们大忙，类似的错误我们是不会犯的。

考虑到将来需要向北撤退，9 月 10 日我便在地图上绘出了后续防御阵地，后来它们或多或少都坚守到了我们撤退的时候。最初两天，我估计势必要准备好放弃大片地盘，但退守到罗马南部仍然是可能的，那或许是依托一条贯穿米尼亚诺山的防线（即后来的莱因哈特防线），又或许依托加里亚诺河－卡西诺山（即后来的古斯塔夫防线）。要说我们还有一丝希望阻止敌人，就必须巩固老阵地、构筑新防御工事、增派战斗部队。而这些工作都维系于冯·维廷霍夫和他的第 10 集团军能否争取到必需的时间。

我没有背离这种基本思路。9 月 12 日我首次同维廷霍夫会晤，还同德国国防军最高统帅部进行了交流，巩固防御的办法顺利出炉。此间为了掌握局势动态，我每天必飞去视察前线，但不是次次都令人欢欣鼓舞。另一方面，我一直紧盯住后方阵地的建设进度，在高级工程军官贝塞尔（Bessel）将军眼里，我绝对是个鬼见愁。

因为对前线阵地和防御态势了如指掌，我针对往后几个月的防御起草了一份战略计划，它基本上得到了贯彻执行，未受希特勒干涉。为了避开敌舰的有效炮击范围，9 月 16 日我授权从海岸脱离战斗，附带明令要求沃尔图诺河防线（Volturno Line）必须守到 10 月 15 日，那里是第 10 集团军意向中的撤退目的地。在那不勒斯，德军移除所有储备物资后于10月1日撤离。[①]维廷霍夫和他能干的作战参谋文策尔实施了堪称典范的撤退，并在沃尔图诺河打了一场迟滞战，直到10月16日才撤离，敌人被拖到两天以后才开始渡河。眼见三个新来的或得到休整的师（第94、第305、第65步兵师）有望于11月初做好战斗准备，我于是下令莱因哈特防线在11月1日以前进入防御准备。

11月4日，盟军的先遣巡逻队出现了，但我对那里自然条件坚不可摧的防御阵地信心十足，希望能坚守一段时间，可能的话守到新年，这样我们就能加强后方的古斯塔夫防线，让英国和美国人在上面磕个头破血流。

在此期间，海德里希率伞兵残部边打边退，暂时止住了英国第13军的追击。9月22—23日，在奥凡托河一带，海德里希以同样高明的规避行动摆脱了在巴里登陆的英军第78师。9月27日，我军苦战而不支，还是失去了福贾空军基地。第1伞兵师被迫后撤，先后撤到福尔托雷河北岸和比费尔诺河南岸，月底他们被第29装甲掷弹兵师替换下来，后者堵住了一个位于加拿大师前方的可怕缺口，又掩护了在其左侧交战的第10集团军主力翼侧。我完全赞同一名英国作家的点评，他将英军翻山越岭的推进描述为:“敲碎一颗果仁焉用大锤？”

就这样，最高统帅部拒绝从意大利北部调一个师过来防守阿普利亚的空军基地，最终导致这些基地易手，这对我们是个沉重打击。不过其他方面的局势好歹稳定下来。第10集团军寸土必争，顽强地建立起一条从第勒尼安海到亚得里亚海的薄弱防线。亚平宁半岛的亚得里亚海那半边，前景不太乐观，10月3日，英国第13军大军压境，突然登陆泰尔莫利[②]，随后成功建立了一个相当大的桥头堡。战报传来时我正巧在第十集团军司令部，当即下令第16装甲师飞速赶过去，将入侵者赶下海。

命令的发布一刻也没有耽误，所以当天晚上10点到11点，我还满心以为第16师正冲向泰尔莫利，却听韦斯特法尔报告说第10集团军司令仍迟疑不决，不禁大吃一惊。因无法苟同维廷霍夫的疑虑，我命令他火速执行我的指令。第16装甲师直到10月4日才姗姗来迟，其后被分散投入作战——整件事就这么被第10集团军司令部办砸了，我们失去了一次唾手可得的胜利。如今也只有敏锐的预判、充分的准备、当机立断和高度机动才能弥补我们悬殊的劣势。这个教训给我和部队都敲响了警钟，

---

① 德军撤离那不勒斯前进行了彻底的破坏，除了有历史文化价值的名胜古迹、教堂、博物馆之外，桥梁、港口、发电厂、储油库甚至民用商店，所有不能带走的东西都被炸毁。

② Termoli，意大利坎波巴索省一个沿海市镇，地处加尔加诺半岛以北。1943年10月3日英军特种空勤团和第3突击队登陆泰尔莫利。

也因其所以，后来的安齐奥登陆战时我们一刻也不曾掉以轻心。

我曾说过，我对莱茵哈特防线寄予厚望，它的成败维系于防守米尼亚诺隘口，后者又有赖于守住1170号山头。然而就像战争中多次出现过的那样，我们的希望最终还是破灭了。装甲掷弹兵的一次局部败仗令敌人迅速占领大片山丘，而我手上仅剩的一个伞兵营的反击也未能夺回失地。

11月底，敌人发动攻势的两天前，我同韦斯特法尔来到第65步兵师司令部，齐尔贝格（Ziehlberg）将军带我们走了一道阵地，并在地图上介绍了他的布防，他在右翼和中部结合处做得无可挑剔，地势、工事和部队都大有指望。一旦山地部队占据马耶拉山（Majella），右侧也有了掩护，但是左侧越靠近亚得里亚海岸越是薄弱，那边既缺乏纵深，炮兵观察哨也不好。另外，防守那里的是一支新军。不过在另一方面，战术前哨站沿河布设，井井有条，从重点阵地开始配有出色的炮兵观测。然而，这些地方又能坚持多久呢？

战斗刚打响，第65步兵师指挥官和左翼的团长就身负重伤，早早下了火线，第1伞兵师接替第65师防守亚得里亚海岸一侧——之前我也打算过这样的调整，但来不及实现。若非上述变故，恐怕战役就将大不同。屋漏偏逢连夜雨，情况变得更加混乱：关键那天我恰好离开战地，去了（亚平宁山脉的）绿色防线[①]视察第51山地军，当天晚上才在该军司令部听说消息。接下来，第26师原本要集中调往第65步兵师后方，但接替他们的第44步兵师（“高级德意志骑士”师）出人意料地迟到了，这便削弱了我们的后备力量。最后，从撒丁岛和科西嘉岛撤回来的第90装甲掷弹兵师被最高统帅部指定为预备队，一时没进入战斗准备，该师最终抵达战斗区域并立即投入作战，但和无数先例一样，该师的反击都以失败告终，令人大失所望。好在新任师长巴德（Baade）上校临危受命，几天后努力扭转了颓势。

1943年12月6日至13日的恶战过后，左翼进入了一段间歇期。

---

① 即哥特防线，德军在意大利北部沿亚平宁山脉顶峰所设的最后一道防线，横跨亚得里亚海岸和中央的亚平宁战线。1944年6月改名为绿色防线。

十九　卡西诺之战、安齐奥－内图诺之战和罗马易手 1943年秋至1944年初夏

· 1943年11月21日，凯塞林被任命为西南战区总司令①。

· 1944年1月22日，盟军登陆安齐奥－内图诺。

· 2月，德军在安齐奥－内图诺反击失败。

· 1月—3月，德军成功防守卡西诺山。

· 5月12日，盟军对卡西诺防线发动大规模攻势，突破了加里利亚诺河和卡西诺山。

· 5月22日，盟军从安齐奥－内图诺桥头堡发起进攻，突破了德军第15集团军左翼。

· 德军第10和第15集团军撤退。

· 6月4日，盟军进入被德军宣布为不设防城市的罗马。

安齐奥桥头堡和卡西诺

随着意大利皇室和政府飞离罗马，就算军事局面变简单了，政治局面却更加错综复杂，所幸拉恩博士和领事默尔豪森（Moellhausen）很快建立起一套强有力的行政系统，恢复了罗马的秩序。随后，劳工征募和食物配发由意大利机关在德国管控下开始实施。由于意大利人普遍厌战，我们诸事不顺，只有极个别情况例外；而且，意大利劳工们尽管待遇不薄，却依然不值得信赖。我渐渐得出一个结论，要不是横

---

① 西南战区总司令部由原来的南线总司令部更名而来。由于凯塞林的杰出指挥，希特勒确定了在意大利长期坚守的战略，于11月21日解散了在意大利北部的B集团军群，将驻意德军合编为C集团军群，下辖第10集团军和第14集团军。凯塞林任总司令。南线总司令部也更名为西南战区总司令部。

插进一个不得人心的政府（此为德国大使馆和军队之间产生根本性分歧的唯一问题所在），在意大利的战争实施起来会顺利和高效得多。

我怀着殷切的牵挂，对撒丁岛和科西嘉岛的撤军保持密切关注，亲自责成此事。多亏了隆格豪森（Lungerhausen）将军的才干和驻岛意军指挥官的顺从，我军得以较为平和地撤离撒丁岛。冯·森格尔-埃特林（von Senger-Etterlin）将军最终成功带领两座岛上总共将近 4 万德军及其武器和装备途经厄尔巴岛、来航[①]和皮翁比诺（Piombino）回到意大利。不过有几个小时，巴斯蒂亚港[②]爆发的交战以及从那里驶回大陆的海运令我提心吊胆。

我曾经不顾个人得失，再三请求统一意大利战场指挥权，最后还亲自在元首大本营力主此事。11 月 21 日，我被任命为西南战区兼 C 集团军群总司令，此事才算尘埃落定。为了弥补这个决策姗姗来迟造成的影响，我加倍努力地去查漏补缺。现在我可以放手一搏了，古斯塔夫防线后方和卡西诺山及其中央据点的纵深防御规划，还有隆美尔留下的工事都按照我的需要进行了调整。

经过岁末年初短暂的喘息，古斯塔夫防线正前方阵地的决战于 1944 年 1 月 3 日打响，以法军占领圣维托雷（1 月 6 日）、特罗基奥山（Trocchio，1 月 15 日）、圣克罗切山（1 月 15 日）告终。几个新来的德国师只能慢慢适应意大利特殊的战场环境。失败的主要原因一是适用于高海拔地区的冬服、装备不足，二是众将在山地战的实施问题上存在分歧，我花了些时日才统一了意见。

近几个月来的硬仗令我确信，盟军拼命投入重兵的背后必另有深意。如果仅仅是牵制性进攻，他们的兵力实在是小题大做。我相信过不了多久，亚历山大就会不耐烦这种耗时久、代价高的寸进，迟早会来一场登陆。考虑到敌人一贯的方式，登陆只可能发生在罗马地区，而且明显还会与南边一次进攻相配合。无论哪种可能性，德军都必须保存强有力的机动预备队。我已经回撤了四个摩托化师，希望届时能有足够的时间差遣他们。

1 月 17、18 日，英国第 10 军以优势兵力对加利格里阿诺河防线发动攻势；1 月 20 日，美军第 2 军强渡皮拉多河，也加入进来。我军第 94 步兵师组建不久，没能顶住，敌人气势汹汹地突破卡斯特尔福泰（Castelforte）。德军第 10 集团军预计敌人的攻势会进一步穿过利里山谷，朝着卡西诺山延伸，故而无法投入自己弱小的预备队堵住防线缺口。正如我亲眼看到的那样，第 10 集团军右翼俨然命悬一线。在此形势

---

① 里窝那旧称。

② 位于科西嘉岛。

下——或许还因军事情报局局长卡纳里斯海军上将的一份情报[①]，我妥协于第10集团军司令的紧急请求，为他派去施勒姆（Schlemm）将军的第11航空军以及第29、第90装甲掷弹兵师，命令他火速补救第94步兵师的防线，问题是，这么做果真妥当吗？尤其是我还收到一份同样来自卡纳里斯的情报，称大批敌舰停泊在那不勒斯港口，从吨位来看应是一支登陆舰队。

我一眼看穿了敌军行动的前景。有一点很明显：1月20日美军第2军及法国远征军对卡西诺山北面阵地的进攻乃是直接配合在加里利亚诺河的战斗，为后者创造胜利良机。盟军的二次登陆仅仅是一种预感，时间和地点均无迹象可循，如果我置之不理第10集团军司令的请求，他的右翼恐怕就会被突破，然后天知道到哪里才能止住撤退的势头。这时我就预见了果真在5月份发生的事。如果失控的撤退正巧赶上敌人登陆，后果不堪设想，罗马及其上百万人口会作何反应？我不认为美国第5集团军的进攻仅仅是为了掩盖入侵，而是猜想盟军会等待南边的攻势取得一定进展，不仅能与一次南边的登陆相配合，还有可能以某种合围之势形成局部协同。无论如何，我相信自己猜得八九不离十，即克拉克或亚历山大一定会继续扩大初期在加里利亚诺河的胜利，朝第10集团军右翼侧下手，除非他们迫于我军的反击而中止进攻。要断绝这种后患，折中办法没用，反击必须快准狠。我们需要做到的是，找一个地点消灭敌人的大军，以便能腾出手应付任何新挑战。

与此同时，登陆入侵之虞诡秘地笼罩着我们——空中侦察已近荒废，寥寥几份情报失实且具有误导性。安齐奥登陆前三天的夜晚，我对全体驻意德军下达了紧急戒备令，为此参谋部郑重提出警告，1月21日至22日夜间不停地下达又撤销战斗准备命令会消耗部队的精力。我若听取了他们的警告，就只能自吞苦果。

1944年1月22日，盟军登陆安齐奥－内图诺，最初几小时里充满了焦急，到了上午，我便感觉最凶险的危机已经过去了。除了登陆的盟军自己踟蹰不前，另一大原因是冯·波尔按照我的直接指示，用环形配置的高炮炮组包围了滩头，使得敌人的坦克很难突破，与此同时，施勒姆将军的轰炸机群也一个接一个地出动了，他们的任务是倾巢而出，尽可能飞到最南边，协助高炮迟滞或者阻止敌人推进。我需要寸土必争，但当天下午我在现场发现，下达给空军的命令被人不可理喻地任意更改了，连带拖累了我的即时反击计划。不过，穿越前线期间我成竹在胸：盟军错过了一个占领罗马、打通加里利亚诺河防线的绝佳机会，时间肯定对我们有利。

---

① 安齐奥登陆前夕，卡纳里斯曾向凯塞林保证，盟军短期内不会在意大利登陆。

其后几天的场面乱得一塌糊涂——隶属不同师的部队匆忙并肩而战。除了第 11 伞兵团，我还让第 76 装甲军参谋部、第 14 集团军参谋部各自从亚得里亚海岸和意大利北部转移到桥头堡地域，以便建立一套稳定的作战组织。1 月 23 日第 14 集团军司令冯·马肯森来到我位于索纳特山（Soratte）的指挥部汇报，我告诉他，我认为我方的防守相当稳固，而且不用再防备任何重大失败。我给他交代了两个任务：加强防御圈，缩小和打掉敌军滩头阵地。美军第 6 军在 1 月 25 日和 31 日两次猛攻齐斯泰尔纳（Cisterna），31 日还进攻了坎普莱奥内（Campoleone），可见我的判断是对的——小范围局部推进的敌军损失惨重。冯·马肯森得以无后顾之忧地调集、指导那些在 1 月下旬源源不断抵达前线的增援部队，将其投入作战。它们有：来自第 14 集团军群的第 65、第 362 步兵师，西线总司令部的第 715 步兵师（部分摩托化），东南战区总司令部的第 114 猎兵师，最高统帅部还从国内派来了步兵教导团、第 1027、第 1028 装甲掷弹兵团、虎式坦克营、炮兵教导团等等。

尽管滩头敌军是我心头大患，而在卡西诺东北边，第 14 装甲军的情况需要同等重视。英勇的法国远征军联手美国第 2 军正缓慢而明确地朝着贝尔韦代雷山口（Colle Belvedere）和特雷洛（Terello）过关斩将，终于在 1 月 31 日拿下了这两个目标。这时要反败为胜，只能指靠海德里希将军和巴德将军手中的精锐部队以及同样出色的德军第 211 团和第 71 师。他们不辱使命，2 月 6 日消除了危机，12 日结束了战斗。亚历山大元帅后来点评道：“此战德军胜出。”

即便后来第 4 英印师和新西兰师于 2 月 15 日至 19 日进攻卡西诺山，意图夺取山头和山上的修道院，结果也没有改变。发起进攻前，英军先对修道院实施了一轮猛烈的炮火准备和轰炸，其实轰炸不仅有多此一举之嫌，其后还帮了倒忙。但愿这是我最后一次澄清：卡西诺修道院从未被德军当做阵线占用，只有宪兵守在外面，禁止外人擅自进入。尽管修道院里的艺术珍宝和藏书很早就被转移给罗马教廷保管，但轰炸造成重大平民伤亡，害苦了镇上居民，我们对院长的悲痛感同身受。

这时安齐奥桥头堡激战正酣，美军第 6 军企图向阿尔班山实施突破，而冯·马肯森希望发动大规模反攻前先牢牢控制住阿普利亚。以双方的重大伤亡为代价，盟军多次进攻被击退，而我们通过反击，在 2 月 8 日至 9 日占领阿普利亚，9 日到 10 日占领科罗切托村[①]，盟军反攻未遂。随着此番攻势哑火，美军第 6 军认清了唯一的可能，开始转入防守态势，在桥头堡纵深掘壕固守。尽管德国第 14 集团军没忘记保

---

① Corroceto，安齐奥滩头附近一处制高点，无论对于盟军向内陆推进，还是德军向滩头发动反攻都至关重要，因而成为双方拼死争夺的目标。

持防御措施，主要考虑的依然是进攻。一批数量可观的新部队和补给运达C集团军群，第2航空军同样竭尽全力，集结了一支壮观的高炮，还凑出一支依稀可见当年风采的空军战斗力量。

就算考虑到对方拥有强大的海军舰炮和压倒性空中优势，我个人仍然坚信以我们现有的手段必能将盟军赶下海。我一直惦记着美军第6军部队官兵和参谋人员所承受的精神压力。被关在低洼、凶险的海滩，那滋味想必难受得要命。我们仅靠重炮、劈头盖脸的高射炮及轰炸机，就保证能让敌人的士兵即便在“歇息期间”也不得安宁。眼下倒是遏制住了桥头堡守军，可是投入过多会带来不必要的重大伤亡，过少又意味着桥头堡会前功尽弃。新一批兵力的运输存在困难，需要一定时间。对我而言最重要的是抢在敌人弥补损失和显著加强桥头堡中间位置之前尽早发动进攻。可另一方面，新部队又需要时间适应战场环境。

我和冯·马肯森都摒弃了一个显而易见的分割安齐奥桥头堡的主意：沿海岸线向北实施侧翼攻击。因为那样的话，集结和进攻位于敌海军全体舰炮的侧射火力范围内，又无法得到己方炮火的充分覆盖。不仅如此，沿途乡村树林丛生、地雷密布，会阻碍强大的装甲部队协同。而安齐奥南边沼泽丛生，地形不利，从南边发动侧翼进攻也自动被排除了，于是只剩下阿普利亚到齐斯泰尔纳的地段可选。我同意马肯森的计划：从阿普利亚两侧发动主攻，并以两场助攻支援。

希特勒让马肯森将计划呈报上来，征得后者同意后，他下令由一个刚从德国赶来的步兵教导团发起突击，而且还是在一条相当狭窄的战线开展，以便保证摧枯拉朽的炮火轰击效果。我们也只能为他的瞎指挥付出代价——不过我自己也难辞其咎。就算给我的步兵教导团是虎狼之师，我也不该仅凭空口之辞就接纳，我应该想得到，一个防守本土、缺乏战斗经验的部队难堪大任。另一个弊端是，定于2月16日下午6点半发动突击，时间太晚了，而这个团不熟悉地形，只适合白天作战。总之，该团败得很难看。

我相当确信，第29装甲掷弹兵师或第26装甲师有能力承担突击行动。2月18日，前者在失去战术突然性的情况下从一个不利的阵地发起进攻，一口气打到了82号公路至敌人最后一个桥头堡阵地，即敌人的出发线一带，尽展老牌劲旅的雄风。

希特勒亲自下令发起的第二次突击的失败证实了这一点。我没指望过换个地方卷土重来，就会得到不同的结局，但无权收回成命，因为我也不得不认识到了影响着最高统帅部的政治和军事因素。如果敌人的桥头堡退回出发线，我们确实有机会赢得局部胜利，而实现了局部胜利，第14集团军就能节省有生力量，盟军则会质疑自己究竟能否守住桥头堡。

这次，突击将自桥头堡对面拐角和齐斯泰尔纳发起，由三个虚弱的师担任第一梯队。我们吸取首轮进攻的教训，完善了伪装和佯攻措施，尽管我对这些措施用在这么一片狭窄地域的必要性存疑。

进攻时间起初定于2月25日，因天气原因被迫推迟，结果到了28日还是赶上一场周期性暴雨。和过去每次大战前夕一样，我当天照例视察了部队，其间已经萌生再次延期的念头，但参战部队志在必得，我便顺从了官兵们的意愿，让行动如期进行。事实上恶劣天气对我们更为有利，如果可能的话，很有机会打敌人一个措手不及。反之，敌人将失去坦克支援之利，舰炮和飞机的出动也会受到极大限制。到了进攻发起的日子29日，天气转晴，我们这些有利条件大打折扣，而地面干燥后，盟军坦克却能在乡间大行其道。眼见攻势裹足不前，3月1日下午我下令停止进攻。

3月15日开始，敌人朝着卡西诺地域和卡西诺山卷土重来，拼尽全力削弱我们的防线，倾泻的炸弹达到了空前的吨位，还投入了大量炮火，出动了最精锐的英国突击队、第27、第4英印师和新西兰师。但最后，我军仍占据制高点，第1伞兵师坚守阵地，3月23日—24日英军停止了进攻。

冯·里希特霍芬积极领导下的第2航空队尚未完全从西西里血战中恢复元气，萨莱诺登陆战紧随而至，为我们的航空兵又添重压。我原本担心罗马南边会有一次入侵行动，打算用空军对付罗马附近的意大利师，如今没有必要了，于是航空队转而集中攻击安齐奥的盟军舰队，其间也击沉了一定数量的舰船，但不足以给登陆造成实质性影响。顺便一提，潜艇和鱼雷快艇则彻底两手空空。

战斗到后来，我在空中和地面都亲眼见识了德国空军在兵力和物资两方面的劣势，也能理解陆军的指责，尽管这对空军有失公平。我们或许偶尔能取得地面胜利，但没指望过以区区300来架飞机对抗4000到5000架敌机存在任何胜利的可能。但是毋庸置疑，围绕着安齐奥滩头堡的战斗中，给陆军的空中支援绝非一星半点，高炮的支援更是帮了大忙。冯·里希特霍芬建议冯·波尔负责的空军战地指挥部设在阿尔班山，事实证明这个建议很明智。那里一览整个战场，又远离海洋。在陆军各师里的空军联络官帮助下，空军指挥部得以紧随战场态势，迅速出动对地攻击部队，还能赶跑可恶的敌炮兵校射机。

罗马易手前夕

一些部队指挥官和官兵们自1943年7月就开始作战，9月后更是全体上前线。

尽管将士们尽心尽力，截至1944年3月的战果却无法令人安心。由于双方都损兵折将，有把握认为，决定性攻势降临前会偃旗息鼓一段时间，若想顶住迫近的大举进攻，这期间我们需要大量调集后备军。盟军意在让南部战线与海滩登陆的部队会师，这心思就算尚未实现也是一目了然的。从现在开始，我们必须预料对方奔着这一目标的新尝试，除非他们转而寻求一种代价更小的解决办法：在奇维塔韦基亚或来航一带实施一次登陆。毫无疑问他们开展战争的实力大增，有的师壮大为了名副其实的大兵团。

我相信，发展到今天这种局面，德国宣传部门要负主要责任。他们不厌其烦地嘲讽敌人缺乏主动性，结果刺激对方逐渐调整作战理念，不再遵循着目标有限的计划，步步为营、谨慎前行，而是采用更具鼓动力的战略，并在战争剩余的日子里不断予以完善。那时我想了很多积极有力的办法去制止国内愚蠢的宣传，但也只是亡羊补牢罢了。为了向希特勒和最高统帅部解释留给我的希望是多么有限，我派我的参谋长去同元首详述了我们的困境，归纳起来主要有两点：一，敌人海陆空三军占尽优势，完美协同，入侵不可阻挡，即便是我们苦心营造但没有纵深的海岸阵地也挡不住；第二，我方反击通常被猛烈的重型火炮所击退。在敌军占据制空权的地方，自由行动只有在特殊天气条件或特别有利的地面布局下才有成功的可能。

战斗至今，双方显然打成平手，政治和战略问题依旧不见起色。现在我们还面临经济需求，即让这个战区基本自给自足。

经1943年秋天开始修筑防御工事，上述想法逐渐得以落实。最后，古斯塔夫防线上可能发生交战的地段得到了进一步巩固。我们深入构筑装甲和混凝土切换线、中间及前沿阵地，即使敌人发动非常猛烈的进攻也能被拦截在后方地域。面对一场现代化突袭战，单一的防线只挡得了一时，连纵深阵地也大有失败的可能。正因为明白这一点，我们的布防一直推进到罗马南边的C防线，它穿过阿韦诺扎到达亚得里亚海岸，该地段被我们研究了很久，它能天然地连接上滩头阵地及罗马南边的切换线。

有了这些防御工事，我军战略有了最大程度的施展空间，但仍然受限于盟军制空权和C防线公认的薄弱环节。我们只能接受一个事实，受敌人空军制约的野外机动作战能否成功，完全靠碰运气——无论在晴朗的蓝天还是在洒满月光的短暂夜晚，无论是在崎岖巍峨的山区、开阔的平原，还是在那几条寥寥无几还很容易被发现的公路。C防线只修到第一阶段，紧邻台伯河、阿涅内河与罗马南面，长度也让人担心。不过，得益于洪水和一些技术手段，第10和第14集团军之间的河湖防线有了妥善的保护。而视其薄弱程度不同，北边的毗邻海岸区都得到巩固，充分进入防御阵势。

当务之急是建成亚平宁山脉的阵地，在那边，合格的防御布局还需要好几个月时间。

虽然空中侦察乏善可陈，西南战区总司令部总算在一定程度上摸清了敌军战斗力，并据此对可能的敌军意图做出判断。基本可以排除掉亚得里亚海岸一线遭到进攻的可能性。另一方面，加里利亚诺河及从卡西诺山延伸过来的山嘴、安齐奥滩头阵地都是设想中的主战场，敌人或许还会随之在罗马北边的奇维塔韦基亚（Civitavecchia）一带登陆，在弗罗西诺内（Frosinone）河谷空降，以此实施佯攻或助攻。我估计美军第5集团军和英军第8集团军发起攻势的方式是：越过马约山（Majo）—彼得雷拉山（Petrella）—卡西诺山脉，对我第10集团军右翼发动一次宽广和纵深进攻，同时进入利里河谷展开夹击。法国远征军的角色及其编成、可能的突击穿插方向始终是个重要而危险的未知因素，直到战斗打响四天后才水落石出。

战斗的实施方式被我明确地写入防御指令里，而且我亲自确保它确为全体参谋人员和所有师理解透彻。大体而言，这条防线上的守军都已经以实际行动证明了自身价值。唯有右翼的第94步兵师在过去几场战斗中的表现令我失望透顶，这次如果敌人打败该师并实施突破，我们也能在纵深将其拦下。只要右翼的马约山和左翼的卡西诺山这两处要地在手，利里河谷便能守住。而有第1伞兵师坐镇，守住卡西诺山就有了最大可能。整个左翼则乏善可陈，守备单薄。

包围安齐奥桥头堡的防御阵地堪称理想。第14集团军拥有包括高炮在内充足的预备队，足以独自打退敌人一次猛烈突围，但如果两大集团军内侧侧翼的协作崩塌，C集团军群就危在旦夕了。

空军这边现由戈林直接领导，冯·波尔虽降为高炮指挥官，依然同我们配合得天衣无缝。高炮重点部署在利里河谷、瓦尔蒙内托和罗马。

通信网络同样得到改进，以期全面满足需求。海军司令部受命加强海运补给，用大炮和舰船提高岸防能力。对比以前的标准，包括给养和后方仓储在内的补给情况尚可。

总而言之，为了应对意料之中的大规模进攻，我们力所能及地做好了万全准备，就这样，我静待着挑战降临。

第四次卡西诺之战

如今有四个谜题悬在意大利战场之上，令德军司令部提心吊胆：

安齐奥滩头的盟军什么时候开始突围？

法国远征军进攻哪里？投入多少兵力？

是否有一场空降利里河谷的行动来支援主攻？

罗马地区或者更北边是否另有一场登陆入侵发生？

美军第 5 集团军和英军第 8 集团军发动进攻前的炮火准备和轰炸（第 10 集团军司令部也未能幸免）提前给我们敲响警钟。正如 5 月 12 日上午我亲眼所见，第 10 集团军和第 14 装甲军司令部近乎瘫痪，两名总司令都不在岗，副司令和副军长正竭尽所能挑起重任。万幸的是，令我惴惴不安的空降或登陆在进攻首日就明显没可能了，调动和使用战略预备队的后果因而也没那么危险了。

首日的战斗还印证了我们对敌军主攻方向的猜测。双方激烈厮杀，均损失惨重。糟糕的是，C 集团军群对美军第 5 集团军的编成，尤其是对法国远征军知之甚少。历经凶狠但势均力敌的血战后，利里河南边至卡拉伊山（Monte Cairo）之间的防守败退到精心打造的森格尔切换防线，此时第 14 装甲军的运动开始失控。第 94 步兵师和第 71 步兵师虽顽强抗战，终究寡不敌众，败下阵来。C 集团军群在 5 月 14 日或 15 日做出重大决策时没拿到相关数据，此外，始料未及的困难也要求我必须派出第 26 装甲师去救急。不仅如此，第 94 步兵师违背我明确交代的命令，没有将他们的预备队召集到彼得雷拉山，而是留在沿海，导致未能堵住山峰正面被撕开的缺口，这为法国远征军的山地师敞开了一条康庄大道。

第 14 装甲军右侧每况愈下时，其左翼部队和第 51 山地军逐渐稳住阵脚，第 1 伞兵师也毫无放弃“他们的”卡西诺山之意。为了同第 14 装甲军保持接触，我只得不顾众将士反对，亲自下令第 1 伞兵师余部撤退，可见下级指挥官性格太强势也有弊端。之所以第 1 伞兵师的预备队没有梯队配置在暴露的第 90 装甲掷弹兵师右翼侧，之所以第 51 山地师仅仅是推迟撤退，也是同样的原因。

就这样，为了保持防线完整，第 14 装甲军不得不继续据守防线中间位置，时间之长超过了看似合理的战术需要，其后果是森格尔切换线的右翼侧只能弃守。如果得不到增援，第 10 集团军只有死路一条，这个损失是哪怕安齐奥滩头的第 14 集团军打赢防御战也弥补不起的。而且美国第 5 集团军只要再向前推进一步，就将切割第 14 集团军。一次突发状况迫使我在 5 月 19 日将第 29 装甲掷弹兵师抽调到第 10 集团军，下达命令时我理所当然地以为该师第二天一早就能赶到一处自然条件相当坚固的阵地，然后堵住缺口。

然而天不遂人愿，第 14 集团军司令反对这一调动。20 日晚我返回战地指挥所才听说此事。我理解他不愿意放走自己的预备队，但无法认同他的论点，因为战斗进行至此，尤其是围绕滩头的德军防线也有被北上的美第 5 集团军攻破的危险。为了让这位将军认清他的南翼侧面临的威胁，也为了让他相信我是形势所迫才做出必要决断，我重新配置了战区，让他负责斯佩隆加－丰迪－弗罗西诺内－瓦尔蒙托内（Sperlonga-Fondi-Frosinone-Valmontone）一线。很遗憾，5 月 21 日我到达第 29 装甲掷弹兵师司令部便立即发现该师的驰援太晚了，他们只能在一些没有准备好的阵地战斗，最终以我意料未及的灾难收场。一处绝佳的防御区失守后，泰拉奇纳（Terracina）到丰迪之间几乎坚不可摧的阵地易手，至此美军锁定胜局。

就这样，整体形势变得更加艰险，但还没到不可收拾的地步。到目前为止安齐奥滩头的盟军还没发动进攻。如果第 14 集团军迅速重新部署，尚能将预备队调集到防区内的危险点。不幸的是，直到滩头进攻发起的 5 月 23 日，第 14 集团军几乎无所作为，其司令显然还墨守于自己预想的敌人从滩头阵地突围的方式。可是毫无疑问，美军第 6 军在狭小的包围圈里处境被动，重要的是我们要利用这一点。

经过多番不愉快的面谈，第 14 集团军还是未能堵住缺口，我只好换帅。事实上，这个缺口起初只靠一个营就可以弥补，却在 5 月 31 日以前一直呈扩大之势，结果我们被敌人包抄侧翼，最终罗马也门户大开。当右侧和正面的军队以模范般的勇气奋勇杀敌时，左侧却没有友军并肩而战，这实在是一个灾难。这一时期，第 10 集团军顽强地边打边退，同第 14 集团军形成会合，还让部队穿过山路撤到苏比亚科和（Subiaco）和蒂沃利（Tivoli），创下又一项荣誉。

这场大战自 5 月 12 日打到 6 月 4 日，以罗马和平易手为结局落幕了。自始至终，战斗艰苦异常。幸而除了少数德军部队下场悲惨，大部队总算有惊无险地渡过危机，这是因为将士们确实展示出莫大的勇气。

不管怎么说，盟军取得一场伟大的胜利，而第 14 集团军受到了严惩。

尽管大祸临头，我还是践行了自己的单方面承诺，撤出“不设防城市”罗马。这至少说明，在我眼里，希望犹存，无论那是凭借准确的理解还是直觉。

二十　坚守意大利北方
1944年夏至1945年春

- 1944年6月6日，盟军登陆诺曼底。
- 6月17日，德军撤离厄尔巴岛。
- 6月和7月，C集团军群向北撤退，在新防线稳住阵脚。
- 6月12日，德军撤离比萨。
- 8月12日，德军放弃佛罗伦萨。
- 8月15日，盟军在法国南部实施二次登陆。
- 9月21日，里米尼失守。
- 8月30日，英军对亚得里亚防线发动攻势。
- 9月，德军稳固绿色防线（拉斯佩齐亚以南－亚平宁山脉）。
- 12月，英军进攻波河平原。
- 12月5日 拉韦纳[①]（Ravenna）德军投降。

1944年6月至8月中旬的意大利战局

从6月1日开始，第14集团军步入可怕的崩溃。退到台伯河和阿涅内河后方的师级作战单位衰弱到不堪一击的地步。

第10集团军情况稍好，他们在彼得雷拉山以北进行激烈顽强的抵抗，不但极大迟滞了敌人的前进，还依旧充满战斗力。不过新的困难很快出现：首先，能用于撤退的公路少之又少，且笼罩在敌机空袭之下；第二，军队从罗马和台伯河撤退得太远，

① 意大利东北部港口城市。

一时不太可能快速集中到台伯河西岸。

我信守了将战火引离罗马城的决心，这需要放弃台伯河至海岸、阿涅内河至蒂沃利的防线。不久之后，这两段得天独厚的防线便被盟军切断，因为盟军进入罗马后选择了此地作为下一步行动的出发阵地。现在我们最大的指望不是据河而守多日，而是暂时止住敌人在罗马北边和东西两边的前进。

几个月以来，盟军虽费尽九牛二虎之力攻坚克难，毕竟占领了罗马，赢得一场毋庸置疑的胜仗。我试图说服自己，盟军官兵苦战数周，兴许会在首都放纵懈怠下来，因为非得是极端严苛铁血的军纪才能推动军队力争上游、永不止步。然而我无法完全释然，也不能将往后的计划建立在这一假设上。幸好在台伯河东岸与第 10 集团军对峙的敌军也是慎之又慎，着实让我们松了口气。当我展开地图，立即发觉这一带并不缺乏打一场迟滞战的地利。首先，罗马北边的公路及附近乡村容易堵塞，敌人机动化部队一定会严重受阻。做到这一点，其余一切便好办多了。一次迟滞防御能为前方战斗部队的重组和补充争取时间，我们也有时间将非战斗单位疏散到后方，并调来新的预备队。

当前还无需考虑太多战略问题。可能构成威胁的敌军机动都很容易被发现，我们必然据此制定相应对策。美国第 5 集团军虽然遭受了较小的损失，毕竟跑赢了英国第 8 集团军，如今美军面前是一片适宜机动部队和坦克驰骋的乡村。如果继续前进，通往意大利北部的宽敞公路将完全向美军敞开。而另一边，英国第 8 集团军仍然受阻于地势。

敌人大部分举动在我意料之中。如果 6 月 4 日他们的装甲师沿公路马不停蹄地在一条宽大战线上向前推进，台伯河西边的德军集团军群将面临灭顶之灾，届时我迫于形势，兴许会在仓促间将第 10 集团军的摩托化师从台伯河东岸撤回，以便在特拉西梅诺湖（Trasimeno）[①] 南面或北面建立新防线。不过到了 6 月 4 日晚上乃至次日，看上去没必要开启这么致命的行动了。我践行了自己的决定，将总部留在罗马以北的索拉特山，只是遣走了补给部门，我相信自己坚守在前线能鼓舞士气——6 月 6 日和 7 日，我仍然同在维泰博（Viterbo）一线的部队保持直接联系。

第 14 集团军的任务艰苦卓绝，可如果把握住所有机会还是可以完成。不过，其司令部里还是弥漫着一定的悲观情绪，这情有可原，他们要凭区区两个师对抗美第 5 集团军的三个装甲师和九个步兵师。这样的差距面前，第 14 集团军总司令过于灰心丧气，

---

① 位于佩鲁贾。

却忽略了一个事实：美军要展开部署就必须穿过一条狭小通道，那里只能容纳少量军队并行。与其为引人钻牛角尖的算术题上伤透脑筋，想办法拖延敌人朝这个通道前进更重要，这在罗马北边是有可能的，就算北边再远一点也有机会。举例而言，我们没有在奇维塔卡斯泰拉纳（Civita Castellana）隘口设防就犯了严重战术错误，敌人占领了那里，就首次有机会用机动部队做初步部署，向北面和西北面扇形展开。

应该让后方地区的师向前先后转移到布拉恰诺湖（Lake Bracciano）一线和博尔塞纳湖一线，还是转移到后方地域[1]继续养精蓄锐，这个问题不但一直困扰着第 14 集团军，更困扰着 C 集团军群。自盟军登陆诺曼底后，前一种部署的风险有所降低，后一种部署也有一定道理：有些师的训练水平确实需要如此。但万一第 14 集团军余部未能在形势的不同阶段挡下敌军，敌人势必会形成突破，消灭几个师级单位，再插进那些新来的毫无经验的师，它们都没做好战斗准备，即便在博尔塞纳湖一线也是如此。不难预料，届时我们将全线崩溃。

德军在 6 月 7 日以后的整体战略依然是：1，把从侧方和后方抵达的预备队集合起来（这两个方向的军队正争先恐后地撤退）；2，力争堵住缺口；3，在两翼内侧形成一个坚固的结合部。放弃一定程度的地盘并不要紧，重要的是军队恢复元气，安全撤回那些残损受创的师，令其得到休整和补充装备。

盟军最高统帅部助我们实现了上述行动计划。他们要将军力均匀分配给所有战场，这在 6 月 6 日一目了然，看来不太可能朝我的两个集团军之间的空隙集结。敌人放缓推进的速度，随后法国远征军犹豫不决，我们得以进一步摆脱困境。有理由猜想，盟军完全清楚整体态势，是不会手下留情的；何况根据我们手里的情报，亚历山大兵强马壮。空中侦察固然无法完全拨开迷雾，但所谓“真空状态”必然有误。我随时随地保持着眼观六路耳听八方，心里有数。大后方的道路和乡村其实拥堵不堪，那里纵横交错着补给车队、赶往前线的第二波次师级单位、侧向运动的摩托化师以及那些从战区回撤的部队。

盟军彻底错失良机，他们不派空军前往战场——尤其是战场后方地域，打垮眼皮底下毫无还手之力的目标，也不在德军前线后方实施一次空降来策应意大利游击队的暴动。事实上盟军压根没尝试过在我们后方实施哪怕一次战术空降。

军队刚撤到博塞纳湖（Bolsena）一线，我立即下令在特拉西梅诺湖恢复防御态势。我当然也意识到，不应该在这一地区强行做此决定。但为亚平宁山的防御布局争取

---

① 后方地区是包括有原材料、工业、公路等的地区，后方地域则属于一个作战区域。

时间才是生死大计。

尽管最高统帅部再三禁止我放弃大片地盘，但我比他们更了解局势，所以大体而言，也只能奉行将在外君令有所不受。我估算机会和风险、下达命令的依据是大量的现场考察，而非洗耳恭听上级隔三岔五的鼓动。有好几次，我在战地指挥所同我的参谋长和作战处长研究讨论，甚至进一步同相关集团军司令电话交流，然后授权撤退。除了西西里岛撤退一事，我不记得自己有哪次因为“独断专行”而受过责难。6 月底 7 月初，希特勒不容分说地要求停止撤退，转入防御，我便飞到他的大本营，希望能调和自己与最高统帅部的意见，这次陪同人员是我的作战处长贝利茨上校。我花了将近一个小时阐释形势发展，末了，坚持意大利战场应由我全权处理。作为回应，希特勒努力说服我“以东线大局为重”,讲话时长也不遑多让。我有点失去耐心，慷慨扼要地回复了几句，大意如下：

问题不在于我的军队是战还是跑。我向您保证，只要我开口，他们会赴汤蹈火在所不辞。可我们现在讨论的完全是另一码事，一个更加生死攸关的问题：自斯大林格勒战役和突尼斯战役之后，您还承受得起损失两个集团军吗？万望三思。倘若我为了迎合您的想法而改变自己的计划，那么德国门户大开是迟早的事。而另一方面，我可以保证，只要我没被束手束脚，一定能有力地拖住盟军，至少将其阻挡在亚平宁山脉之前，从而创造条件，让战争在来年以吻合您的总体战略计划的方式进行下去。

希特勒没有再说什么，准确地说，他嘟哝了几句据贝利茨声称不含贬义的话。反正，我得偿所愿。

这次元首大本营之行后，我又和从前一样，埋头于自己分内之事，不过问最高统帅部。这里只提一件事：第 1 伞兵军奋战在佛罗伦萨北边时，希特勒发去电报，严厉批评了两个尝试撤退的师。施勒姆便打算投入他所有的预备队，我当时正在前线，得知此事，立即中断了行程，直奔他的司令部。我禁止他牺牲仅剩的预备队，并批准了更现实、更明智的原计划。这件事上报给最高统帅部后没引起任何非议，那边知道我在竭尽所能、尽心尽力。

我紧张地关注着特拉西梅诺湖西岸的坦克战进程，那里的师坚持了很久，完全超过我的预期。第 10 集团军左翼向来无需我操心，第 14 集团军就需要格外关注，哪怕总司令从冯·马肯森换成勒梅尔森（Lemelsen）将军也没有改观。不是说第 10 集团军的师更优秀或者地形更有利，两个集团军当面的敌人也同样强大，但我能看到，我的指示在第 10 集团军那边得到更积极果断的执行。不过，空军野战师一败涂地，这就是戈林的虚荣心做出的贡献。他不肯放空军地勤士兵补充给陆军，奇怪的是希特勒居然容忍了，他明知此举有多外行。

就这样，我们以机动战术成功建起一条防线，并逐渐进行强化。那时我的目标是在位置更佳的狭窄阵地开展更持久的抵抗，如此便能退出更开阔、更不利的地段，也不损害迟滞战。我咬牙苦苦支撑大局，让军队顺利撤退到亚平宁山脉，总算感觉这番努力受到欢迎，尽管它有时非将军们所愿。

意大利战役期间，陆军自始至终拥有出色的高炮支援。但空中支援在这一时期实际上陷于停止，空中侦察也很有限。

与此同时，潜伏在翼侧的威胁成了最关键的未知因素。自 1944 年 6 月 6 日诺曼底登陆之后，敌人在地中海缺乏必需的舰船吨位，因而暂时不会有深入意大利腹地的大规模登陆。可另一方面，战术登陆之虞却一直存在。6 月 17 日厄尔巴岛陷落，透露出这种危险又开始迫近，否则占领该岛意欲何为？但盟军错失这个千载难逢的机会，我可以暂时放下心头这块巨石了。几个得到休养的师都做好了准备，可以赶赴临近海岸作战处理紧急情况。

没有明显迹象显示战术登陆会发生在亚得里亚海岸，那是我们最没戒心的地方。我同样排除了空降的可能，因为当时盟军所有合适的资源无疑都需要满足诺曼底战场。德国国防军最高统帅部特意下令防守里窝那和安科纳，但以当时的情况，除非这两处港口的防守意义从属于我的总体计划，我才会执行那些命令，后来两地也都适时撤军了。类似这样由最高统帅部特意下达的惊慌失措的命令只会导致自乱阵脚。

特拉西梅诺湖两岸的法国远征军和英国第 8 集团军开始进行纵深梯队集中，6 月中旬到 7 月初，那一带激战正酣，可见盟军在继续开赴佛罗伦萨。我估计他们的目标不会是同我们的亚平宁山脉阵地慢慢耗下去，而是在佛罗伦萨那边快速插入亚平宁山，或者在发现翻山越岭太困难的情况下转变主攻方向，侧翼包抄亚平宁防线最大的软肋：亚得里亚海岸。

这段时期我又上亚平宁山视察了绿色防线的修筑进度，那里的阵地得到了强化，排列也更整齐了。

根据当时亚平宁山阵地防御能力给我留下的整体印象，我感觉盟军不可能将一次系统化攻势立即延续下去，他们的军队负担过重，损失也不可小觑，继续推进则胜算渺茫。

于是，本着在包含亚平宁山区的乡村继续开展迟滞战的观点，我下令守住阿尔诺河一段时间，从而将战火引离佛罗伦萨，愿她免于战乱之苦。我还希望经济地利用手中的师，方式是重新部署和重新装备它们，再调来新部队，这样做的目的是为绿色防线配置一支卫戍部队，应对敌人偷袭。

6月中旬到7月中旬进行的特拉西梅诺湖之战达到了我的战术要求，但在锡耶纳至佛罗伦萨的公路东边，德国最好的摩托化师仿佛珍珠串一般拖成长长一串，只不过他们的确在零星的遭遇战中成功地逐步阻挡下了美军第6军。在原本就乏善可陈的翼侧，美军第4军牢牢牵制住德军宝贵的兵力，为盟军在锡耶纳至佛罗伦萨之间迅猛而成功的突击立下汗马功劳。

7·20事件的影响

7月20日晚，戈林给我的司令部打来电话，我这才第一次听说这桩密谋。1942年戈德勒[①]试图接近我，但没有成功，因为那时我非他们所能企及。无论在前线还是后方，我的军队之中没有因7·20事件而发生骚乱。除了少数几个我后来不得不出手庇护的军官之外，我手下陆军、海军、空军和党卫军官兵听说此事后的反应无不是极度震惊，为此我打心眼里感到高兴。

我从没发现在意大利有任何德军参谋部门和单位涉足过被讨论的政治活动。战事太繁重，军人太重视入伍宣誓中的义务，况且他们对希特勒的个人崇拜根深蒂固，又对他的罪孽一无所知，故而谋逆在这里难成气候。但我觉得，就假设密谋分子得逞后意大利战场会发生什么事做一番推测也不失有历史意义。容我用一句言简意赅的话概括：我统领着很大一部分“共和主义的”陆军、“帝国主义的”海军和“纳粹主义的”空军。从这些形容词能看出三军政治倾向有着天壤之别。很多人狂热崇拜希特勒，一旦后者死亡的消息被公之于众，再呼吁军队保持效忠，势必激起最尖锐的仇恨，引发一场反对叛徒当权者、卖国贼的哗变，进而很有可能演变为流血冲突。即便早在1939年陆军中便存在反希特勒主义的星火（尽管人人都宣誓效忠过），到了1944年肯定时过境迁。新生代年轻人充斥进三军——这代人历经过希特勒青年团运动，愿意全身心奉献给希特勒，这时起，部队的风气便变了样。随着这批孩子成长为各部队主力，偶尔针对德国统帅机关发牢骚显得无伤大雅。他们对希特勒有着发自内心的崇拜，宣誓准备为他奉献生命。即使个别军事将领和少数知识分子有先见之明或者不满现状，倒向密谋集团，准备推翻希特勒，实施起来却需要坚强的思想

---

① 卡尔·弗雷德里希·戈德勒博士，时任莱比锡市长，反希特勒集团的核心成员之一。1944年7月20日谋杀希特勒的事件中，他被内定为政变成功后的总理人员，政变失败后被捕，次年2月2日被处死。

准备。而且，领导负责人对于能否博得盟军同情完全没数，卡萨布兰卡会议可做参考！

如今我们这个国家已经熬过了苦难的岁月，但对于7·20事件参与者和拒绝者毁誉的激烈争论从未停止。无论密谋分子算不算叛徒，我对他们都抱有一份深深的敬意，以至于不怀疑他们背后确实有着无比高尚的动机，唯独少数几个我曾经认识或者现在认清的人是例外。

1944年秋的意大利战局

尽管C集团军群可以满意于成功实现了迟滞战略，就连在佛罗伦萨和亚得里亚沿海等陷入苦战的地段，我军也拖住了敌人，但是，我试图在8月中旬到来前保存实力，迎接亚平宁山的战斗，这番努力还是前功尽弃，原计划为此战方可动用那几个师，实际只在少数情况下行得通。

我的观点是，盟军相继登陆法国北部和南部，整场战争的结局在此一举，我的军队从此撤出意大利这个次要战场乃势在必行。近期东西两线的主战场每况愈下，南线形势同样严峻，这意味指挥官们自身需要极大的自信心，才有勇气去鼓舞士气，激励部队官兵坚持下去。值此危及存亡之秋，南线的计划却因为接连受命让出几个师而付诸流水，部队官兵不禁心生苟延残喘之感。

鉴于热那亚湾很可能发生登陆入侵，C集团军群司令部高度重视与西线总司令部之间的观点整合。我请求国防军最高统帅部为两个战区的内侧翼敲定一份通行战略，但上面东拉西扯，就是不见指令发布。格拉齐亚尼[①]和我本人确实被告之了法国南部海岸防御态势和德国第19集团军的状况，但对于抵抗登陆的建议仍旧一头雾水。作为这方面的老手，我很怀疑大军压境时第19集团军有多大胜算，那边的岸防措施不到位，部队又没有重大战役经验，更不要说敌人还掌握着制空权。很明显，如果敌人入侵成功，第19集团军会被挤到后方的阿尔卑斯山防线，然后由C集团军群被迫接管。我估计敌人不会以重兵强攻阿尔卑斯山区，否则就同他们入侵法国南部的战略背道而驰，但我有更充分的理由预测，敌人有可能为保护自己在意大利的翼侧而从那里发动一次进攻。

事实证明我的推测是对的，但最高统帅部或许评估认为形势大好，始终没有发布指令，连入侵真的降临的时候也没有。我们同第19集团军的联系也中断了，所以

① 时任控制着意大利北部的墨索里尼傀儡政府的国防部长。

我拼命联系它的侧翼部队和分散在山区的第157山地师。海岸区的第48步兵师同我们建立了联系，此后被归入格拉齐亚尼的（意大利）集团军群序列。但侦察突击的结果也只联系上了第157山地师的零星单位。阿尔卑斯山脊多少也算得上边境阵地，我认为占据它对于德军在意大利西北部的后续行动具有决定性意义，而盟军夺取这处居高临下的出发阵地就能集结重兵，狠狠突入意大利北部平原，这意味着盟军能与都灵、米兰地区的意大利游击队联手，还能切断我们在利古里亚海岸的阵地——看得更长远一些，进而很有可能逼得我们机动退出波河平原。我们要在这股势头形成气候前保持阿尔卑斯山脊阵地的完整，直到冬天到来，届时自有天气帮忙。

上述考虑促使我派第90装甲掷弹兵师去清理阿尔卑斯高原的战况，并为第157山地师残余部队解围。原意只是短时间投入这些掷弹兵，尽快用一支阿尔卑斯人的部队替换下他们。结果，我还是暂时花光了预备队。

理论上，进入8月后C集团军群就准备好了应对盟军在亚平宁防线重新部署，可是过了月中，毫无疑问，英国第8集团军正准备包抄亚得里亚海岸，发动一次决定性侧翼进攻。我们虽不知道进攻发起的方式和时间，还是得做好万全之策。前文已经解释过我为了能用上预备队而付出的努力，只不过因最高统帅部一再干涉，这些努力终究如阳光下的春雪般消融了。

8月25日—26日夜，进攻突然降临，第71步兵师正在换防并撤出前线，被打了个措手不及，英军大获成功。第26装甲师很晚才行动，结果开局不利，连带整条战线都受到波及。8月30日—31日夜晚，第一段绿色防线被攻陷了，因为在它后方，整个亚得里亚纵深地段无一处阵地实力相称。

为了抽调新部队去防守亚得里亚，从阿尔卑斯山脉西部开始，沿着热那亚海岸线横贯整个亚平宁山脉的防御很早就在进行重新部署，然而漫长的战线、敌人的制空权、有所懈怠的参谋作业，加之对敌人战斗活动合理的重视都拖延了部队运动。但到了9月初，阿尔卑斯山西部和利古里亚的战线得到了防护；在与绿色防线正面遥相对应的佛罗伦萨北边，危机四伏的第14集团军左翼侧也开始进行巩固。因为第29装甲掷弹兵师、第90装甲掷弹兵师和重建后的第98步兵师这三个老牌劲旅及时赶来，亚得里亚海岸的第10集团军左翼同样得到强化。有了这批军队，我希望能遏制敌人的推进。9月17日、21日和29日几场战斗过后，里米尼战线果然偃旗息鼓，我得偿所愿。

第10和第14集团军内侧相安无事了几周后，9月初，敌人发动了进攻，我军按计划撤到绿色防线。敌人顺势扩大了进攻面，到了9月中旬俨然有了一场大会战的趋势——幸运的是，这场大战直到敌人对里米尼的进攻明显缓和之后才到来。不过那时我便想到，绝对有必要让第 76 装甲师避免接敌，我授权了该师采取规避措施。当月下旬，我下令抵抗到底，希望能迫使敌人中止进攻，这样 C 集团军群才能争取到补救博洛尼亚局势所必需的行动自由。

然而，敌人以叹为观止的精准眼光发觉了第 10 和第 14 集团军结合部的漏洞，并充分利用德军的弱势。那几周里，C 集团军群因地理和战术原因反复调整集团军战区分界线。10 月中旬开始，博洛尼亚南边的形势成了关注重点。倘若失去博洛尼亚到亚得里亚之间的波河平原地段，或许还不是特别危急，但如果博洛尼亚正南面失守，那么博洛尼亚东边的波河平原上所有阵地必然不保，届时为了保存兵力和物力，必须火速撤离这些地方。所以，必须将战斗力最强的师全部投入到那一带的亚平宁山区。

10 月 23 日，我从凌晨 5 点到晚上 7 点一整天都在走访第 10 集团军司令部及前线所有师部，也是在这段时间我遭遇重大事故。通过走访视察，我感觉危机已经过去，而我们优秀的师并肩作战，仍然可以打败敌人，就像 10 月 25 日和 26 日的战斗那样。我的参谋长时常评论说，亚平宁北部山脊能守到现在真是个奇迹。这场战斗持续了八个星期，其中四到六个星期是在不易进攻的乡村进行大战。变化无常的天气在意大利北方持续了整个秋季。战斗损耗巨大，补给缺乏，有时难以运送，而大多数情况下我们都进行了坚决的抵抗。在遭遇德军精良部队的地方，进攻方付出的努力、损失与战果完全不成比例。10月过后，敌人的斩获相较于过去几周在稳步减少，损失却越来越大。他们拥有我们不敢奢望的高精技术武器和铺天盖地的战斗机支援，却对速战速决的胜利渐渐丧失信心，战斗疲劳症越发明显，打击也日渐式微。

亚平宁山之战当之无愧地堪称一页名垂德国战争史的篇章。

亚平宁山战役后的意大利北方局势

我预计敌人将在 1945 年春天对亚平宁山脉整个纵深发动决定性攻势，但挫败他们的心愿已然破灭。然则盟军的长远目标也落了空[①]。但是时间对他们远比对我们有利。过去六个月里接连不断的战事带来了哪些经验教训？又能得出怎样的结论呢？

这场战役厮杀之激烈、人力物力投入之大，都显示出意大利战区对于盟军有着

① 作者注：1944 年 7 月 2 日威尔逊将军下令翻过亚平宁山脉，挺进波河，进而继续穿过波河平原到达威尼斯—帕多瓦—维罗纳一线。

重要意义，连入侵法国南部也不曾降低它的分量。虽然盟军有几个师被外籍部队（巴西、意大利）所取代，近距离空中支援却在短暂沉寂后再次活跃，迅速恢复到从前的力度。倒是海军奇怪地纹丝不动、稳如泰山。与此同时，游击战也随着组织的壮大愈演愈烈。

能看出盟军战略大有长进。固然，他们没能完成最初拟定的长远计划，这是因为明显忽略了利用海空优势实施侧翼包抄或肢解亚平宁半岛的德军。坦克依旧屡屡被用于狭窄的战线上，不过他们的军事行动本身变得更加紧凑，每支军队的任务都能与执行方式相适应，进攻时能在显著的正面和纵深形成主攻。

几支盟军老牌劲旅的战斗力和战术日臻完美。炮兵和坦克对步兵的支援进一步得到了侦察机、炮兵校射机以及近距离对地攻击机的一流协同。技术手段发展到了高水平阶段，并被运用得游刃有余。但是更低一级的部队中，指挥官的主动性不见明显进步，这一短板也没有用先进高效的通信网络来弥补，这种通信网络能实现五花八门的设备（它们弊大于利）之间共用无线电频率。还有利于我们的一点是，敌人还保持着对部队传统权利的尊重，即无论当地形势好坏，前线部队总得呆够一段时间才能被替换。其实盟军官兵急需休整，补充兵员也同样需要适应和训练过程。不过，对盟军而言，削减德军的休整期、干扰其恢复元气、阻止德军大量囤积军火和燃油也越来越重要。

经过在亚得里亚和在博洛尼亚的战斗，有理由推断接下来将有一场针对德军主力的钳形攻势。而挡在盟军面前的波河及其桥梁如此重要，盟军空军肯定会千方百计摧毁我军交通线，这一手恐怕会对我们在 1945 年春季的补给和作战产生致命影响。

因环境有着天壤之别，我们很难在亚平宁半岛东西两侧展开协同作战。整个西侧都无法同轴策应必然是敌人重点突击对象的东侧。意大利东部呈长方形，掩盖了很多困难，热那亚前线的部队晚一步脱离战斗就有灭顶之灾。此外，仅够防守山区的部队到了平原后就连同精心修建的公路网一起被葬送了，而撤到提契诺（Tessin Line）还有一段漫漫长路——意大利西北部游击队横行，成为悬在撤退过程中的另一大威胁。与此同时，虽然整个意大利西半边的战略价值微不足道，军工厂却是一个麻烦的优先考虑因素，它能一票否决任何快速撤离西部的心思。冬季那几个月里，尽管我们一直警惕着敌人空袭工厂和以桥梁首当其冲的交通线，但确实没有理由认为意大利西北地区存在任何来自海上或阿尔卑斯山西部的危险。不过那里的德意军队实力不济，大约四个师肯定不能被留在一处毫无胜算的前哨阵地；相反，提契诺防线以及后来的阿尔卑斯防线都需要他们，尤其需要其中的德国师。没有这几个师，第 14 集团军右翼堪忧。但是，如果为了掩护该集团军右翼侧，就有必要撤走一些部队，达到收缩第 14 集团军和第 10 集团军兵力的目的，它们失血过多，不可能守住自己的防线。于是，一个兼顾了上述各方面考虑的行动计划应运而生，它将在代号“秋雾”下达的第一时间启动[①]。这时只剩一个困难：选择一个最佳心理时刻启动。

意大利战线东部，至少在伊松佐（Isonzo）以东同可能的进攻地域没有内在联系。如果（勒尔将军的）E 集团军群右翼的撤退将南斯拉夫暴露在敌人眼前，陷 C 集团军群于同铁托或苏军开战的危险，那么戈里齐亚东部地区就变得至关重要。届时有必要坐西向东再建一条防线来保护我们的侧翼；如果 E 集团军群拿不出这样的军力，那就没戏了。但即使 C 集团军群撤走自己的左翼部队，或者被迫朝菲拉赫[②]方向后撤，恐怕也难逃双线作战的局面，这是 C 集团军群的兵力难以承受的。在苏军隐隐逼近之前，E 集团军群兀自在巴尔干过着与铁托的游击队小打小闹的日子。1943 年开始，西南战区总司令部负责防止的里雅斯特、伊斯特里亚、阜姆港[③]遭到海上登陆入侵，但刻意忽视了保护南斯拉夫和意大利不让敌人从东边及南边进攻的可能性。到了 1944 年秋季，苏军对南斯拉夫的威胁越发明显，我针对卢布尔雅那（Ljubljana）两边易于防守的乡下阵地开展勘察活动，防御工事也冒着猖獗的游击队陆续动工了。

这时期，南欧急需一套简化的指挥链。如果能设立一个全面、共同的司令部，以留意各集团军群结合部空隙为首要职责，那我不反对将意大利东部整个亚得里亚地区的防务移交给 E 集团军群。如不能，那纵使百般不利，也只能维持现有局面。

上述考虑符合 C 集团军群的计划。第 10 集团军和第 14 集团军即将撤退，如有必要，边战边退到波河后方，再到阿尔卑斯防线后方。

我相信最高统帅部和希特勒会同意这些办法，不然在波河南北两边，忙碌了整个夏季才大功告成的阵地便白修了。

德军成功挺过了过去半年的难关，以优良传统和战场经验克服了诸多短板。如果指挥官和下级军官们都需要训练，但愿严冬时节能提供这个机会。我们最大的困难仍然是缺乏一切空军的作战行动和对地支援，这不是强大的高炮、探照灯和其他权宜之计能弥补的。交通线必然因为地域收缩更加脆弱，而瓶颈地（比如布伦纳隘口）亦是风雨飘摇。补足武器、弹药以及最紧迫的燃油短缺的问题依然悬而未决。

对个人和部队而言，极度轻视临近的斗争是掩耳盗铃，但人若因为害怕最坏的

---

① “秋雾”（Herbstnebel）是 1944 年下半年德军计划撤出意大利波河平原的行动代号，同时期德军在西线准备发动的阿登攻势，即“守望莱茵”行动最初的代号也是“秋雾”。请读者注意区分。

② Villach，位于奥地利。

③ 克罗地亚西北部港市里耶卡（Rijeka）的旧称。

后果才纯粹被困难驱使着做事同样不对。如今主要问题是，既然我们未能守住亚平宁山脉，那么应该现在就退守到波河一线，还是等到盟军进攻前夕再退？或者应该像现在这样，守在一个随意、无从选择的阵地静待决战到来？

我拿定主意，哪怕有强有力的后卫掩护，1944 年晚秋还不能立即脱离战斗，规避运动瞒不了敌人的侦察机和情报部门多久。就算乡村环境和天气诸多不便，盟军也能追上来，来年开春就能对波河防线发起精心准备的进攻。我们应该以大片环境恶劣的地域招待他们——该地域在纯战术层面对于空战的作用和经济方面的原因，使得它在各方面仍然具有最为重大的战略价值。出于这些考量，我也不能启动“秋雾”行动。

同理，我还决定不接受关于现有防线的问题，那是在毫无胜算的牌局上拿意大利战场的未来赌博。因此，在我们防守兵力的短缺还没到可以忽略不计的地步时，仍然要坚持某种“迟滞战略”。我特意用“某种”一词乃是因为形势会决定战斗性质更倾向于防御还是撤退。

如果C集团军群定下了步骤，接下来的问题就是想办法尽可能节俭地撑过冬季。整个前线的“命门”莫过于博洛尼亚南边的阵线。在其他任何地段，敌人进攻并突破我军防线，或者增强了自身阵地，那也只对局部有重要影响。博洛尼亚则不然，尽管其东边坐拥上好的地利，如果敌人从它南边的亚平宁山脉发动进攻，形势就会逆转。那边一旦发生重大失败，可能就会提前陷整个防线，尤其是陷第 10 集团军左翼侧于被动。加之我决定绕过博洛尼亚，令其免于战火劫难，军事处境可能会因此更加艰难。

那么国防军最高统帅部和希特勒又持何种态度？

希特勒在 10 月决定反对“秋雾”行动时，我并不意外，其实还正中下怀，我已经率先向最高统帅部提过这样的建议，权当试探性地提前告知他们形势发展以及可能引发的后果。立即发起“秋雾”行动确实有违于我深信不疑的一件事——行动难度这么大，事前必须深思熟虑，明文制定出精确的日程表。所以，我无法接受自己在 10 月提出的建议被一口拒绝，我也有信心在形势到了千钧一发时让他们回心转意。不管批评者怎么说，我坚持认为，从加里利亚诺河到亚平宁山脉持续了六个月的战斗不仅仅是寸土必争那么简单。我还认为自己一直能做通希特勒的工作，将陷入极端困境的手下部队解救出来，避免全军覆没的下场。所以我才乐观地相信自己的规划在关键时刻是可以实现的。

冬季那几个月里，我料想最高统帅部不会过分干涉行动的实施，约德尔在那边给了我鼎力支持，他一向理解我的处事方式，这次也不例外，而且他能以顺着对方心意的方式令希特勒为不可避免的事做好准备。可即便如此，我也难免偶尔受到斥责。不过，希特勒知道，对于他的指示，我若是明白其必要性，必竭尽全力去执行；他也知道，我若在大量深入地调查过后另有打算，他下达的死守命令也束缚不了我。我不止一次表明了自己的独立。希特勒交代下来的任务逐渐超出了我能动用的资源范围，这时他也不得不顺着我的意愿。虽然最高统帅部也急于做大量工作去改善意大利战场的补给，然而考虑到德军在东线和西线这两大主要战场上庞大的投入，C集团军群极度怀疑统帅部的打算能否实现，也制定了大量自力更生的办法，但这些办法效果难料。

1944年秋冬季，最高统帅部从意大利战场先后调走了如下七个师，具体如下。另外两个战场的处境可见一斑。

1944年9月：第71步兵师；

10月到11月期间：第44步兵师；

12月：第356和第710步兵师；

1945年1月到2月：党卫军第16装甲掷弹兵师；

3月：第715（摩步化）师、达到一个师级规模的三个伞兵团。

在这里我重申，我认为自法国遭到入侵后，削弱意大利防线是正确的，我甚至提议抽调走更多的师。但据我判断，不顾军力损耗和补给困难而一味墨守陈旧的战略计划乃为大忌。1945年3月10日，我最后一次把这个意思表达给了希特勒。

1944—1945年冬季

1944年10月21日，我同施佩尔部长[①]详细探讨了意大利经济自给自足的措施，在参考了最高统帅部滔滔不绝的琐碎意见后，当晚我们达成共识。

10月22日我在第10集团军总司令部再次与施佩尔举行会晤，讨论该集团军防区内的要务。顺带一提，施佩尔说自己在法国都未曾见识过这么猛烈的炮火和空袭，这话听在我们耳中甚是有趣。

小睡片刻后，10与23日凌晨5点我便启程驱车，从右翼开始挨个走访各师，所到之处都受到了欢迎。我为官兵们打气、提建议，有几次还帮忙部署预备队。视察留给我的印象是难关已经过去了，我们能守住亚平宁山脉北坡。

① 时任德国武器和军火生产部长。

我头顶着持续了一整天的英军飞机袭扰坚持到下午晚些时候，从博洛尼亚沿主干道驶往弗利（Forli），赶去视察最后两个师。途中经过一支车队时，我的汽车撞上一门从支路突然冒出的长管炮。结果，人虽幸免于难，但严重脑震荡，左边太阳穴被割出一道触目惊心的裂口。

这次车祸不久后，故事在军中演变为“元帅安然无恙，大炮报废了”。不管传成什么样，其实我当场昏迷，被人抄着七拐八弯的路送到费拉拉（Ferrara），在那里一直躺到第二天上午才恢复意识。两名医学专家比克尔·德拉康和滕尼斯已经被叫到病榻前。给我打了一针后，一路陪同的参谋部军医尼森上尉突然厉声警告：“头别乱动，这是命令。”

我谨记在心，以至于连手指头都不敢动。

第二天，红十字会负责人厄尔岑（Oertzen）夫人前来探望。我对自己满目疮痍的脸耿耿于怀，在她走进房间时冒出一句：

“您知道什么是真正的仁慈吗？”不等她开口，我又说:“就是敢看我这副模样。”

希特勒和国防军最高统帅部都对我的伤势深表关切。有好一阵，比尔克·德拉康不得不将治疗情况日日上报给元首总部。在机械主管博伊姆勒少校主持下，我被固定住抬进一架鹳式飞机里，从费拉拉飞到里瓦（Riva），又从里瓦到了梅拉诺（Merano）

在家疗养了两周后，1945 年 1 月 15 日我在奥地利巴特伊施尔（Bad Ischl）一所脑科医院接受了全面体检，然后回到意大利雷科阿罗（Recoaro）的 C 集团军群总部，此时距离我离开已近三个月。我无比信任代理总司令冯·维廷霍夫的能力，但无所事事地躺在距离前线一步之遥的地方依然令我无比焦灼，感兴趣的人可以想象既要振作，同时又忧心忡忡，就不难理解了。如困囚笼期间，我曾问过一位前来探望的教授，当初是否更应该让我在费拉拉长眠不醒，这位朋友以他特有的直言不讳回答道:“照你现在这个样子看，没错。”

不出所料，我一回去便发现盟军已对我军防线持续发动消耗性冲击，虽然只取得一些局部胜利，起不到决定性作用，却磨去了我军锐气。除了上文提到的那几个师被调离，我发现还有重大的人事变化，2 月 15 日，毛遂自荐的赫尔将军接替维廷霍夫成为了第 10 集团军司令。尽管我有些忧虑赫尔头部受过重伤，但还是予以充分信任，而他同集团军参谋长贝利茨亦是合作无间，贝利茨能力出众，对我的方法总能心领神会。1945 年 1 月底至 2 月初，还在康复期的我出访了集团军和各师司令部，同几乎所有师长进行谈话交流，我急切地收集可靠数据，用于制定战役关键阶段前的决策。通过这些详尽的讨论，我大体上了解到了如下形势：

在阿尔卑斯山西部——即利古里亚指挥部的防区，预计之中的冬季间歇期已经被打破了，尽管那只是零星无效的敌对行动。由于受西边和南边的整体局势所限，就算冰雪消融后，一场大规模攻势也无需我们提防。

第 51 山地军把守的第 14 集团军防线段相当平静；按照圣诞节期间（冯·蒂佩尔斯基希将军的）第 14 装甲军的命令，我军在塞尔基奥河谷完成了一场佯攻，结果揭露出了盟军次要防线的脆弱，也充分证明了海拔 1800 米的贝尔韦代雷山（Belvedere）对于防守它东边的战线有多么重要。而要守住博洛尼亚及其北边、西北边的交通线，第 14 装甲军防区内的阵地至关重要。简而言之，有一部分防线需要重点关注。

在第 10 集团军防区，近几个月以来，科马基奥湖南边越发危急。敌人还成功刺探了艾米利亚大道（Via Emilia）。如果英国第 8 集团军攻破那边的防线，并以相对弱小的兵力牵制住面向南边的德军部队，第 14 装甲军和第 1 伞兵军的撤退就危险了。不过，位于科马基奥湖的第 10 集团军北部防区因菏泽泛滥和地雷密布而进一步得到扩充，进攻那里极为艰难。

河湖屏障后方的阵地特点带来一种新的防御格局，其纵深更显著，可以降低敌人炮击的效能，同时还能为我们战术运用坦克提供更有利条件。

海军的任务逐渐具有了陆战的性质。我向勒维施将军建议过创建一支用于陆地行动的部队，在陆军协助下进行训练。他欣然赞同。

和过去一样，德国空军在意大利的任务一是保护交通节点和重要通道、隘口，二是为集结地域和预计中的关键防守地域的交通瓶颈提供空中掩护。对地侦察的范围被压缩到只剩巴掌大，对纵深的侦察效率自然大打折扣。我们的空中力量只剩一副骸骨而已。虽有少量现代化侦察机，例如阿拉多 Ar234[①] 就比任何敌机都先进，它们带回了一些有用的情报，还能揭露些许敌人后方和前线附近海域的秘密，但也于事无补。包括驾驶德国高速战斗机的意大利机组在内，寥寥几个战斗机小队偶尔突然现身，带来的惊喜聊胜于无。盟军的空中入侵者如今持续不断地飞临德国南部和奥地利，它们会在返航途中遭到我们的成功截击。

维持北方的意大利军工业越来越重要，因为其生产产出输入了我们这个无比受限的战场。然而那次秋季会议上，我对施佩尔坚持要求意大利战场自给自足时，他掩饰不住自己的怀疑。事实上，由当地大区长官霍费尔组织的给养体系自身是无法满足需求量的。

---

① 二战后期德军使用的一种喷气式轰炸机 / 侦察机。

军官和士兵们斗志依旧昂扬，比我预计的好多了，连私下谈话里也无人认输，大家完全知道必须坚持下去。我对部队的实力较为满意，只不过其中有几支的训练状况值得我琢磨。

眼下更要紧的问题是武器、军火和燃油，还有最窘迫的毫无制空权。

决战大幕已拉开，无论我们采取迟滞还是撤退的防守方式，至少都部署下了严阵以待的地段和阵地，对付敌人突袭，这断绝了在波河南边迎接决战的可能。这时期我的师仍然在陆续被调到其他战区，最基础的补给品运输很少能持续运行。尽管如此，起初希特勒仍固执地不肯调整命令，改善形势。但几周过去了，我的计划也没被否决，我便相信在这关键时刻，自己能和过去一样对症下药、处理局势。

很遗憾，在设立一个统一指挥机构的问题上，希特勒还是拿不定主意。这个问题一直放在最高统帅部那里审核，他们承诺及早定夺，但是再无下文，原因无从知晓。我几乎有种感觉，希特勒在忌讳一个遥远战区里由一人独揽大权。

令我大吃一惊的是，就在皑皑白雪之中，精良的美军第 10 山地师突然进攻了“静态的”德军第 232 步兵师左翼侧，贝尔韦代雷山的制高点迅速沦丧。这次突袭预示了一次钳形穿插的方向，而我为春季制定的整体作战计划都可能因此毁于一旦。千钧一发之际，为了保障 C 集团军群的要害——通往博洛尼亚南边的波河平原门户还在我军手上，我唯有出动第 29 装甲师，该师当时已得到了几周的休整，这是一个不得已的艰难决定。几番短暂但激烈的厮杀后，尽管敌人的进攻停歇下来，第 29 装甲师也在将近三周的血战里伤亡惨重，以至于失去了作为战略预备队的意义。

后来，到了 3 月 9 日，我被希特勒召去，并被任命为西线总司令，3 月 10 日正式上任。自那以后，我再次见到 C 集团军群已是 4 月底，意大利战场并入我的指挥区后。

意大利战役之盘点

若要在战争结束多年以后重新审视意大利战役，就必须解决两个争论：从军事角度看，在意大利持续两年的纵深梯队防御是否可行？该战略在当时是否能博取最大收益？

下文的剖析中我会忽略所有政治因素。前文已明确提过，意大利在一个错误的时机加入了战争，既无人要求也无人乐见。德国反而非常希望意大利保持中立。战争面再有丝毫过度扩张都将置德国于极为不利的境地，首先在于德国战争潜能不堪重负，补给和战略问题也会随之而来。但是过早放弃整个或部分意大利是否为上策呢？如果我们把调研限制在军事领域，答案就会呼之欲出。

如果德军撤出意大利全境，仅以阿尔卑斯山为界防守帝国，这并不会经济地利用有生力量，反而给了敌人朝着法国和巴尔干随心所欲运动的机会，也意味着牺牲一处不可或缺的纵深战场，放任空战蔓延到德国南部和奥地利全境。

类似的道理，撤出意大利南部和中部，只从亚平宁山脉和阿尔卑斯山开始防守，既不会节省人力物力，也不会显著降低海上登陆和空降的威胁、遏制空战蔓延。

无论全部还是局部撤离，补给线的危险都有增无减。

对于有把握一举成功的撤退行动而言，准备工作应该早到1942年至1943年就着手，可那时因为政治因素也是不可能的。

我的结论是，意大利之战不仅是合理的，甚至是必需的；它的问题是，无论做了什么看似最有利于自己战区的事，都有不顾总战略计划之嫌。当然，如果只图尽早结束战争，那么不管有何机会可以攫取一场半政治半军事的胜利，地中海战场都是多此一举，只是这个观点我无法苟同。

鏖战意大利两年下来，因为各种原因，终以我们损失惨重、防线崩溃而黯然落幕。但战役本身不是洪水猛兽，它帮助维持了战争的整体局势，正如下面几个积极面所显示的那样：

意大利战场牢牢牵制住了盟军兵力，倘若这些军队投入到决定性的东线和西线，恐将为德国带来非同小可的不利后果。

我们守在一块弹丸之地，却深深牵动着海、陆、空作战行动。放弃太多地盘，直接或间接的代价或许是其他战场和德国本土将付出超过意大利战场的鲜血和物资损失。直到战争临近结束前，德国南方在方方面面依然免受战火荼毒，可见我们抵抗力的作用不可估量。

自诺曼底登陆发生后，意大利沦为次要战场，正如十个师先后被撤走以及其他例证所显示的那样。另一边，敌人被牵制的兵力还和从前一样——即使在编制构成和素质方面做了一些调整，大量物力资源也动弹不得。上述情形下，还是在敌人把持着绝对制空权的时候，防守意大利仍然具备可能性，这可以被任何客观的历史研究者视作“能够到手的最大收益”。要知道，对我们而言，重获战略主动权是痴人说梦，失去的地盘再也夺不回来。可以说，倘若1945年4月战斗还有可能不受柏林方面命令的妨碍，最终结果或许更加显赫。

二十一　意大利的游击战

- 抵抗组织问世。
- 1944 年 6 月后，游击战在意大利全面爆发。
- 游击队的成就。
- 建立“游击战战时机构”。
- 国际法层面。
- 游击队的所作所为。

前言

如前所述，意大利参战非德国所愿。无论是海上、陆地还是天空的征战，她都要向德国求援，而后者也伸出了援手。为了盟友那致命的利益，德国的士兵、水手和飞行员们奋战在北非、突尼斯、西西里和意大利南方，抛洒无数鲜血。意大利武装力量数量远远超过我们，打仗却远不如我们顽强，几乎无一例外。有时还明显心不在焉。因为友情，这一切我们忍了下来。而当轴心联盟崩塌，意大利在盟军全力支持下宣称了“游击战”，从此形势就变了。这场从问世到发展都违背国际法的战争泯灭了曾经的战友情谊，代之以最残酷和血腥的兄弟阋墙。

游击战的发展

自巴多格里奥政府上台后（1943 年 7 月 25 至 9 月 3 日），创建一套抵抗德国武装力量的基层组织便从初露端倪变得昭然若揭。蒙泰泽莫洛上校无疑是幕后推手，而这位伯爵是巴多格里奥的副官，所以有充分理由相信，这些亡命之举完全得到了意大利政府的首肯。而那时，意大利仍旧振振有词要继续同德国并肩战斗。

意大利倒戈后，间谍网和破坏组织呈壮大之势，他们在协助盟军战俘逃跑等方面出力不少，而盟军战俘们则与盘踞在山区的意大利士兵相策应，帮忙建立了第一个游击队组织。组织成员中一帮恶棍被放任发展成了祸害意大利良民的罪魁祸首。在1943年秋冬，一些单独行动、不成气候的小团伙（主要由逃跑的意大利战俘组成）频频出没于第10集团军后方，通常还想方设法地越过前线。游击队开始成为灾难是在1944年4月以后的亚平宁山脉两边，尤以佛罗伦萨一带最为猖獗，他们在那边破坏我军补给线，这就有必要动用军事手段对付他们。

1944年6月罗马陷落后，游击队更加猖狂，程度远超我预料。这时，游击战可谓全面爆发，其燎原之势在前线至亚平宁山脉这一带尤其显著。我们估计这时期游击队成员从几千人增加到约十万人之众。这种扩张是巴多格里奥和亚历山大通过广播煽动的结果，也是意料之中的德军步步消亡所致。从那时起，游击战真正危害到了我们的军事行动，除掉他们成为生死大计。

断断续续进行了一些代价不菲的战斗后，游击分子在1944年至1945年冬季有所收敛。休战协议、平静的前线、赦免政策以及冬季气候都导致了游击战陷入沉寂，当时游击队规模可能下降到数万人。

但德军司令部不会心存幻想。果然，随着山中冰雪消融，他们以更庞大的规模再度活跃，在1945年三四月鼎盛时期人数多达20万到30万。

手段更高效，甚至可以说更野蛮残酷的地方团伙位于伊斯特里亚和伦巴第东北地区，前者受到巴尔干游击战的影响，后者以戈里齐亚周边和阿尔卑斯山区北边为核心。这些游击队主要目的除了常见的袭扰军队，还有扰乱和妨碍经奥地利菲拉赫进入意大利的德军补给线、东南边通往南斯拉夫的交通线。在阜姆－的里雅斯特－戈里齐亚一线，东部山区民众大多是游击队同情者。

游击队通常是地方性的，但随着战事变化，也能看出他们开始有组织地运转。

游击军的组织

根据海牙公约中关于陆战法规的条款1，游击军组织早期一大特征是：完全没有以任何形式负责的领导层。不过后来，几个头目的名字逐渐为人熟知，他们在这方面也有了改进。

对德军司令部而言，以下事实在其后几个月里越发清晰确凿：

游击活动最高负责人位于盟军司令部里，因此我们推断那是一个由意大利人和盟军共同把持的控制中心，活动推手是情报官员，但他们也越来越多地受到作战行动分支机构监视。只要不是单干，破坏、侦察人员（这些人往往是罪犯）要通过盟军联络官员同盟军总司令部进行联系。

早到1944年4月，那些所谓某某旅的组织就被我们察觉，但它们更像有名无实，直到当年秋季，猖獗地区的游击队才算有了纪律严明的组织和领导层，亚历山德拉（Alessandria）一带便是例子。这些由前军人为核心的团队对下级各单位实行军事化指挥，但他们活动范围小、战斗力低，补给起初主要来自当地民众违心的资助，人员方面则通过飞机空投或潜艇运送进行补充。

游击军事组织主要呈现如下三种面貌：

第一类：受过职业训练的“侦察部队”，以极小的规模现身，信守彼此的誓言，团结一致，是一群将个人安危置之度外的勇士。除了有违国际法，他们行事无可挑剔。破坏行动成员同属于这一类群体，但是他们猖獗地违反人道主义，突出表现出了犯罪性质。

第二类：乌合之众。抢劫的、谋杀的、不分时间地点趁火打劫的——一群民族败类。

第三类：游击军的中坚力量。随着时间推移，他们越发具有军事组织性质，视所有德国人和法西斯党员为仇敌。他们或多或少地从当地民众中谋求到了一些支持。他们的活动地区都存在被游击队占领的村庄，有些地区甚至男女老少全体与之勾结，或直接战斗，或暗地帮忙，或心存同情。这些民众的行为是缘于自发或者迫于轻微的压力，结果都一样。当一颗子弹杀死一名德国士兵，我们不可能区别动机。同时期也存在整个地区仅仅是“面临游击军威胁”甚至“不受游击军影响”的情况。

游击队合在一起，呈现的面貌就是一个三教九流的大杂烩，有同盟国、意大利和巴尔干国家的士兵，有德国逃兵，有来自各行各业、道德观千差万别的男女老少平民百姓。结果，爱国主义往往是这些人发泄卑劣冲动的托词罢了。

游击战的手段

游击战完全违背了国际法，也与所有“干净地进行军事战斗”原则相抵触。

首先难辞其咎的是领导者数量和素质欠缺，这使得任何统一组织和训练都无从谈起。相反，南欧人性情放浪不羁，他们的“爱国使命”掺杂着无内疚可言的残酷本能。

他们永远偷偷摸摸，在山里山外，波河河谷、丛林、公路横行无忌，四处为非作歹。在对军事设施、料场、铁路、公路、桥梁、通信线路的累累破坏行为，以及同样猖獗的反人道罪行中，绝大多数都出自这伙人之手。从开冷枪、绞杀、溺毙，到焚烧、冻死、钉上十字架等各式酷刑，别忘了还有朝井水投毒以及不断攻击红十字成员——纵观整部游击队犯罪记录，可以看到无一日消停。

游击队员向来无标志上身，隐藏武器，或者装扮成德国人或意大利法西斯党员，从而逃脱真正的制服所代表的义务——这也是违反国际法的。所有这些伎俩都使得犯罪更简单易行。

结果，人们把怒火宣泄到我们头上，因为在重灾区，德国士兵禁不住要从男女百姓中辨识出混迹其中的狂热刺客，要防备从每一座房屋射来的子弹。总之，这是全民或帮助、或纵容，共同编织了一套能置所有德国士兵于死地的预警系统。

这伙人只在个别情况下接受公平战斗。一旦暗地里行恶完毕后，或者感觉实力不济只得作罢，这时他们便混入人群，或装作无辜的户外旅行者。

真到了正面战斗的时候，他们将人类的一切道德抛诸脑后，面对当地居民时尤为如此，所以可怕的平民伤亡事件屡见不鲜，更不要说法西斯党民兵的伤亡。

因德军士兵分散在纵深地区，而所有类型的人员下落不明一律被简单列为“失踪”，故而无法精确统计我军在这方面的损失。据我的情报参谋报告，1944 年 6 月至 8 月大约有 5000 人被杀害，2.5 万到 3 万人受伤或被绑架。在我看来这一数字过高了，我自己根据一些口头汇报估计了更接近实际的伤亡数字：同时期至少约 5000 人被杀害、7000 到 8000 人被杀害或被绑架，还应再加上等值的最大受伤人数。不管准确数值几何，德方单是伤亡数就远远超过各个游击队损失总和。

反游击战

按照轴心国和同盟国都签署过的《海牙公约》第 42 条定义，游击武装冲突初现时，意大利算“被占领的领土”，故游击军不具备《海牙公约》第 2 条[①]生效的前置条件，从一开始便不在国际法适用范围内。

---

① 《海牙公约》中的关于陆战法规和惯例规程第 2 条规定，“未占领地的居民在敌人迫近时，自动拿起武器以抵抗入侵部队而无时间按照第 1 条组织起来，只要他们公开携带武器并尊重战争法规和惯例，应被视为交战者。”

但是，敌人以完全无视公约第 1 条的方式实施游击战。[①] 基于该条款文本，德国军方采取一切遵守《海牙公约》或“战争惯例”的对策都是正当的。

从我读过的游击队历史或一手资料里，我可以得出结论，游击战是一种堕落的战争，其实施手段如此诡谲莫测，迟早要同成文或不成文的国际法则相抵触，几乎可以准确预见，交战双方都将陷入最丑陋的罪行。

因为完全清楚这些情况，德国武装力量对游击战避而远之——唯一例外是 1945 年 4 月的“狼人”宣言 [②]，这属于党卫队和纳粹党高层的行为，绝非一个有说服力的反驳例证。德国武装力量在和平时期未曾受过这类训练或教导，因而在意大利对付这种不断增长的威胁，显得措手不及。此事要求从我做起，大力干预，让军队指挥官像对待前线战事一样重视反游击战。

1944 年 5 月以前，在前线地区，反游击战专属于党卫队“帝国领袖” [③]，他的话在德国官方定义的“游击战地区”便是金科玉律。但我主张，对敌军和对游击队的作战应为一个不可分割的整体。最高统帅部不顾党卫队的强烈反对采纳了我的意见。于是 1944 年 5 月初开始，我被授予意大利战区反游击战的最高权力。涉及这方面事务，“党卫队和警察最高长官”直接听命于我，执行我的指令，不过他能在自己的职权范围内自主地实施反游击行动。这样的安排虽有政治交易之嫌，也不太符合军事要求，却切实可行，从此我们在“党卫队和警察最高长官”指挥部里的游击战事务部开设了一个有用的执行机构。

在作战区和军事海岸区，反游击战由对应的集团军司令负责。

“对游击队的侦察”基本上由 C 集团军群、陆军情报处和党卫军指挥，由党卫军保安局负责执行，陆军各司令部予以配合。党卫军保安局与秘密战地警察按规程开展同样的合作。原则上，反游击行动由高级官员指挥，此人无论出自陆军、党卫队或警察系统，承担的具体职责丝毫不受影响。

在其他方面，如下程序逐渐成为通用规则：在各军、各师的后方地区或负责的

---

① 第 1 条规定，具备下列条件的民兵和志愿军和军队一样要遵守战争的法律、权利和义务：1. 由一个对部下负责的人指挥；2. 有可从一定距离加以识别的固定明显的标志；3. 公开携带武器；4. 在作战中遵守战争法规和惯例。

② 1944 年夏秋在德国败局已定的大背景下，根据希特勒、希姆莱等人命令，党卫队从未被征召的成年男性以及希特勒青年团中组建的一支武装抵抗力量，用于在敌后方或者战败后在占领区实施暗杀、破坏活动，该组织得名于 1945 年 3 月 23 日纳粹宣传部长戈培尔的演讲，他鼓动全体德国人民组成游击队，拿起武器，全民皆兵，此即“狼人宣言”。

③ 指希姆莱。

海岸区，反游击事务负责人为军长或师长。他们根据部队驻扎情况进一步划分责任区。在集团军的后方地区，交通线指挥官和固定指挥所一样有权指导反游击事务。

这套组织系统适得其所、行之有效，原因恰恰在于它不僵化。

对于C集团军群下令的大型反游击行动，独立指挥机构下的独立单位或混编单位要做好战斗准备。这时候，绝对兵力非决定性因素，但很适宜抽调一支分遣队对付游击战。

起初我们对步兵单位还算满意，但冲突扩张和升级要求持续加大大炮、迫击炮、坦克、火焰喷射器以及其他技术性武器的使用。一些训练有素、装备精良的人员就地组建为“特遣突击队”并进行操练，以便能在一个有效的组织指挥下，在整个后方随时随地直接予以反击，这个指挥组织同时还要应对敌人空降，并且利用羊肠小道、村庄入口或防御工事布局等地利因素发挥基层部队的作用，这样可以防守后方地域，抵御突破而来的敌军。

德国曾在1942年基于东线的反游击经验发布过游击战手册，但始终没有下发到部队，因为那时意大利游击战还不成气候，等到了严重的地步，参谋人员和部队官兵已经处于巨大的生理和精神压力之下，于是也不可能研读这份材料了。

因游击军活跃在远离罗马的大后方，对前线部队无直接影响，统帅部易于等闲视之。一些撤往大后方或者驻扎在大后方的排遇袭后打来报告，但它们很晚才能送达，悄无声息地淹没在激烈的前线战报里。高层掉以轻心，基层缺乏经验，再加上确信无疑的关键一点：这种非常规战争有扩大之势，上述因素促使我下令采取一切可能的手段制止游击战，至少也要限制其扩张势头。这些手段有：

由警方监视抵抗组织核心以及后来衍生出的非法组织；与罗马教廷、教会里的意大利亲王、政治领袖、政府首脑以及其他有影响力的人物开展合作，采取怀柔政策；改善民众福利；特赦；减免军役、劳役以及运往德国的货运；广播宣传。希望这样能停止敌对行动，至少能局部、暂时停止——事实上有几次的确实现了。

到了1944年6月，我很清楚游击军恐怕会严重影响我军撤退。遂亡羊补牢，下令以等同于正面战场的方式对付游击队，如坦克、大炮、火焰喷射器等一度专用于前线的武器如今只要有可能帮助快速解决危机，随处皆可使用。而最好的部队便是能恰到好处地投入到此类战斗的部队。

通过这般积极行动，还投入了训练有素的部队，我希望反游击战不至于因为一些军纪松散的单位（我认为它们只会引发骚乱）而恶化为肆意复仇。这种战争有其特殊之处，必须讲究战术规则。战地侦察之前，得先持续开展一次前期“敌情侦察”，它不适合由军队承担，于是留给受过专门训练的保安局和秘密战地警察。任何行动要达到战术突然性并取得成功，必须保证最严格的保密。除非对方奋起反抗，否则抄掉一处游击军隐蔽窝点起不到实际作用。我们先封锁对方活动区域，然后要么从全方位围困之，要么靠突击部队从某个固定的边界线发动攻击，这套办法久而久之成了规程。

残缺的不确定意识和攻击倾向促使我们研发了一套防卫敌人伏击的良策：与其坐以待毙，等着敌人躲在某间屋子开枪，不如主动制服潜在的狙击手，手段是朝那间房屋射击或者喷火，直到敌人丧失行动力为止。这是唯一能确保后背不吃枪子儿的办法。如果想避免后方地区的严重损失，保护补给车队和疏散伤员途经的漫长公路线尤为重要。

鉴于这伙人行事如此毒辣，很多时候可谓丧尽天良，有一段嚣张时期，我下令狠狠运用武器，去遏制我们高到离谱的伤亡——有些士兵一定程度的漫不经心和妇人之仁难辞其咎。除非想自寻死路，反游击的战士们需要扭转某些潜伏着杀身之祸的天然情感。

我放弃了使用轰炸机，尽管那样做效果最佳，但这是原则。在有人居住的地方我不能承担伤害平民的责任。经验也告诉我，我的体谅不会收获多少感恩。但如果还是无法全面杜绝游击战，将来我也不得不抛弃这样的顾虑。

事实上，由于暴动或游击战的特殊性质，某些对策是被有悖于前线士兵利益的国际法所允许的。不幸的是，海牙公约陆战法规还不够明确，在若干处使用了“战争惯例”这样模糊的措辞来掩盖公约的欠严谨。有待进一步阐明的问题有：人质和杀害人质；报复行为及其性质、程度和比例；集体措施及前提条件；紧急状态法令和司法程序。

这里必须清楚的一点是，国际法中存在模棱两可和漏洞，才导致了当时一些热点事件最终铸成无可避免地大错，并造成双方受害者的死亡。由于国际法存在不同的解释——好比欧洲大陆国家和盎格鲁-撒克逊国家之间就解释各异，要一个坚信自己国家对于国际法的解读的担责指挥官缴械投降，这是不合情理的。上述提到的许多行为，例如报复，都属于意见上的分歧，必须由担责指挥官对具体案例进行彻查后方能做决定。

按德国的规定，只有师长及以上级别的将领——这些拥有专业顾问的人有权下令实施报复，这样能充分杜绝轻举妄动。

然而事实在于，一个恶劣到不惜性命，只图有仇报仇的士兵相比于吹毛求疵的检察官或者安坐于审判席上的法官，两者有着天壤之别。

游击战的蔓延及所作所为

陆军情报部门会整合所有战场区域的大事小情，绘成地图、配以索引每日上报。

从这些日报里能看出，游击活动一直呈蔓延之势，特别事故率上升到每日五六起。破坏铁路、仓库和堆场的行为或多或少呈现出局部化和日常化的特点，其他游击活动取决于前线形势。突然袭击事件的地点和频率变化不定。

随着游击军的组织扩张，“受威胁”“被占领”地区也在成倍增长。不过，只有游击军直接配合军事行动的地方才是心腹大患。

自战争开始以来，德国士兵就被控犯下累累暴行。各类事件被当做审判的主题，而结局几乎无一例外是判处死刑。在这些判决面前，最后辩白自然也无处可说。

即便考虑到夸大其词的成分和意大利人生性放纵，考虑到前共产主义势力施加的压力，必须承认，当年德方同样存在龌龊。但一个事实也不容掩盖：给德国军人定罪的案件中，只有个别几桩有令人信服的证据。对于发生在意大利的暴行或恶行，游击分子、新法西斯组织和德国逃兵团体都有份，而该归到德国军事组织账上的罪责（如果有）只占到最小的比例，或许还有很多事件是掉队士兵自保过当所致。

发人深省的是，这些不法行为中，只有极少数（约三到五起）是通过正式途径上报给我的。墨索里尼告诉了我一些德军针对平民的犯罪传闻，按我的坚决要求经过德方调查后，结果都是莫须有或者添油加醋。究其原因，部分可以用核实程序有别解释，而核实程序的差异源自对公约条款存在不同的解读（比如涉及到诉诸报复的限度和手段的条款）。自相矛盾的证据比比皆是，但德国军人还是被轻易判处死刑，因为所有判决都建立在这样一个前提下：德方目击证人宣誓过的证词不可信，而另一方靠刑讯逼供套取的证词自动成立。

可能会有人反驳说，德军许多罪行秘而不报，被掩饰甚至掩藏住了，这作为个案或许存在，因为战争中什么事都有可能发生。但是我建立过一个特别汇报和监测网，有了它就能杜绝长时间瞒报，所以我必须对任何一概而论的说法持有异议。这个网络还得到了意大利当局和教会传递给德军部队和参谋部的信息加以补充，我自己也经常突访德、意两军部队、指挥部和仓库，更别提我的“特派员”哈特曼将军也有监督措施。另外，宪兵、秘密战地警察和战地轻步枪团也保持着密切监视。

我相信其他任何地方都不曾采取过这样的防范措施来维持纪律、保护民众。在我管辖下，倘若有恶行和腐败行为败坏了军纪、军队声誉，损害同轴心国盟友良好关系，或者最严重的一种：破坏了当地民众安宁，我会在它们刚露出苗头的第一时间狠狠加以干预。通过这种方式，我能在极短时间内决然遏止第 14 集团军明显的堕落趋势。

凡此种种，倘若暴徒们在战争期间或战后仍然被《海牙公约》签署国的政府正式认定为爱国者、英雄，那就只能意味着对公约的蔑视和对世间一切正义的践踏。

第三章

无条件投降始末和我的审判

二十二　西线总司令

· 1945 年 2 月 23 日，美军进攻鲁尔河。

· 莱茵河左岸失守。

· 3 月 7 日，美军在雷马根夺取一座完好的莱茵河大桥。

· 3 月 10 日，凯塞林担任德军西线总司令。

· 3 月，美军在雷马根建立桥头堡。

· 3 月 22 日，美军在奥彭海姆（Oppenheim）渡过莱茵河。

· 3 月 23 日，英美联军在韦瑟尔（Wesel）渡过莱茵河，开始进攻下莱茵河地区。

· 3 月 28-29 日，曼海姆、威斯巴登和美茵河畔法兰克福陷落。

· 4 月 1 日-18 日，德军 B 集团军群在鲁尔口袋被包围，随后投降。

· 4 月 4 日，卡塞尔陷落。

· 4 月 11 日，维尔茨堡陷落。

· 4 月 16-20 日，纽伦堡之战。

· 4 月 18 日，马格德堡陷落。

我的走马上任

1945 年 3 月 8 日，一道命令让我前去向希特勒报到，但绝口不提事由。

次日临近中午，我来到柏林的总司令部。当着凯特尔和约德尔的面，我得知自己转战西线，取代伦德施泰特。我指出，意大利战场仍需要我，况且我尚未完全康复，这么重大的使命未必非我不可。他们聆听了我的异议并深表理解，但认为自己肯定无法说服希特勒改变决定。

当天下午我与希特勒的会谈（起初只是私下会面）证实了凯特尔和约德尔的判断。

他详细介绍了整体形势，然后告诉我，雷马根大桥失守迫使西线必须换帅，他没有指责冯·伦德施泰特，只是将他的出发点解释为：更年轻、更积极主动，且具有对战西方盟军的经验和自信的指挥官或许尚能力挽狂澜。临阵换帅的难处他都了解，但我就算没有完全康复也必须接受这样的安排。他相信我会竭尽全力。

接着他描述了大局，我只能略作归纳：

对东线的决策：东线有一处崩溃就意味着全面溃败，但那边集中了我们的全部防御力量，他对结果有信心。他预计敌人的主攻方向在柏林。

他告诉我，舍尔纳的中央集团军群最近在捷克斯洛伐克和西里西亚打得气势如虹。得到增援和适当的补给后，他们可以挫败一切进攻。布塞和他的第9集团军坚守在中央集团军群左翼。希特勒预计第9集团军会首当其冲成为苏军重点突击对象，遂为其补充了大量兵员、物资并加强防御。

希特勒对中央集团军群的评价同样适用于位于其右边的伦杜利克的南方集团军群。尽管伦杜利克的左翼有可能卷入大决战，但对于右翼，希特勒只预计有助攻。

第9集团军前线装备精良，布塞有足够的步兵、装甲兵和反坦克部队，更不消说，他还有集团军属炮兵和一支加强的高炮部队分布在纵深处，它们由最好的炮兵将领指挥；还有坚固阵地及其各种难以逾越的障碍，尤其是重点战线的正面和后面的河湖防线、柏林四周的环形防御阵地、用于逐次撤退的阵地。

苏军绝对无法突破这道防线。希特勒亲自确认了其防御力，还与炮兵指挥官们进行了深入透彻的磋商并取得令他满意的结果。

不过在第9集团军左边，海因里奇的集团军群必须得到加强，尽管希特勒预计那边只有次要的突击。

勒尔的东南集团军群不太重要，希特勒为它过去的表现所振奋了，相信勒尔在维廷霍夫及其西南集团军群的协同下会继续拖住敌人。他希望维廷霍夫能得我真传。类似地，他也不担心库尔兰和挪威。

西线已苦战数月，美军、英军和法军同样蒙受了巨大损失。一旦东线得到巩固，必要的补充兵员会逐步供给西线主力。尽管他也拿不出新的师，但如果能不间断维持人员和物资输送，我们依旧还有时间重整精疲力竭的西线部队。敌人不会无视我军所固守的天然屏障。薄弱点是雷马根，亡羊补牢刻不容缓，而他对成功有信心。

战争进行到这个阶段，唯一的问题便是争取时间，等到第12集团军和新式战斗机和其他新式武器以庞大的规模投入战场。

德国空军屡战屡败，备受希特勒指责。如今希特勒亲自接手了技术指导，要亲自确保空军的成功。

海军总司令邓尼茨元帅的新型潜艇即将崭露头角，它们将极大地改善形势。

他对国内人民超凡的努力和耐力赞不绝口。

武器生产由军备部的绍尔进行协调。希特勒暗示自己相信绍尔能满足战场对武器产量的基本需求。但是一部分产出不得不转向正在组建的新部队，它们会是战争期间面世的最优秀的德军。希特勒将亲自负责，令其拥有一流的指挥。所以，问题仍旧在于争取时间。

希特勒阐述了几个钟头，讲得头头是道，对细枝末节的了解程度令人叹为观止。

会谈结束后，凯特尔和约德尔进一步同我详细谈了具体事宜，解答我的问题，令我对西线形势有了更清晰的了解，但困难如故。

我的使命很清楚：坚持下去！而更让我担心的是，眼下我只能坐镇幕后，指挥西线，名义上我仍留在意大利。

西线局势和初步措施

1945 年 3 月 9 日—10 日夜间，我驱车来到位于齐根贝格的西线总司令部，在意大利辅佐过我的参谋长韦斯特法尔详细介绍了他眼里的局势。

前线主要特点是：敌军在地面占据着人员和物资方面的巨大优势、在空中把持着霸权。

在缺乏后备兵员和补给的情况下，我军 55 个弱小的师面对的是美、英、法军共 85 个满员师。日报表显示我军步兵师兵力从建制的 12000 人下降到 5000 人；另一方面，寥寥几个装甲师日报兵力在 10000 人到 11000 人之间。大体而言，这意味着每公里战线上最多有 100 名战士。至于后方的情况，即使预备队微不足道又要如何退出前线。如何守卫西墙防线上大量发射掩体，均已无暇谈及。伦德施泰特明白东线的走势，已经放走了手中的 10 个装甲师、6 个几近完整的步兵师、10 个炮兵团、8 个烟幕弹旅以及其他很多部队。上面许诺过西线会弥补回来，但目前一点影子也没有。韦斯特法尔告诉我，他根据报告和个人观察，相信士气依然普遍高昂。厌战情绪当然也在所难免，官兵们牵挂家乡父老，但一如既然地恪尽职守。他们明白保持东线后方的自由这一任务有多重要。韦斯特法尔认为自己尽可以断言，每个西线士兵都知道自己是保家卫国的一分子，正在为从俄国人手中拯救东部省份的同胞做贡献。有了这层觉悟，再加上知道存在无条件投降这条后路，这便是我们团结在一起，坚守至今的关键之道。

晚上，我在电话里坦率地对最高统帅部表达了我的看法。据我设身处地所见，形势远比别人描述的更严峻。我告诉他们，有鉴于此，我的要求必须得到最大程度满足。

3月10日下午，我会同空军西线司令部的施密特将军详细探讨了空中形势。施密特告诉我，尽管合作融洽，但他的司令部与德军西线总司令部非隶属关系，地面战场的利益和防空战有时存在冲突。施通普夫的帝国航空队自然也无法一直兼顾好陆军利益。有待解决的问题太多，而办法太少。此外，盟军的制空权，德国空军地面组织的缺乏与缺陷，新式喷射动力飞机在技术和操作两方面的困难，鲁尔河谷变幻莫测的春季天气，汽油和零配件的短缺，高炮炮连机动性不足，炮手缺乏训练，都是摆在空军面前的难题。

我建议施密特重点关注两点：一，进行合理的集中出击，这对眼下雷马根地域的形势很有必要；二，空军和海军加强一切努力，摧毁雷马根大桥及其附属浮桥。

3月11日上午，我访问了B集团军群及其总司令莫德尔元帅，还会晤了第15集团军的冯·灿根将军（von Zangen）及手下的指挥官们。他们估计美军两个步兵师和一个装甲师的下属部队已渡过了莱茵河，而我们在那边凑不出相匹敌的人马去抵抗这批美军，更麻烦的是在美军桥头堡周围，我军阵线翼侧薄弱。弹药供应同样吃紧。除非能大批量地加快补给和替换速度，否则清除美军桥头堡的前景黯淡。

前线后方也不容乐观。总而言之，除了忧心忡忡认清形势，我束手无策。

当天下午，我继续赶到下莱茵河地区的H集团军群，在伞兵集团军的战地指挥所见了布拉斯科维茨[①]。会谈留给我的印象是H集团军群倘若能得到至少八到十天时间重整装备、布置阵地、调集补给和进行休整，那他们是有信心的。他们也乐意承担防守莱茵河的任务。

在荷兰的军事行动由布卢门特里特（Blumentritt）的第25集团军指挥。布卢门特里特的军力单薄，难以胜任，几支战斗力最强的部队正确地配置在左翼战斗，施勒姆的伞兵集团军接手了左翼至鲁尔的防务，预计将承受主战场的全面冲击。在利珀河与鲁尔河之间，沿河分布的军队更弱，但尚能撑住（不幸的是，事实证明这种看法过于乐观），有实力的那部分被留作预备队。

我把所有听来的消息汇集起来，形成一个不错的印象，伞兵集团军在（法国）

---

① 时任H集团军群总司令。

兰斯西边精彩绝伦的表现尤其令我印象深刻，所以我感觉自己可以满怀信心地期待预计发生在右翼的战斗。

直到3月13日，我才走访到莱茵－普法尔茨，在当地同G集团军群举行会谈，该集团军群一左一右分别部署着第1集团军和第7集团军。两军都认为形势险恶，但如果机动预备队能上，那么仍有一丝希望。第7集团军正忙着构筑摩泽尔河防线，防线左侧发生了激烈的拉锯战。

3月13日晚上，我对局势有了一个粗略的个人印象，可惜时间紧迫、战线漫长，再加上我旧伤未愈，不可能走访前线单位，收集一手信息。不然，我本来可以更加确切地了解到局势和军情，或许还能得出不同的决策，这实为一桩憾事。

我所了解的形势如下：

在萨尔布吕肯两边，德国第1集团军当面的敌人重兵集中于雷马根地域；

有迹象显示在德第7集团军右翼侧，当面的美军第3集团军正加大集中力度，并在伞兵集团军当面进行集结；

在特里尔南边，德第1集团军右翼受到持续猛攻；荷兰防线、鲁尔以下的莱茵河段以及莱茵河上游防线明显被敌人忽略。

因盟军正在进行编组，很难琢磨其意图，存在以下可能：

1. 扩大在雷马根侥幸取得的胜利，要么将西线德军一分为二，以最短的路线同苏军建立联系；要么限制向东的推进，从南面和东南面进攻鲁尔，但后者可能性不大；

2. 以莱茵河西边仅剩的德军堡垒——萨尔－普法尔茨为目标，发动一次合围攻势，肃清G集团军群，进而渡过莱茵河，获得一个对南德开展军事行动的出击基地；

3. 英军发动进攻，强渡我伞兵集团军正面的莱茵河，建立一座桥头堡，进而据此获得三个方向上的战略可行性。

与此同时，敌人一直坚持不懈地向雷马根输送资源，以维持进攻，扩大桥头堡，不过有决定意义的高地还没有完全被他们控制。

对G集团军群，尤其是针对第1集团军的进攻已经降临。第7集团军防区的情况尚不明朗，但有迹象显示敌人准备对这两个集团军正面防线发动攻势。另一方面，对H集团军群的攻势比我们曾预计的迟来了一步。

总而言之，敌人占据兵力和物资两方面的优势，他们的空军控制着战斗地域的天空。一番艰苦卓绝、代价不菲的战斗后，我军只得后退到河湖防线和尚且完整的西墙防线后面，随后只有少数余部得到重组和重新武装。必要的预备队要么还没建成，要么远水难救近火。

最致命的危机在于，雷马根需要越来越多、源源不断的增援，仅此事便几乎耗尽拨给西线总司令部的援兵和补给，牢牢吸收了各地一切资源，这导致其他几个集团军群的重组、休整和整顿不说无法开展，起码也变得举步维艰。事实上，面对第一批强渡莱茵河的敌军，我们的阻击并不顽强凶猛，否则本可以相对轻松地快速修复防线，而整条莱茵河防线的命运就维系在我们能否消灭或控制住敌军桥头堡。

我们自己在莱茵－普法尔茨的桥头堡对于抵御侧翼包抄进攻是个天赐良机——必须预计到，敌人下手之日近在眼前；不过摩泽尔河是个不错的屏障，对岸是便利的乡村，西墙防线和第一集团军正面地域一时半会儿也无法被突破。而西普法尔茨及沿途天然阵地同样易守难攻，给了我们机动防御的机会。一切取决于能否将必要的增援和预备队在正确的时间调到正确的地点，但是缺乏一切大规模机械化预备队令前景晦暗难料。

德国空军拥有相当可观的高炮，人们对混凝土炮台进行简单摩托化，从而部分弥补了高炮的巨大损失。这种办法能改造很多高射炮，但有待改造的更多，因为它们几乎是我们手头唯一的远程火炮，可以帮上大忙。由于弹药供应情况好于陆军炮兵，高炮部队成为了前线的中坚力量。

这就意味着要刻意进一步削弱已经力不从心的国土防空，但反正高炮也无力提供有效的防空，而且敌人空袭重心已经从城镇和工业中心转向交战区域和军队活动区域。权衡利弊后，我只能优先保护前线和交通线。

飞行员们尽了最大努力，却连士气也输掉了。他们信心尽失，机场遭受的空袭和不良天气令他们萎靡不振。或许采取一定措施，仍能恢复曾经灵巧的对地支援，德国空军仍然能重新焕发旧日荣光，只是如今是否为时已晚？

补给情况很糟糕，在有些地方甚至很危险。更棘手的是货运列车的抵达是不确定的，于是不可避免地导致了分拨出错。铁路交通网损毁严重，进一步延伸线路是否也会陷入瘫痪，实在难以预料。

此外，前线后方初现崩溃的苗头，引得人心惶惶“失踪人员”数字是个揪心的迹象，说明溃烂正在蔓延。多地民众的态度也证实了上述趋势，其中以莱茵－普法尔茨和萨尔两地尤甚。连军队参谋人员之中也开始风传政治话题，这种现象悄悄地破坏了团结一致抵御外敌的决心，并在基层滋生出失败主义。

但是我的命令也毫不含糊：坚持到底！

将近三年零三个月的节节撤退后[①]，连希特勒也放弃了坚守莱茵河的决定，转而下令收缩前线，希望靠地形弥补连他也知道的军力羸弱，他的目标是争取时间，直到稳住东线战事，直到新式武器和新组建的师投入战场。至于萨尔－普法尔茨，他对经济方面的考虑很有道理：失去西里西亚后，鲁尔和萨尔成为支撑战争经济的两大支柱。另一个考虑因素是，随着敌人逼近莱茵河，萨尔的化工厂、莱茵兰的重要军工厂（例如路德维希港）只能关闭停产。

若为“为争取时间而战”，在德国纵深实施迟滞行动不失为一个办法，但这相当于疏散工业区，而疏散工业区在当时还未予考虑。

为此，我们要做到：

守住莱茵河和萨尔－普法尔茨堡垒；

除掉或缩减敌人在雷马根的桥头堡。

再访元首大本营

鉴于萨尔－普法尔茨的局势越发严峻，1945 年 3 月 15 日我再次同希特勒进行了探讨。

希特勒大体上同意我的建议。

他批准了第一集团军右翼侧撤离西墙防线，后撤至中间位置。

雷马根处境之艰难，他不是没有意识到，但仍希望为缩小桥头堡继续拼一把。这时他提到鲁尔、萨尔，以及莱茵河与美因河之间的工业区的重要性。

他告诉我，一个完整的师正从丹麦赶过来，但他能承诺的仅此而已，才不至于危及他组建新军，进而将战争延续下去的规划。另一方面，补充兵员、补给物资（尤其是坦克）不日就将大量到位。空军的增援在一段时期内没有指望了，不过他已着手加快生产战斗机。

3 月 15 日到 16 日夜晚我驱车返程途中有一种感觉，希特勒顽固地相信我们在东线还能翻盘，而他对西线正在发生的事既不意外也不特别担心。他理所当然地觉得，一旦东线得到巩固，他就能用从那边解放出来的师和新组建的师解困西线。他同样确信自己所下达的增加补给命令能得到一丝不苟的执行。

事实大相径庭。

---

① 原文如此。

丹麦师没有完全形成战斗力，而且派来得太晚，所以我根本没考虑过该师能用于雷马根，它在中途又不得不火速赶去增援受困于卡塞尔地区的第 11 集团军群。根据报告，补充兵员和补给品在源源不断地抵达，但那只是涓涓细流。

我没有时间去彻查此事、揪出担责者——该是军需总长、管辖征兵单位的官员及其部下、军备部、铁路运输系统或者集团军群自己呢？

普法尔茨沦陷

1945 年 3 月，普法尔茨、雷马根到了危如累卵的地步。第 7 集团军右翼被切断；敌人正进攻奥彭海姆方向，如果同时再以坦克大军对沃姆斯－路德维希港方向上的克罗伊茨纳赫（Kreuznach）形成一次突击，恐怕将置整个 G 集团军群于险境。另外，普法尔茨中间两个集团军的内侧已被突破，被迫退向中间，并被局部包围。很明显，普法尔茨是守不住了，"自由行动"也没指望了。

因极度重视急转直下的形势，我在 3 月 16 日—17 日、21—22 日期间四次前往普法尔茨。很多事情都取决于第 7 集团军的作为，他们必须知道，他们的战术将决定第 1 集团军的命运，而不是后者的需求调节他们的运动速度。第 7 集团军任务艰巨，但单纯从战术观点看，第 1 集团军处境更艰难，全赖守在莱茵河一线的左侧翼枢纽，这就必须调整向中部撤退的步伐。普法尔茨森林成为焦点和枢纽点，保住它对于后来的机动必不可少。

在我的司令部里举行的一次会议上（那次会议被一阵空袭短暂打断过[①]），我正同施佩尔部长、劳士领先生[②]探讨问题，有报告传来，称美军坦克已到达凯泽斯劳滕。而一个好消息是第 7 集团军右翼以绵软的抗击拖住了敌人的前进速度。我亲自确认了施派尔（Speyer）和盖默斯海姆（Germersheim）两地的莱茵河桥头堡是巩固的，它们得到了高射炮的有力加强。于是自 3 月 16 日开始，我夜夜都能观察到后卫部队从那边源源不断撤回了莱茵河东岸。我们的空军受命不惜一切代价也要阻止施派尔方向上任何从莱茵河北边冲过来的敌人，令我如释重负的是，幸而敌人还没推进到这一步。

---

① 作者注：和我的司令部之前遭受的三次空袭一样，这次敌人一定也对参谋部的作息一清二楚，此次空袭的第一波轰炸发生在午餐时间，目标直指食堂和我的起居室、书房。

② 赫尔曼·劳士领（Hermann Roechling），二战时期的德国钢铁业巨头。

撤往莱茵河东岸的最后几天，行动由各军长和师长自行掌控。多亏他们奋力克服了不计其数的困难，比如交通拥堵，比如水泄不通的公路、小道和村庄所遭受的敌机空袭，马队、汽车和通讯线路陷入瘫痪。第 1 集团军参谋部功不可没，当 G 集团军群和第 7 集团军不得不在莱茵河东岸建立防御时，第 1 集团军参谋部自 3 月 21 日起便接管了莱茵－普法尔茨地区所有部队的指挥权。3 月 21 日我军撤出路德维希港后，只剩下施派尔、盖默斯海姆和马克绍[①]三处桥头堡还可以守住，供最后一批殿后部队通过。3 月 23 日，我下令撤离这几个桥头堡，3 月 24 日到 25 日撤退结束。

萨尔－普法尔茨突出部特殊的自然条件适宜敌军行动，敌人选择了在第一时间发动进攻，却未能充分利用机会开展钳形运动。

敌人的坦克勇猛、甚至可以说鲁莽地进攻了第 7 集团军右翼。显而易见，盟军采用的战术是快速发起一系列单独行动（可见他们摒弃了在意大利战场甚为突出的按部就班、步步推进方式），而且他们具备灵活的指挥能力，将坦克悍然投入到明明不适合大规模坦克战的乡村。我抱着在意大利乡村的类似经验，没有料到美军装甲部队竟赢得这么快，尽管部分原因要归结为德军精疲力竭，无力抵挡。然而令我惊讶的是，美军既然取得突破，却没有开拓利用这个短暂的机会，在空军支援下切断 G 集团军群在几座莱茵河大桥的退路，进而将其歼灭。正是因为美军错失良机，G 集团军群虽然损兵折将，令人痛心，但仍以相当可观的兵力撤回莱茵河东岸并据河而守，建立一条新防线。

对于盟军攻陷普法尔茨，当数他们的空军最功不可没。

至于德军兵败如山倒，这是当初我同 G 集团军司令和师长们谈话时始料未及的，我试着解释几点原因：

官兵们已经连续征战数月。三令五申“不准后退”的命令导致精兵良将和宝贵物资装备的大量损失，难以弥补。非但如此，希特勒还横加干涉，这是他对前线缺乏了解的明证，我们的时间就在等待他的指令被撤销或调整过程中白白流逝。战斗不是稳坐于办公室里就能指挥的。

完全适当地考虑到我军将士创下的彪炳战绩，过去几个月艰苦的防御战造成的巨大生理和精神压力也远远超出我基于亲自了解所预计的程度。提前恶化的形势和宽大的战线令我不可能走访前线单位，倘若我知道第 7 集团军左翼侧和第 1 集团军右翼侧的实际情况，我会更加坚决地要求希特勒更改我的任务，哪怕结局不会因此

---

① Maxau，位于卡尔斯鲁厄。

有本质不同。汽油和弹药配发量低得惊人，而且无论运动战还是决战，皆无法定时供应。美军的进攻来得太早，以至于我们的预备队还没完成集结。

允许撤离一部分西墙防线的命令下达得太晚，直到3月15日至16日晚上我才设法从希特勒那里获得许可，如果能提早一天，普法尔茨森林的溃败也不至于如此惨痛。

飞行员们不堪一击，莱茵河河谷的恶劣天气也帮不了我们。与之相对照的是敌人的空军势不可挡，普法尔茨的通讯已经很困难了，遭到轰炸更是雪上加霜。

然而，正因为局势如此绝望，我们弱小但忠诚英勇的师反而打起了令人难忘的战斗。

盟军打过奥彭海姆及结果

我故意将包括桥头堡在内的莱茵河左岸撤退行动拖到最后一刻，这样右岸的大部分军队至少勉强得到了整顿。在厮杀最艰苦的战场，例如G集团军群左翼侧，敌军有两三周未曾攻过莱茵河。右翼侧则不同，巴顿的师在击败左岸的德军后卫部队后几乎是马不停蹄地渡过了莱茵河。

坐镇莱茵河右岸的第7集团军司令深晓我的思路，而且也得到过警告，知道敌人可能对一处渡口有所企图。所以当报告传来，称3月22日—23日夜晚美军基本上相安无事地从奥彭海姆渡过莱茵河，我更是目瞪口呆。在战略上，美军从此就有机会穿插到第1集团军后方，后者尚有一部分人马留在河西作战，美军还有机会夺取法兰克福盆地，进而展开进一步行动。我军因措手不及，立即反击无门，只能倾尽一切能召集到的兵力，尝试在敌人尚未站稳脚跟时将其赶回河对岸。一个精锐的师承担了这项作战任务，该师拥有突击炮和充足的火炮，但兵力有待加强，师长伦格上校虽英勇无畏，无可挑剔，但反击最终功败垂成，他也以身殉职，令我痛惜不已。

美军第3师、第45师及后续部队的前进已不可阻挡。地形对我们很不利，部队疲惫、虚弱、不堪一击，而且缺乏重武器。幸而这时第7集团军不负众望，第1集团军也恢复了元气并建立了一条防线，这些或许都不可能带来任何坚不可摧的抵抗，但一切希望都维系于为东线作战计划的完成而争取时间。

1945年3月24日，敌军意图仍不明朗。无论是什么，守住美因河屏障都无比重要。尽管G集团军群拥有乡村的地利，任务却极端艰巨，他们缺乏机动师、反坦克武器和远程火炮。步兵师虽得到了重新装备，但在提供受训人员和武器方面却无甚作为，而受训人员和武器对于调整后的机动战，即一场“迟滞防御”是不可或缺的。

就像雷马根成为B集团军群的坟墓一样，奥彭海姆桥头堡俨然也葬送了G集团军群。那块突出部同样迅速被撕开，成为一道突破口，吞噬了所有从别处调去的部队和后方所有可用的补充兵员。诚然，我们在德国，在熟悉的土地上作战，构筑的防御阵地却少之又少。不用说，这里和其他所有地方一样，空中支援几乎为零，高炮支援如今也微乎其微。

巧妇难为无米之炊。德国空军枯竭崩溃的原因已经不得而知。我们缺乏所有类型的轰炸机，战斗机的生产这时也陷入停顿，因为敌人侵入到工业区，铁路破烂不堪。我们的喷气机技术性能遥遥领先，飞行员也具备足够的训练水平，但这种极其先进的飞机自有其缺陷，它们需要极其平坦宽大的跑道、起降阶段殊为困难、航程短、事故率高。由于天空完全处于敌机支配下，喷气机起飞和降落需要专门的活塞机护航，可这种护航无法随叫随到。尤其在1945年三四月间，莱茵河河谷地区恶劣的天气进一步阻碍了本已很冒险的喷气机出动。

当时，在集团军群的指挥官们建议下，我有了撤离整段莱茵河防线之心，但最终放弃了，因为那样的撤退必恶化为溃逃。官兵们筋疲力尽，几乎动弹不得，大部分人丧失了斗志。在后方尚未组织起来的队伍成了累赘。而敌人各方面都占尽优势，尤其在机动性和空中力量方面。所以除非对无约束力的撤退过程加以节制，否则撤退的部队肯定会被追上、被打败。这种行动注定自取灭亡，而不是争取时间、解决问题的办法。在莱茵河争取到一天，就意味着支持前线一天，哪怕仅仅是用来在保养区①筛选和重新集合掉队士兵也好。

3月27日、29日，盟军在伊德施泰因（Idstein）和阿沙芬堡（Aschaffenburg）之间打出致命一击。在精力充沛的新司令冯·奥布斯特费德尔（Obstfelder）统领下，第7集团军背负了一项艰巨的任务：拖住美国第3集团军进入德国中部地区和美国第7集团军进入德国南部的步伐。当美军正经吉森（Giessen）向黑斯费尔德（Hersfeld）、经格尔恩豪森（Gelnhausen）向富尔达（Fulda）两线推进时，一支德国装甲师表现得难以理解，令阻塞美军道路的任务更棘手了。更糟糕的是，B集团军群同右翼侧列成一行，对左翼侧失去了控制。我派奥斯特坎普将军的第12军代理总司令部前去救急，才算力挽狂澜。3月底，第7集团军以涣散的战斗序列停在了黑斯费尔德到富尔达之间以及南边的施佩萨特 (Spessart) 山脉。

---

① 指在战线后方进行物资集中、器材装备修理、伤亡人员处理、部队休整等活动的地区。

迫于第7集团军的运动，第1集团军只得随之向右进一步延伸。然而到了3月30日，第1集团军还是败退到米尔滕贝格－埃伯巴赫－海德堡一线，进而危及到我们巩固至关重要的陶伯河防线。

敌军开始从奥彭海姆和曼海姆的桥头堡自南向东，然后向东北方向扇形扩展，虽有违于集中兵力、重拳出击的基本原则，依然取得了胜利，足可见德军战斗力衰弱到何种地步。

盟军从雷马根桥头堡的突破

正应了我一直担心的事，B集团军群这时也到了悬崖边上。和G集团军群一样，3月18日到20日对于B集团军群同样生死攸关。不幸的是在那几天里，我和莫德尔元帅只能靠电话交流。可我知道莫德尔是一员老将，什么大风大浪都闯过。依我之见，他有权利全权做主，也有责任不等我的建议。

起初美军主攻北边和东北边，在控制了制高点后又暂时转向东边，这清楚地亮出了他们的意图，就是强行实施突破。然后他们会朝东南方向扩大攻势，最终向南边的城镇及毗连山丘长驱直入。

很明显，随着桥头堡的迅速扩大，所有渐渐被调去增援的德军也仅够堵住局部突破口和短暂反击，无力建立一条挡住敌人的防线。最高统帅部拿不出一个可用的师，我也没有任何一支能立即为我所用的预备队。或许最后能阻挡敌人的机会在3月13日便不复存在了。到了16日，敌人抵进高速路——两天后便跨过此路，在一条宽阔的战线上推进，到了20日，进一步撕开我军防线，到达维德河（Wied）。

莫德尔认为敌人会重点向北冲刺。我再三警告，注意拦截即将向东突破的敌军，也未能说动他。在B集团军群战地指挥所里一次私下会谈间，我和莫德尔取得一定的共识，但没有促成关键性的行动。他的作战思路或许有很多原因可以解释，但结果是灾难性的：一个突破口从北边的锡格河（Sieg）逐渐扩展到南边的兰河，我们哪怕投入最疯狂的补救手段也回天乏力，何况兰河到美因河这段防线两侧亦有强敌虎视眈眈。前线的疏忽大意令我心力交瘁，他们没注意到当面军队转向北边的锡格河，而北翼的军团又撤退了，整段防线由此走向最后的崩溃。

鲁尔对于任何攻击者而言都是一个难解之谜，它的抵抗力完全不可估量，北侧有多特蒙德－埃姆斯运河保护，南侧则有锡格河，它们是连敌人优势兵力也难以逾越的屏障——倘若敌人真攻克了它们，就会发现置身于工业区的中心，那里蕴含着发动突然袭击的大好机会。因而我相信，鲁尔在这一阶段有自保能力，所以才急切地要求将援兵派往雷马根地区，支援第 15 集团军。然而在雷马根，以精力充沛闻名的莫德尔还是令我失望了——时至今日，B 集团军群的行动仍然令我不得其解。

从雷马根大桥失守到 3 月 25 日，我们只需要进行正常的防御，发动反击，夺回失去的地盘；3 月 25 日到 26 日，不得不动用别的战术了，那几天美军装甲师正利用突破口迅猛推进，将他们的步兵越甩越远，步兵—坦克的直接协同也越来越困难。

我们必须根据敌人的举动对症下药。

在第一阶段，取胜的唯一机会就是集中出动重兵，但我们当时没有这么做，也就错失了机会。第二阶段，敌人的推进挫败了我们的战术，这就有必要抛弃战略计划，靠随机应变的招数止住当面敌军急速突进的势头，堵住单支坦克纵队后方公路，以便实施侧翼包围，投入一切反坦克武器将对方各个击破并消灭。这里有一个前提条件：我军不能转向北边，也不能脱离侧翼的敌军，而要根据地形条件，始终保持向东退却。

我三番五次同莫德尔谈起这样的打算，最后一次是 3 月 26 日或 27 日在他的战地指挥部里，当时我用尽一切办法说服他扭转战略计划。他同意我的观点，但无动于衷——我了解莫德尔，才倾向于推测他认为如今召集部队为时已晚，很多事情完全变了，而且重型武器可能也来不及快速地集中到那些危险点。就这样，到了 3 月末，前景很不乐观：非决定性的战线和敌人没有进攻的战线兵强马壮，而决定性的战线却不堪一击。必要的战术措施从制定命令到执行都是拖沓不决。

为了避免鲁尔遭合围，3 月底 B 集团军群决定摆脱敌人，向南穿插到敌人的防线。然而这个主意再也行不通了。莱茵河右岸的敌军太强大，以至于我们无力向南突围或者突入敌人南面防区纵深。只有向东边突围仍有一点合理的成功可能。为此，我军做了初步准备。

由于拖定了自己先前的主意，莫德尔已经将战场指挥部搬到了鲁尔的奥尔佩（Olpe）镇，也就是右翼最远端，于是同中央和左翼的指挥官完全断了联系，其后果摆在了 B 集团军群眼前。如今想来，我相信当时莫德尔如果留在 B 集团军群中央，即便是在遥远的后方，这场战役的进程都会有所不同，绝不会产生灾难性的“鲁尔要塞”。以我对莫德尔的了解，我很肯定他本来要尽量将鲁尔地区的师召集在一起，用它们在遥远的后方地域建立一个团结的防御布局。无论如何，我不能任由位于中央的集团军群风雨飘摇，我不停地干预和调整，直到 3 月 28 日，第 7 集团军转向北边，推动着第 11 集团军在 4 月 2 日恢复到了某种有组织的作战状态，但我手里再也无一兵一卒的预备队。

根据美军从雷马根桥头堡势如破竹的突破进程和从东南向北的突破方向，我判断认为科布伦茨到宾根之间的莱茵河不可能有渡河行动，主要原因在于那边的乡村地形不便。相较于防线告急，防守那边的军队相当强大。在这个关键阶段，需要高水平的预备队，于是 4 月 19 日，我下令从临时集结点威斯巴登抽调走第 6 山地师，打算将其派给第 7 集团军。此后没多久，敌人就越过科布伦茨至圣戈阿斯豪森之间的莱茵河，建起小型桥头堡。

美因河告急几天后，3 月 26 日，河两岸形势自左向右大致如下：

美军装甲先头部队逼近美因河畔的法兰克福、哈瑙和阿沙芬堡。

敌军装甲主力军正从北边的林堡向前推进。

第 89 军在一条薄弱的切换线上艰难地挡住了敌军在贝格纳绍（Bergnassau）至纳施泰滕（Nastätten）之间的突破。

第 6 山地师赶赴林堡，防守兰河地域。

一支军官培训单位正从韦茨拉尔（Wetzlar）赶往伊德施泰因，目的是保护通往法兰克福的高速路和道路。

第 11 装甲师奉命转移到兰河到美因河之间的法兰克福某处乡村。

博登海姆（Bodenheim）到齐根贝格（Ziegenberg）之间一条新切换线正由第 12 军在代理军长指挥下修建。

靠着寥寥几支尚可一战的部队，我们费尽心机、不遗余力去消除 B 集团军群地域内的重大险情，但这就够了吗？那几天甚至冒出一个难题：顶住还是退却？下面不断有要求自行决定权的呼声——对此我审视过后认为不可能；上面则是一成不变的命令：尽可能地坚守在西边。我本人的态度是，如果还有一丝守下去的可能，那只能依托美因河和兰河这样坚固的天堑，那里有所有口径的高炮，它们已经成为我军防御支柱。如果我决定撤退，那些静态的部队就完了，届时战斗不得不在开阔的乡村或者例如陶努斯（Taunus）等山麓里进行。根据经验，我知道这需要具备强大的实力，而步履维艰的德军单位在那些地方实际上会被敌人的机械化部队追击、被侧翼包抄，被打得落花流水。

接下来就会是西线防御的溃坝。

3 月 27 日，迪茨（Diez）段的兰河被敌人突破，第 6 山地师被迫退向陶努斯。由于美因河上的桥梁爆破不当或者防守不力，第 85 军没守住哈瑙，同样的原因导致阿沙芬堡南边的美因河防线也被突破了。

3 月 28 日，伊德施泰因的防御瓦解，虚弱的第 89 军残部溃败，法兰克福落入敌手。一支美军装甲集群进而在哈默尔堡方向发起一次突击。

美因河下游段的防线就这样分崩离析。敌人以大胆的推进外加一些好运气赢得了下一步重大行动的出发阵地，一路只遇到微弱的抵抗。

我稍微详细地描述这场战役，希望表明其间我不得不插手干预到何种程度。为士气着想，顺带一提，这也是我为什么坚持留在齐根贝格至阿德勒肖夫一带的战地指挥部这么久（晚到 3 月 27 日深夜才撤离）。3 月 28 日，我来到新指挥所：一节位于富尔达东边铁路隧道的列车。

起初几天，我们被迫放弃了对某种机动作战的顽强防守。然而，我们必要的临时措施、孱弱的军力（军火尤其匮乏），以及敌人空中优势造成的困难都没有被盟军充分利用。我们的结论是敌人懈怠下来。我不敢说这是否要归因于“低成本战斗”原则或者战争结束前夕斗志发生了变化。“节约军力”和“奋勇杀敌”绝对可以并存。

战斗进行至此，我有些无法理解盟军在兰河南边渡过莱茵河的战略意图，因为坦克部队就在林堡－伊德施泰因那边前进，渡河并无必要。

“鲁尔要塞”

描述 B 集团军群的任务时我得字斟句酌：同东边的第 11 集团军建立联系，“尝试一次突围”。这是当时的真实写照，因为最佳心理时刻已经错失了，包围圈内外的机动部队非常虚弱，而第 12 集团军尚在易北河东边的马格德堡地域进行组建，接下来三周都无法投入作战。更麻烦的是，H 集团军群左翼又被推回到鲁尔，导致我方突围部队左侧陷入任蒙哥马利的右翼侧军队宰割的境地。然而我们除了最后一搏别无选择。因为 3 月里，更好的机会要么溜走了，要么没有充分利用。现在是我们最后的机会。

然而事实证明，努力集合人马和我当场下达指示都是白费心机。4 月 1 日早上，我回到位于图林根林山的莱因哈德斯布伦（Reinhardsbrunn）战地指挥所，总参谋长报告说刚收到元首的命令，取消从鲁尔口袋突围的尝试，B 集团军群要死守鲁尔这座“要塞”，由最高统帅部直接指挥。

最高统帅部这个决定岂止令我大吃一惊，还打乱了所有的计划。他们或许认为突围绝无可能成功，而一个被包围的集团军群却可以牢牢牵制住足够的敌军不再向东逼近。他们或许还以为这个集团军群的口粮在鲁尔可以自给自足，于是可以将更重要的补给物资供给其他战线的单位。

可事实上，鲁尔区的粮食充其量仅够集团军的官兵和居民两三周之用。从战略角度看，鲁尔对于艾森豪威尔而言无利可图，他的目标远在东边。唯一有望牵制住敌军重兵的方式是顽强凶猛的防守，但据我所见，这种防守乍看之下不太可能出现。不能为了堵住条顿堡和图林根林山之间的缺口就远程一指，将 B 集团军群 30 万将士替换下场。

不出所料，鲁尔口袋周边的抵抗最终进行到 4 月 17 日，军队缴械投降。原因再简单不过，官兵们看不到战争继续进行下去还有何意义。

4 月 17 日，B 集团军群的悲剧结束了，总司令莫德尔，一个英勇无畏、拼搏到底的军人了结了自己的生命。回顾往昔，谁又能责备他呢？至今他仍留在我记忆里，永远难以磨灭。

盟军突破下莱茵地区

G 集团军群和 B 集团军群大祸临头时，H 集团军群尚能相对安稳地开展重组和重新整装。敌空军在确切、有限的空域开展行动、轰炸指挥部、投放烟幕弹，再加上集结架桥材料，种种迹象都显示出敌人意在埃默里希（Emmerich）和丁斯拉肯（Dinslaken）一带发动进攻，其主攻地在雷斯（Rees）两侧。

春季晴朗的天气令蒙哥马利有机会发动大规模伞兵，充分利用他的空军支援地面行动，从而令 H 集团军群的运动极端困难。

如我所料，加拿大人和美国人在伞兵支援下大军压境。我同意了 H 集团军群总司令的想法：用尽一切手段瓦解敌军攻势，结果前线局势尚未明朗时，他的主力预备队就被消耗一空，这是一个必将在日后付出代价的错误，事实也的确如此。

可悲的是，留作预备队的几个师仅仅成功挫败了丁斯拉肯方向上一次分散的进攻。如果 3 月 23 日和 24 日，我们能更加谨慎地出动这几个师，如果雷斯能得到适当的炮火支援，3 月 25 日晚上也不至于如此黑暗。事实上，这些预备队的配置（我自己也疏于纠正）和运用失误不仅导致我们防守莱茵河失败，还定下了接下来的战争走势。

结果，H 集团军群带着某种失败主义情绪听天由命了，每次我开会时，这种失败主义都一目了然。我们还痛失了意气英明的第一伞兵军军长施勒姆。随着美军转到英军右翼，暴露出盟军意在实施突破。这时，H 集团军群重蹈 B 集团军群的覆辙，也将总司令部转移到北边，而不是靠近受威胁的翼侧，可是显而易见，战局很大程度上——事实上完全取决于翼侧的坚守。

然而，到了3月28日，H集团军群在只剩左翼侧还有防线可言的时候，觉得该给我和最高统帅部呈报一份完全僭越的情况说明，这份报告又越过我传到元首大本营，影响极为恶劣，以至于我在将自己的意见报送到大本营并听候决定之前只能三缄其口。而收到报告的希特勒也大光其火，连我都爱莫能助。任何手握重兵的将领都该知道以端正的心态接近上级，这份报告却完美示范了如何激怒希特勒。行文不谈自己的失败及原因，却着重关注于B集团军群的困境，以此为由为自己撤退开脱。

姑且不论战略上对错与否，告诉上级领导自己未能理解战场形势，这便犯了大忌。至于H集团军群总参谋部的行为，希特勒视为“目中无人、孰不可忍”。我认为他的批评不无道理，因为意大利战役期间我就是一个被他剥夺决议权的总司令，只不过是以一种截然不同的方式。元首对此事会做何处理决定，我再清楚不过了。

我始终认为：一，鲁尔不是美军当前的目标；二，英国第2集团军和美国第9集团军会继续向东和东北进军，换言之会绕过鲁尔。最让我震惊的是第47装甲师的覆灭。这时向鲁尔输送增援是一项错误的投资，倘若正值防线快要被撕开，这么做就不仅仅是犯错了。

按我的命令，对敌人先头部队侧翼南部的反击也无果而终。于是，3月28日至30日一次私下访问过程中，我再次提出自己对局势的评估和对应对之道的观点。我希望这样做之后，H集团军群司令部能做出符合我意料的改变。

H集团军群继情况汇报中流露的悲观主义惹恼希特勒后，3月底总司令布拉斯科维茨又拒绝执行一份“元首令”，命令要他们从明斯特一带南北两边进攻敌军并封堵缺口，对此我也觉得不可行。希特勒对布拉斯科维茨的偏见更深了，他派施图登特去协助后者便是表明了自己的态度。

对蒙哥马利而言，任务也异常艰巨，他的军队先前在莱茵河西岸的战斗中损兵折将，如今又面临一处最难对付的障碍，防守那里的德军是公认的老牌劲旅，还得到了十天的喘息之机和充足的预备队支持。不过，盟军为这次机动所做的技术准备堪称典范，而且兵力集中同肩负的任务和资源相匹配。

3月份上莱茵地区的形势

上莱茵地区由勃兰登堡（Brandenburger）将军的第19集团军负责防守。

我们不担心盟军从瑞士插入德国，敌人的主攻明白无误地在另一个方向。第19集团军不能把精力日益转向自然条件坚固的西部防线。莱茵河的屏障作用更多是在于水流湍急，而非河面宽度。沿河而建的防御工事陈旧且布置业余。希特勒也心知肚明，主战线这才得以转移到了黑林山。黑林山山脉边缘和山上筑有防御阵地，为符腾堡南部地区抵御着西边的进攻。贝尔福（Belfort）洼地对面，伊德施泰因的阻塞街区建于和平年代，即便那儿的防御工事年久失修，局部被夷平，仍不失威慑力，只是换个地方就形同虚设了。危险之处在于，敌人从西北方和北方杀向斯图加特，甚至穿过更东边的海尔布隆（Heilbronn）和普福尔茨海姆（Pforzheim），绕过黑林山。如果萨尔－普法尔茨突出部崩溃，卡尔斯鲁厄的莱茵河失守，这种危险或许就是致命的。所以，阻止或迟滞此事发生显然符合黑林山区域和第 19 集团军的利益。几个最有经验的师必须调给而且也能够调给 G 集团军群，用于防守萨尔－普法尔茨。

然而，与刻不容缓的事态格格不入的是，部队转移工作姗姗来迟。两个师很晚才赶到 G 集团军群地域，仓促而零散地投入战场，战果大失水准。增援主要难在召集救兵。我们没有专门的应急部队，只得东拼西凑一批队伍去应付。时间太紧迫，不容我们慢慢培养有战斗力的单位。不过仍然有像符腾堡的人民冲锋队那样的队伍，表现之出色超出我预期。信号单位匮乏，且几乎没有得到弥补，导致作战行动极为受限。第 19 集团军做好了一切力所能及的必要的防守准备，并参照惯例，防范着来自侧翼的危险。在 4 月到来前，该集团军得到一时的喘息之机。

回顾与展望

我是在西线战场到了危急存亡之秋时临危受命，担任了总司令。对总体形势有了初步了解之后，我感觉像一个置身于音乐会的钢琴家，要在众目睽睽之下用一把古旧、破烂、走调的乐器演奏贝多芬的协奏曲。我所见到的西线环境在很多方面都背离了我过去所有原则，可惜战事瞬息万变，以至于我来不及施加太多影响。

我位高权重，该承担的责任自是不容推卸，我要对所有经我发号施令的事负责。如果个人良知和观点与希特勒的意见和命令之间存在无法调和的分歧，我只能择最佳效果，对后者进行解读和调整。和过去一样，这种事在那段时期也屡见不鲜。另一种办法是对希特勒开诚布公，晓之以理。努力过后倘若我没被说服，或者没能说服他回心转意，我一定会请辞。我知道自己如履薄冰，自上任后我在六个星期内见了希特勒四次，坦率地阐述了自己对局势的看法，我发现他欣赏我的直言不讳。军人不能仅仅因为自己有异议就拒绝一个有确凿理由支撑的主张或命令。从军多年，这个道理我不会不懂，同样也知道，有必要搁置那些在战争最后关头、最危急时刻出现的分歧。我自己向来是通过详尽解释，努力让下属们理解我的命令。

但西线的情况令我全然不知所措。我告诉自己：不同的指挥官有不同的方式，各种办法都有可取之处。我的前任冯·伦德施泰特明智地以德国在第一次世界大战中的大总参谋部正统继承者自居。战区面积、责任、指挥系统如出一辙。他运筹帷幄，从自己的总部里发号施令，几乎从不踏足前线，也很少打电话，与上下级的联络差不多由其参谋长和参谋军官们一手包办。不可否认这样的指挥系统有优点：总司令耳根清净，无需为前线观感而劳神，他俨然高高在上的大主教，人们谈起他时唯有景仰。尽管道不相同，但我能理解冯·伦德施泰特的做派，只是无法苟同。战争进行到第六个年头，同头一年相比完全物是人非。纪律涣散比比皆是，我需要亲自联系指挥官和部队，需要施加直接影响力，后者再也无法省掉，原因尤其在于这时有太多事情缺乏共识。这套办法令双方都感到厌烦，但总归利大于弊，此间还可以透过表面文章窥见真实的人心。

我坚信，哪里有部队失利、战事告急，指挥官就该在哪里，因而除非受敌军所迫，我的战地指挥所都紧邻前线而设，并常常随之转移。拥有韦斯特法尔这样的总参谋长，夫复何求。我们在意大利就共事得默契十足，他对我的秉性了如指掌，一如我了解他一样。

西线总司令部下辖三个集团军群。我自己也长期指挥过一个集团军群，不会不知道位高权重意味着什么。集团军群的司令在各自防区和职权架构范围内完全拥有独立自主权，我亦有心充分尊重这样的权利，但现实中又往往因突发意外而出面干预，我也是不得已为之，我虽为老资格的陆军和总参谋部军官出身，却又属于空军，因而干预时总有几分惴惴不安。

三个集团军群司令皆为第一次世界大战老兵、总参谋部精英或身经百战的将领。

师长们水平参差不齐，很多人最近几个月才被提拔上来。正常情况下，他们之中有些人本来会被换掉，因为1945年春季举步维艰的大环境下，他们不一定能胜任战斗任务。出自当年那支裁减到10万人的德国陆军的骨干将领太少，而军队成倍扩张得太快，大战这五年间伤亡又太大，要清理出不称职者几乎是不可能的，所以只能尽力而为，可与此同时也要增加干预的职责。

这些年来，辞退德军高级将领成了惯例。原则上我并不赞同。许多出类拔萃的将才因此过早地被束之高阁，在战争后两三年里失去用武之地，而真正需要退役的人，却因为后继无人而多少被拖延了退役。如果我发现哪个指挥官丧失敬业精神，个人态度对士气产生消极影响，那我只能诉诸存在争议的最后手段。

更棘手的问题是，集团军群甚至更高一级指挥机构都直接同国防军最高统帅部和希特勒联系。战报直接呈报给最高统帅部或许能满足某些人的求知欲，缓解统帅机关的焦虑，却完全扰乱了上级负责人的工作节奏。

3月底，我不得不正视一个事实：自己的大部分任务都没完成。即使付出巨大牺牲，还是输掉了萨尔－普法尔茨之战；敌人冲破了雷马根和奥彭海姆的桥头堡，为扩展行动建立了出发阵线。下莱茵河地区亦是如此，敌人眨眼之间就跨过莱茵河。盟军的目标大体轮廓昭然若揭：由主力军分割德国南北，同苏军会师；由英军夺取德军右翼所在的北海沿岸港口；由美军和法军组成的南方集群占领德国南部。

我们究竟缘何沦落到如此触目惊心的境地？毫无疑问，要是拥有合理兵力和必要的装备，一支优良的德军尚能一战。同样可以肯定的是，如果每个集团军群有几个装甲师或装甲掷弹兵师，再有一支能同敌人大体相抗衡的空军，那么一次“自由作战行动”是可行的。固然，H集团军群不乏装甲师预备队却依然落败，这件事本身不足以驳倒上述论点，反而印证了我的观点：“自由行动”解决不了问题。所以对它不绝于耳的疾呼之音一律被我拒之门外——伴着汽油等物资匮乏、士兵训练仓促，一个完美主义者记忆中的美好时光如今一去不复返。然而不可否认，仍有顽固的“自由行动”拥趸们烦扰着我，事实上还在我与手下指挥官们之间引发过信任危机。战争进行到第五个年头，我的将军们思想有了改观，对政治、经济以及战争前景也有了争议，这些都可以理解，但它们无法都超越一个简单的道理：真正的军人哪怕非议缠身，也会矢志不渝，树立光辉榜样，令下属由衷地无条件追随。即使在那段时期，我也看到了很多散发出这种力量的军人。

多年以寡敌众的经验教会了我一个道理，一个其实早在一战就了解的道理：无论内陆还是沿海，在主战场进行纯粹的局部防御——就像希特勒命令的那样，当面对海陆空一体化进攻时，绝不会有称心如意的结果。尽管我们在地面和空中都很虚弱，还是没有局部防御的余地，我们唯一能做的，是为守住一处事先选定的地域而打一场“有限的运动战”。

国防军最高统帅部和陆军总司令部之间多年的分歧到这时越来越明显，两者无法冰释的隔阂产生了一种阻碍性的影响，在很多时候也堪称是毁灭性的。结果，陆军总司令部感觉受到掣制和误解，希特勒则将失败归咎于陆军司令官们刚愎自用，他频繁指手画脚，哪怕最微小的战术问题也要干涉，结果均被嘲讽为纸上谈兵，他的战略命令和直觉被嘲讽为门外汉。这种暗暗的敌意葬送了积极主动的精神，破坏了统一指挥原则，也内耗掉了不少精力。

最后半年来，损失惨重，一退再退的战斗几乎耗尽了军官和士兵。许多军官精神崩溃，或者患病不起，要么根本不称职，偏偏这时基层军官匮乏得要命。士兵人数也令人失望，补充给前线的兵员则缺乏训练，毫无战斗经验，数量杯水车薪，而且来得太迟了，对战事于事无补。只有拥有一个睿智的指挥官，一批数量充足、经验丰富的部下，一套由老兵组成的核心班底，一个部队才能团结一心。

掉队士兵数量之庞大，足可见他们的部队已经支离破碎。作为传染效应和交通堵塞的焦点，掉队者无疑留有后患，但同时也不失为一座人才储备库。他们之中许多人确实是在战斗过程中同部队失散，或者从医院、征兵营归队途中迷了路。不过大部分掉队者属于另一种情况，他们实为逃跑，逃得离火线越远越好。前线后方留给我的第一印象很是触目惊心，我遂下了狠招，组织起重重关卡拦截。由于仍有不少漏网之鱼，又成立了一支“战地突击搜查特遣队”，以便进一步收网。

德国空军这些年来日渐式微，已经指望不上他们能完成任何需要他们完成的事。对于空军的萎靡不振，本身亦为其中一员的我因爱莫能助更是痛心疾首。陆军一直批评空军一事无成，这有失公允，不过确实，如果领导层更加积极有力，可能会有更好的结果。空军司令部的任务是在敌人即将发起主攻时集中所有打击力量，可它已经失去了机动能力。如果将西线空军的三个航空师联合起来，组成一个易于管理的编队，当某一防区请求空中支援时，派出这么一支精练的空军，全力以赴地战斗，这样一来，西线空军的组织或许能有所改善。

战局安稳时纳粹党相当活跃，在很多地方活跃过头了，它已经从一个政治组织发展为货真价实的“监督”组织。由于党政机关无比庞大，许多达官贵人既没受过专业训练又缺乏合格素质，就被提拔到一个不相称的职位。几乎每个德国人天性中都渴望建功立业，这种心态在党内高官们的多管闲事上体现得淋漓尽致。纳粹党的党务总管鲍曼便是如此。正是此人喋喋不休地打报告，孜孜不倦向希特勒证明这个“监督机构”存在的合理性和必要性。而顶住上层的压力需要伟大的人格力量。有一些党员，尤其是年轻一辈确实做到了，但总的来说，纳粹党监视民众、军队并报告给希特勒，就这样毁掉了军队的合作意愿，还渐渐在官兵们之间引发难以容忍的冲突和憎恶。

在与军区开展合作的大区，纳粹党的大区长官作为“帝国防御委员”同样身负军事任务，他们有权干涉军队行政和经济事务。结果招致纠纷和对抗，抵消了合作所取得的一切好处。

西线总司令仅同纳粹党顶层的许多省长们维持必要的密切联系，因而不可能快速投入行动。于是一个手握大权的高级官员被安排进我的参谋部。这本是好事，但派来的是一个狂热党员，工作中碍手碍脚。我的参谋部不需要一个耳目，便以一个名正言顺的理由将他赶走了。

另一方面，我们同宣传部一位特派员在各方面都合作愉快，后来他还帮我传递了和平试探者的消息和停战谈判进展。

我同希特勒及国防军最高统帅部的关系

我在柏林工作多年，先后服役于陆军和空军，其间同所有当权者都打过交道，因而开展工作更加轻松。我可以毫不犹豫地说，靠着帝国元帅赫尔曼·戈林，我等空军元帅享有一种特权地位。

德国空军建立过程中，所有重要的外事皆由戈林亲自打点，我们很少直接同希特勒联系，同最高统帅部里负责人之间的联络更密切一些。初期几场战役中依然如此。地中海和西线被称作“国防军最高统帅部的战区”，不关陆军总司令部的事。

先后担任南线总司令和西线总司令期间，我需要专门同希特勒、最高统帅部合作共事。历经几度起起落落，到了1944年年底，我赢得希特勒的无条件信任，被调到西线也必然是因为这个原因。在意大利，我不得不竭力争取自主权，最终也的确成功了；到了西线，我因东线形势而受到一些必要的限制。3月20日到4月12日，我四次面见希特勒，他对我的忧虑表达了深切理解。虽然军队一败涂地，他却未置一句责备之词，必然因为他也有所觉悟，西线沦落到回天乏力的地步。

希特勒可以在夜间任何时间接见我，听我把话从头到尾说完，从不打断，对我提出的任何疑问都表示理解，而且每次听完我的建议后几乎当即便能定夺，思维之敏捷与身体状况形成鲜明对比。做出那些决定时，他不似过去那样絮絮叨叨，对我出奇的友善和体贴，他两次借出自己的汽车送我回司令部，还千叮咛万嘱咐他的司机一路小心。从我习惯的适当礼节到这般露骨的关怀备至，希特勒的转变令我困惑又新奇，因为我们之间向来公事公办，何况我又身不由己地看着他和其他将军们之间的裂痕越拉越大。

希特勒从不强求我做出任何身为军官的违心事，我也从没向他索求过私利。我只能将他对我确凿无疑的信任归因于他知道我没有花花肠子，而且多年来我无时不刻不是恪尽职守。

由于病态般的猜忌（到最后，他在一定程度上信不过任何人），所有国务希特勒都事必躬亲。物色心腹一事上他也不走运。这些因素都对他维持和实施战争产生了恶劣影响。

我最后一次见他是在1945年4月12日，他依旧乐观，很难断定这其中有多少掩耳盗铃的成分。如今回想起来，我倾向于认为他确实沉溺于某种天降神兵相助的信念，就像一个溺水之人紧紧抓住一根救命稻草。我觉得他还相信东线的胜利，相信刚成立的第 12 集团军，相信各种新式武器，甚至相信盟军内部决裂。

这些指望都是异想天开。自苏军发起总攻以来，希特勒就封闭了自己，他越来越孤僻，沉浸在虚妄的自我世界里。

在国防军最高统帅部战区，执行长官是约德尔将军。同他共事相当愉快，他是个精明能干的战略家和战术家，工作沉着冷静、有耐心，坐上这个职位再合适不过，尽管有人觉得他能再多点实战经验就好了。他工作殊为不易，一则，希特勒绝非从善如流之辈；二来由于最高统帅部和陆军总司令部之间的隔阂，任何联合提交给约德尔的建议都会受阻。那些靠推测评判约德尔的人哪里知道他运用交际手腕阻止的灾难和实现的成就——批评者们倒应该先展示出自己在同样的环境下有能力做得更好。身为国防军作战局局长，他能越过最高统帅部，可即便如此，他不得不为那些自己也曾激烈争取改变或修正的观点、措施做辩护。冯·布特拉尔（von Buttlar）等同僚都是实事求是的职业参谋军官，能正确地顺应约德尔的思路办事。对于局势或下一步骤，约德尔与我的观点少有分歧，而且我和我的参谋部一直有赖于他的支持。

我和凯特尔元帅之间较为生疏。他下达组建新部队或后备军的指令皆基于元首的命令，即便后者有争议也不容更改。举例而言，希特勒认为组建新的师是战争继续打下去的基础，这意味着需要储备人力和物力资源。我和许多将领都表示反对：组建本身就不划算，而且在战争最后阶段，我们需要的是胜仗，不是机构组织。

德国中部之战

B 集团军群在鲁尔口袋被合围，德国中部地区的命运就此终结。

盟军的目标很清楚，尽管分出一个集团军转向鲁尔要塞，他们仍有实力实现目标。对我们而言，敌军集中的谜题揭晓或多或少已经不重要了，因为我们没有机动部队或空中力量能成功打击对方。我把这段时期称作“临时顶替的战役”，结局取决于官兵们的良知，也就是士气。

显然，这个大约宽 150 英里的地域不能靠拼凑出来的单位防守。留在这里战斗的部队相隔甚远，相应地承担一些迟滞敌人前进的任务，直到被一支更强大、更有组织的打击力量解救出来。后者只可能是 3 月底成军的第 12 集团军。唯有靠它驰援，一定程度上才能保证东线进程不会受西线波及，德国才不至于被分割为南北两半。

所以，第 12 集团军成为指挥西线战场至关重要的一环。无论西线是何走势，都要将第 12 集团军投入到哈茨山脉。因此哈茨山脉和紧邻前线的某一地域必须保持开放。况且我们的兵力所剩无几，还不能为了过早地从打出山去而消耗完剩余兵力。哈茨山脉刚好提供了不错的隐蔽。

我的见解与最高统帅部的指令不谋而合，当时我没有深究这样行动对于战争结局有何影响，这个问题不再值得考虑。我拼命争取的是如何用尽一切办法拖住哈茨山脉正面的战斗，以便为东线成熟争取时间。我在 4 月初指出，有必要增强哈茨山的守备力量，12 集团军也有必要维持哈茨山脉到易北河之间的交通畅通。于是，“波茨坦”师被派了过去。出于同样的目的，第 39 装甲军团一个战斗群也于 4 月 16 日从于尔岑地域发起一次迟来的进攻，但因后方空虚，在哈茨正面纵深地域行动注定以失败告终。本来第 12 集团军会发起一次突袭与之策应，结果始终没有摆脱在德绍的敌军桥头堡。

从一开始就很明显，要迟滞敌人的推进，唯有在条顿堡林山－施佩萨特（Spessart）山之间、哈茨山脉－图林根林山之间那截艰苦的乡间才有可能，如果敌人挺进了哈茨山脉两边的乡下开阔地，一切就都完了。在萨勒河和易北河构筑防线当然是可能的，但这两条河都位于东线范围内，没有证据证明此事比构筑面向东边的河岸野战工事更加急迫。我受命要保持东线后方独立，要为易北河西边的第 12 集团军创造基地，要解救 B 集团军群，这些任务再也无法完成了。

于是，虚弱的德军被迫撤往哈茨山脉，相信到了那边能稍微稳住阵脚，哪怕只是勉强招架一下也好。除此之外，军队还受命要守住重要工业区图林根林山。与此同时，我自己都不敢奢望的心愿居然实现了——强大的美军竟然任自己被弱小的德军引进了山区。正常条件下，在相距只有五六十英里的两山之间，甚至是只有单侧山峦的地方，开展重大军事行动肯定凶多吉少，但放之今日算不得铤而走险，因为美军也知道德军在西线中部的军力衰竭，何况他们还有机动侦察部队和威风八面的空军，足以粉碎侧翼任何威胁。然而我们的第 7 集团军和第 11 集团军居然吸引走了一支强大的美军集群，止住了敌人的推进，给了第 12 集团军集合整队的机会。敌人可能也存在其他方面的顾虑，例如同盟国的政治协定、补给困难，还有对散落在此地的剩余德军怀有一定程度的敬意。尽管如此，这些都无法改变两个事实：盟军一次次浪费了所有原本可以充分利用的机会。东线的德军也得以为大决战而拼到底，无需担心后方的英美盟军。

4 月初，我的指挥所设在前线主力阵地后方，临近柏林。位置虽好，与两翼的通讯却越来越吃力，通往几个集团军司令部的公路也越发曲折和危险。随着 B 集团军群的覆灭和德国中部被撕裂，两个单独战场被分割出来，也就不再需要统一指挥。于是4月6日有了一道调整战区的元首令。以哈默尔恩－布伦瑞克－马格德堡为界线，德国西北边由一名总司令负责，南半边归我指挥。

4月初，我还接到了通知：如果中央直接指挥德国西北部、南部和东部这三个战区的可能性不复存在，我就要作为南线总司令全权负责包括德国南方、意大利、南斯拉夫和东线南部在内的整个南方地域，由温特将军带领一支小型最高统帅部参谋部辅佐。北半边同样的使命落在海军元帅邓尼茨及国防军作战局肩上。希特勒则命运未卜。这次重新洗牌的提议最耐人寻味之处莫过于两大指挥权都给了军人，而被视为希特勒接班人的戈林及纳粹党员都被排除在外。

4月8日，最高统帅部和被委以防守任务的第11集团军宣布哈茨山脉为要塞。在右侧，第7集团军正依靠从哥达、爱尔福特（Erfurt）和魏玛调来的部队战斗；在左侧战斗的军团正逐步向东南方偏移，并朝着第一集团军右翼败退。在最后阶段，必要的战区变化将战线拉成一条直线：德国中部的第7集团军面对西边，德国南部的第1和第19集团军则面对西北边和西边。

4月12日，第一辆敌人的坦克出现在马格德堡城外，图林根林山之战步入尾声，哈茨山脉仍在顽抗，直到4月20日随着第11集团军投降，那里的战斗才结束。与此同时，在马格德堡到里萨（Riesa）的战场中部，第12集团军还据守着易北河。到最后，一段新防线沿易北河和穆尔德河建立起来，3月中旬莱茵河防线被撕开的缺口也在易北河被堵住了，但这段新防线同样在劫难逃，因为敌人正同时从东西两边步步逼近。

二十三 战争结束

· 1945年4月21日，德军在意大利防线崩溃。
· 4月5日，美军和苏军在易北河岸小镇托尔高会师。
· 4月28日，C集团军群代表在意大利卡塞塔签署停战协议。
· 4月28日，墨索里尼被枪决。
· 4月30日，慕尼黑落入美军之手。
· 4月30日，希特勒在柏林自杀，海军元帅邓尼茨继任为国家元首。
· 5月2日，C集团军群投降协议生效。
· 5月4日，G集团军群在慕尼黑投降。
· 5月5日，德国西北战线投降。
· 5月7日，德国南方战线总司令部（总司令凯塞林）投降。
· 5月7日，德国在法国兰斯签署无条件投降书。
· 5月9日，德国无条件投降书获批。

德国南部局势

因为确信战争最后阶段的结局取决于德国中部地带，我有意忽视两翼，特别关注着中部形势发展。如果苏军和西方盟军在易北河或柏林会师，那么无论翼侧形势多么有利也没意义。从那时开始，德军顽抗下去的理由只有一个：争取时间，让还在东边同苏军作战的师退回英美占领区。

我已经解释过，对于德国中部，只剩下刚组建的第12集团军还能发挥作用。很长一段时间以来，我无法获知这个美名在外的幻影军队的实际情况。由于局势恶化，我一直受希特勒的讲话和电话通话，以及没他那么夸张的最高统帅部作战局所引导，相信这个集团军是能扭转乾坤的救星。但后来意识到这支神奇的军队永远无法及时赶来挽救德国中部形势，哪怕只是局部形势（实际上，我是从它的整体组织结构判断出来的）。我立即认为自己有义务把关注重心放在危如累卵的德国南方。4 月 10 日，我将司令部搬到上普法尔茨。

在南方，美军 3 月底从奥彭海姆渡过莱茵河，随后进攻 G 集团军群右翼，从而打通了三个方向的大道：东北方向通往吉森（Giessen）和黑斯费尔德（Hersfeld），向东是维尔茨堡，向东南则直指纽伦堡以及几乎一马平川的平原。

更南边的美军已经到达了曼海姆、海德堡南边以及东南部的莱茵河河谷。3 月底，法军第 3 阿尔及利亚师、第 2 摩洛哥师在施派尔到盖默斯海姆之间渡过莱茵河，随后法军从南普法尔茨转而北上。这几个师在东南方推进，同时密切支援美军翼侧并肃清莱茵河河谷的德军，以便帮助第 9 殖民地师和法军第 5 装甲师顺利过河。

3 月 26 日，敌人的基本计划已然清晰可见，他们在南德的战略目标无疑是自北向南打通这一地区。该计划优点如下：

大军跨过莱茵河，就能顺利开赴已被盟军锁定的广大乡村。

不必正面强攻有山河为屏障的防线，否则代价高昂。

在德国南方作战的美军第 7 集团军左翼可以同在自己左侧推进的美军第 3 集团军保持联系，哪怕联系并不牢固。

然而，就算看出敌人的图谋，我方战略前景依旧黯淡。当时南部地域有一支装甲掷弹兵师（党卫军第 17 师），该师最近刚完成休整，如今只能以实际行动证明自己的勇气，但是一支预备师不可能弥合近 200 英里宽地域的防守空虚。那里的步兵师少之又少，离有效战斗有很大的差距，而大量临时充数的单位——比如仓库的卫兵、人民冲锋队的民兵和训练学校学员教官，则完全不适合上阵杀敌。德军司令部唯一能倚靠的只有地形。但盘踞山河（奥登瓦尔德山、美因河）而守的结果依然令人失望，一部分军队在运动时遭到打击并被消灭。所以，我们必须力争尽快构建一处阵地并尽可能久地守在那里，直到伺机撤到下一个阵地。这意味着要依托选定的天然防线组织起战斗，而不仅仅是机动了事。不过起码第 1 集团军左翼部队和第 19 集团军有了可防御的阵地安身，后者正集中在黑林山北边缘一个恰当的位置，我们可以设法将所有可用之兵调过去，即便这需要有意削弱黑林山西部防线。所剩无几的阵地自身很坚固，可以较为简易地设防。然而一个无法掩盖的事实是：兵力、训练水平和装备都处于劣势的军队根本阻挡不了一路高歌猛进的敌人。

想要这个阶段性撤退计划能有那么一点成功的可能性，就必须采取措施，加强防御阵地，组织起一套有大炮和重型武器支持的防守，可这方面正是我们最糟糕的环节。

我省略每日流水账，总结几个在我看来重要的作战阶段及生死攸关的时期。

敌军突破位于美因河河湾的米尔滕贝格（Miltenberg）到埃伯巴赫（Eberbach）之间的切换线，再在阿沙芬堡夺取美因河大桥，这标志着他们开始了两项重大行动。从此敌人向着维尔茨堡长驱直入（4 月 1 日—7 日），进而从该地进军班贝克（4 月 15 日）至纽伦堡；另一边还能从梅特根海姆（Mergentheim）附近进入纽伦堡（4 月 16 日—20 日）。

敌军的战术步骤没有变化。以装甲师先试探正面和纵深，然后神速集中，为后续跟进的步兵师打通道路。此阶段装甲部队飞速突进，表现异常突出。

通过将第 1 集团军左翼的师转换到被突破的侧翼，第 1 集团军和 G 集团军群司令们展示出了高度灵活性。不过那几个师即便赶到陶伯河－亚格斯特河防线，也是为时已晚，而且可出战的部队甚至连敌人的前卫部队都挡不住。

这样的压力也困扰着最高统帅部。4 月 3 日，他们命令 G 集团军群新任总司令舒尔茨将军在第一集团军右翼后方召集一支精锐的突击群，由托尔多夫将军指挥，通过向北穿插突击，切断进军维尔茨堡的敌军，并同第 82 军建立联系。这道命令是行不通的，被我先斩后奏撤销了，后来最高统帅部也表示了同意。此事和发生在 H 集团军群的类似先例（那次进攻任务指派给了施图登特将军）一样，说明地图和战报永远无法取代亲自观察。

在我们看来，在美因河地区的快速推进促使美军第 12 集团军群将麾下正在图林根林山西边和南边作战的第 11 和第 14 装甲师向东南方偏转，如此便能掩护和增强当时还悬而未决的翼侧部队。

在第 1 集团军左翼，来自第 13 和第 80 军的师迫于敌军压力，只得撤退到亚格斯特河防线和内卡河－恩茨河（Neckar-Enz）防线，4 月 10 日继续退到科赫尔河，这才确保了战线的连接。他们撤到这些防线后其实战斗暂停了一阵，虽然只有很短一段时间。4 月 10 日，第一集团军停在普里克森施塔特－乌芬海姆－下施泰滕－英格尔芬根－科赫尔河（Prickenstadt-Uffenheim-Niederstetten-Ingelfingen-Kocher）一线，其右翼差不多进入了施泰格（Steiger）森林西部边缘。由于第一集团军左翼和第 19 集团军右翼的三个师转换到受威胁的纽伦堡地域，内卡河－恩茨河防线以及当时同等重要的科赫尔防线的战略地位有所削弱，不过这两条防线天生坚固，暂无燃眉之急。唯一遗憾的是，抽调过去的三个师晚到一步，在新战场也没发挥出符合自身实力和人们预期的作用。

这些调动因为集团军右翼的近期形势变化显得尤为必要。第 82 军的师精疲力竭，无力阻挡美军第 7 集团军和第 3 集团军翼侧师的追击。而第 36 国民掷弹兵师和第 416 步兵师在班贝格溃不成军。4 月 15 日，班贝格和拜罗伊特被攻占，其南边的乡村就此向美军敞开。

我军向西的运动完成度更高，前线未曾土崩瓦解。4 月 14 日—15 日，我军在艾施河（Aisch）奋起抗战，这也要拜纽伦堡牢牢吸引住美军第 7 集团军兵力所赐。

若不是来自党卫军第 13 军的第 2 山地师和党卫军第 17 装甲掷弹兵师在最后一刻投入了战场，形势一定就演变成了一场灾难。与此同时，我设法调来了两个带着重创刚从班贝格撤回来的师：第 36 国民掷弹兵师和第 416 步兵师，外加几个新兵训练单位和救火队，这套人马匆匆换装， 4 月 16 日、17 日在高速公路南边组织起了局部防御屏护。不幸的是，党卫军第 17 师一个团不得不被撤走，转去防守纽伦堡，这导致第 82 军和党卫军第 13 军之间一度出现缺口。屋漏偏逢连夜雨，美军一个师就从这个缺口溜了进去。为了挽救暴露的翼侧（即弗兰克尼亚瑞士地区[①]和远至纳布河[②]的上普法尔茨北部地区），所有部队已经倾巢而出，我只剩下格拉瓦芬（Grafenwöhr）的常备营里还有一个战斗群可用。这个战斗群（由装甲兵和摩托化步兵组成）被派往美军第 14 装甲师翼侧，阻击这支正从拜罗伊特向纽伦堡推进的美军。我就在现场，看到了他们的进攻。乏善可陈的战果不能完全归因于敌众我寡，战场经验缺乏、作战训练水平低下和冒进才是主要原因。因此除了上普法尔茨的突破口扩展到纳布河，4 月 18 日、19 日劳芬（Lauffen）方向上，从安贝格以北沿施瓦巴赫、安斯巴赫和哈尔（Hall）一线的战斗也异常惨烈。

凭借这条战线的建立，第 1 集团军再次证明了自身战斗力。虽然 4 月 14 日、15 日敌军从海尔布隆城两头同时渡过内卡河，向前推进了桥头堡，第 1 集团军从指挥层到广大官兵都无可指责。

内卡河－恩茨河防线以及从海尔布隆到普福尔茨海姆的突出部切换线挡在奥登瓦尔德与黑林山之间。敌人突破内卡河就能占领施瓦本山（Suabian Alb）以北的乡村，那里可供坦克纵横驰骋，还能跨过恩茨河，逼近斯图加特、黑林山与阿尔布河（Alb）之间的城镇南边盆地，还有阿尔布河自身。

到了 3 月底很明显：美军集团军群没有冒着重大风险将自己的战区南部分界线推进到路德维希港－海尔布隆防线南边，意味着巴登和符腾堡属于法军的地盘。

---

① 指今日德国南部的弗兰克尼亚（Franconia）、巴伐利亚的山地。

② 多瑙河支流。

4 月 13 日，法军从卡尔斯鲁厄地域对我军在黑林山北麓外缘的阵地发起进攻，到 18 日，在维尔德巴特（Wildbad）和黑伦阿尔布（Herrenalb）方向形成深入突防，并局部包围了普福尔茨海姆。即便前方依托有一处坚固的防区，我们的军队再也未能组织起抵抗，这样，任何“机动”都注定挡不住一支如此灵活的敌军。一个无法掩盖的事实是，第 19 集团军如今无力打迟滞战，第 80 军、第 64 军拥有最为精良的装备和易守难攻的天然屏障，如果连它们都表现得毫无抵抗力，那还能指望担任局部防御的营和诸如此类的单位什么呢？在开阔的平原，所有战术均以如鸟兽散、各自逃命告终。尽管我军一溃千里，敌人的运动速度却有增无减。第 19 集团军努力尝试重振旗鼓，敌人依旧横扫过普福尔茨海姆东边。

到了 4 月 20 日—21 日，从普福尔茨海姆杀来的美军和法军距离斯图加特一步之遥，此时美军推波助澜，向东穿插到斯图加特另一头，这样一来就切断了德国第 1 集团军和第 14 集团军的联系，陷第 80 军于绝境。4 月 22 日当法军装甲师冲向菲林根（Villingen），第 64 军和党卫军第 18 军的部队顿时也危险了。符腾堡的战斗打响后没几天，恩茨河－黑林山屏障明显难保，德军败局已定。

4 月 24 日，第 19 集团军残部停留在多瑙河和伊勒河一带并逐渐退往肯普滕（Kempten），这些日子里德军屡战屡败，不但定下了接下来的战事走向，还深深挫伤了南方部队官兵们的斗志和战斗力。

在德第 1 集团军右翼，美军第 3 集团军先锋席卷了空旷的弗兰克尼亚瑞士以东地域，紧逼魏登（4 月 24 日）和诺伊马克特（Neumarkt），其后几天里还联合美军第 11 装甲师攻入黑林山；4 月 26 日至 5 月 3 日，他们推进到雷根、茨维瑟尔（Zwiesel）及卡姆（Cham）地区。维森贝格将军领导的纳布河防御要么崩溃，要么败退。

德国第 82 军同样步步败退，局部被突破，最终靠着多瑙河北岸雷根斯堡桥头堡的陆军工程学院里的工兵们和南岸的党卫军“尼伯龙根”师才稳住阵脚。

党卫军第 3 军步其后尘，多处失守，只不过他们同上级军部始终保持着联系。该军总算在英戈尔施塔特（Ingolstadt）到多瑙沃特之间建起四座桥头堡，奋力退回到多瑙河后方，准备下一道防线。

4 月 19 日，敌人对第 1 集团军左翼的第 13 军发起决定性打击，在克赖尔斯海姆（Crailsheim）至巴克南（Backnang）之间多处实施了突破，美军还在迪林根（Dillingen）至乌尔姆之间打通了通往多瑙河的道路。不过，几个德军战斗群还是在迪林根西边组织起一个大型桥头堡，4 月 24 日开始从这座桥头堡源源不断地退到多瑙河对岸，随后在迪林根西边至乌尔姆重新防御。4 月 23 日敌人成功突袭了迪林根，另有两到三个美军师从乌尔姆及更远处向迪林根围攻过来，这几个英勇的德军战斗群气数已尽。

上述所有事件都因4月20日苏军成功在一条宽大正面渡过奥得河而显得无关紧要了。为应对这一局面，我方在4月24日设立最高统帅部南德作战局，由温特将军领导，该局随后作为一个计划部服从我在南方战区总司令职权范围内的安排。

敌军作战方式同过去几周大同小异。只不过在4月下旬，美军装甲师不复一度的小心翼翼，而是从博登湖沿多瑙河深入突袭，进入波希米亚林山。统帅部竭力将几个二线的师调到同一水平区域，并在总体上维持了凝聚力，从而避免局部败退，这番努力取得了一定效果。就和在非洲、意大利战场一样，法军在这边同样展示出了令德军望尘莫及的山地战技能。

德军不堪一击已是显而易见的事实，更不要说低下的训练、装备和机动能力，盟军如果乘胜追击，一口气突入第7集团军与第1集团军之间的缺口，或许就能提前锁定胜局。让美军第10装甲师实施突破可谓一手妙招，同样可以一举定乾坤，德国第1集团军恐怕会为此万劫不复。美军第12装甲师冲向迪林根，同样有锐不可当之势，却在通过多瑙河后显得后劲不足，这令我颇为意外。

城市守卫战

4月2日，希特勒下令所有城镇设防。毫无疑问，他打心眼里认定每个德国人都要为挣脱未卜的命运而牺牲所有，也坚信每个德国人都认同这个观点。姑且不论这道命令本身出自异想天开，其军事意义无论如何也要打个问号，至少一部分是行不通的。我们的军事问题在于要刹住敌军打击力量的锐气，迟滞他们前进。为此必须投入一线部队——这不是民兵能代替的。城市防御对战术经验、训练水平和战斗纪律要求极高，同样还要求占有地利，不能被侧翼包抄。只有少数几个城郊才具备这些条件。单凭这个理由，就只能对元首的命令进行灵活解读。根据我的命令，我们保卫城镇，不是一定要守在城里——整个西线战役都是明证。地形、自然环境和部队状态决定何处是战斗地域。防守路德维希港、卡塞尔、埃森纳赫、施韦因富特、纽伦堡和慕尼黑的事实胜于雄辩。

维尔茨堡的战斗因为提早收到元首命令而受到影响，更受到纳粹党大区长官督促，这在军事上是不可取的。

施韦因富特守卫战在偏远郊区开展，这是我观察最为仔细的一战，战斗依托环形防御阵地进行，阵地部署着大量高炮，它们令守城有了可能。随着外圈层被敌人突破，城里滚珠轴承厂的生产和保卫工作自动停止。

纽伦堡守卫战若能执行我的命令，敌人同样会被挡在城外，战斗会在郊区进行。然而，在这座党代会举办地，因为一些神圣组织的存在，大区长官违背了我的命令，选择顽抗下去并付出了自己的生命。事实上，纽伦堡的确牵制住大量敌军，数量超出了我们预期，也超出了实际需要。4 月 16 日我就在纽伦堡，在冒着轰炸前往第 1 集团军和G集团军群总部的路上，亲眼目睹这个城市遭受的破坏。尽管巷战无比惨烈，而且没有必要，却几乎不能带来更严重的毁灭。

慕尼黑，这座“运动之都”，我两次断然禁止该城设防，尽管大区长官一再催促。

即便有的城镇确实存在长期坚守的战术需要，也绝不意味着要将希特勒的命令执行到极端的程度，我也从没听说过哪一座城市当真拼到了如此地步。

桥梁爆破

关于未能及时炸毁桥梁所带来的灾难性后果，雷马根、哈瑙和阿沙芬堡都是前车之鉴。但无论是前车之鉴，还是希特勒疾声厉色三令五申都不顶用。尽管多瑙河防线得到过保卫和专门预警，迪林根的一座大桥还是在 4 月 23 日落入美军第 12 装甲师之手。其他地方也一再重蹈覆辙。一桩桩疏忽大意的例子揭示出，最后这批靠抄底拣剩征募来的兵员大部分都能力低下，同样清楚无疑的还有我们的资源整体上不堪重负。随之一起衰落的是辨别轻重缓急的能力，这一点在所有桥梁的零散爆破作业中暴露无遗。

第七军区和其他行政中心急需保留这些经济命脉，尽管他们也无法否认摧毁桥梁具有一定的军事意义。遇到这种情况，我便禁止爆破作业，让当地指挥官负责另寻他法。毕竟还是有大把的安全措施比一炸了之更有效。

阿尔卑斯要塞

大约在 4 月 20 日，防守“阿尔卑斯要塞”的命令下达到我位于慕尼黑北边莫岑霍芬（Motzenhofen）的司令部，那时我尝试着对命令所涉及的工作内容形成清晰的思路。关于阿尔卑斯要塞的记载汗牛充栋，但大多是无稽之谈。

我还在意大利时，拜恩阿尔卑斯山南麓边缘及面向瑞士方向的余脉就有筑防，部分工事仍在由党卫军保安队修建和驻守，这是一支大区长官霍费尔领导的摩托化步兵部队。山麓北边和东北面没有筑防，到了4月20日都毫无动静。那一带也没有军队长期驻守。

4月最后几天，几个营奉西南战线总司令福伊尔施泰因（Feuerstein）将军之命，北上进入德国境内执行军事任务——尽管听上去有问题，但当时是这么报告的。最后几个月里的形势致使大量参谋人员和后方队伍从四面八方涌入阿尔卑斯堡垒，把此地挤得水泄不通、食物供应紧张，但是在1945年4月的大环境下，还根本谈不上撤离。

防守所谓的“阿尔卑斯要塞”需要阿尔卑斯人组成的军队，可他们在当地所剩无几——而国内的运输队和补给站能提供的不过是炮灰。5月初，伦杜利克和他的南方集团军群想退到阿尔卑斯地区，在那里苦战到底。我花了很长一段时间才做通他的工作，让他明白这个计划不可行。

粮食和装备储备本来是由党卫军的波尔将军负责，按道理他应该在德国南部某地，实际上却神龙见首不见尾。当需要补给或者空军支援的时候，永远求而不得。

纯粹从军事观点来看，阿尔卑斯要塞的价值只存在于自身得到防护的时候和我军有可能拥有殷实的全兵种总预备队的时候。它本身没有价值，而是实现目标的手段：而拥有预备队，我们不仅能以大规模突围和空袭遏制住敌人的大军，还能击溃他们。既然第二种前提条件不可能存在，那么其余一切都不过是空谈。

1945年4月中旬的形势

4月20日之前，整个西线主要任务是保全东线后方地域，以此支持国防军最高统帅部寄予厚望的决战苏军。类似的，4月20日以后西线继续战斗只为了一个理念：让东线的军队撤回英美盟军战区。

统帅机构相信西方盟军能认识到共产主义的危险，所以会继续前进，建立一条对抗苏联军队的战线。对此我不敢苟同，尽管当时党卫军的沃尔夫将军向在瑞士的美国人提出了停战的建议，我的名字也牵涉其中。沃尔夫了解到，罗斯福深知苏联政策两面三刀。还有一种声音是，我们应该在苏联人亮出杀手锏之前尽快同西方盟军停战。从军事和政治角度看，许多理由可以反驳这个观点，但我个人最在意的是心理效应——西线德军全体投降势必会对仍在东线的战士们造成怎样的影响？他们还在为最后的决战而厮杀，得知此事会感觉被抛弃，会对无情的命运倒戈相向，全体投靠苏军。防患于未然，我们绝对责无旁贷，如何防止倒是其次，但必须一搏，让东线官兵有时间退回到美军和英军的地盘，尽管要确立从哪里着手很困难。事实证明了这个观点是多么正确。即便确实有许多盟军指挥官以同盟协议为重，以所宣称的人道主义为轻，不让德国士兵越过美苏分界线，或者将越线者交还到苏联人手中，依然无损于这个观点的正确性。

作为西线中部的枢纽，哈茨山脉和图林根林山在 4 月中旬陷落了，它们本来可能牵制更多的敌军相当长一段时间。原计划由羽翼未丰的第 12 集团军自哈茨或北部高原发动一次反攻，结果也因德国中部乱成一团而化为泡影。此时东西两线近在咫尺，相互影响，生出了很多令德军司令部束手无策的难题，也引发了严重冲突。本应用于供应交战前线的地域被一再压缩，只剩弹丸之地，尤以两地最为突出，一是从马格德堡扩展到德累斯顿的易北河流域，二是从大柏林地区到唐格明德（Tangermünde）北边的易北河畔这块主要集结地域。

随着美军第 3 集团军突然转向东南，多瑙河南北两边的美军攻入伦杜利克的南方集团军群区域只是时间问题，随之而来的后果也是无可避免之事。我计划趁巴顿的军队滚滚南下时突击其侧翼，但两个负责发动进攻的德军装甲师（第 2 和第 11 装甲师）开赴战场期间将大量时间消耗在波西米亚，后来他们受命在波希米亚林山南部边缘联合南方集团军群，阻塞美军第 3 集团军进程，这道命令也成了空谈。

自莱茵河和美因河防线分崩瓦解后，3 月底到 4 月底这一个月间，师级战斗群一路东逃，行进了 250 英里有余。他们行军、逃脱、战斗、被追击、被侧翼包抄，他们丢盔弃甲、精疲力竭，结果等来的是重组，继续战斗、继续行军。真是一种挑战极限的非凡毅力，完全不符合过去所取得的或者能够取得的战绩。

北边的局势发展无需详加论述，因为自 4 月 6 日起，H 集团军群直接归国防军最高统帅部指挥，但丝毫不见希特勒所期待的起色。不满于布拉斯科维茨处理局势的能力，希特勒想到换成施图登特，希望这样能一扫他所猜想的萎靡不振。有一次讨论到这个问题，约德尔告诉他：“我的元首，你可以派出一打施图登特，但形势一切如旧。”

坦率地说，一语道破我们所有人的心声。

5 月 5 日，西北战线总司令布施投降。次日，在荷兰的布拉斯科维茨做出了同样的选择。

德国南部、奥地利和捷克斯洛伐克停战

4月底，苏军已经冲破柏林外围防线，兵临城下。大决战一触即发之时，英军和在德国南方的美军反应出奇的消极，给人感觉他们收拾好了行囊，准备班师回朝了。

总而言之，我们在南德的抵抗趋于衰竭。第19集团军落败，残部停留在多瑙河和伊勒河。敌人从两地渡过多瑙河，自乌尔姆实施一次穿插，卷击第1集团军左翼侧，位于此地的第80军陷入被包围和歼灭的危险。

疲软的美军停在曾经的奥地利边境。他们试图沿着多瑙河北岸，穿过波希米亚林山进入捷克，明显只是为了保护其侧翼罢了。

西南战线总司令部（即在意大利的C集团军群）在波河以南的战斗中损失惨重，以至于连撤退都很困难，精心打造的南阿尔卑斯防线也不妙。

东南战线总司令部（在巴尔干地区）冒着右翼迫在眉睫的威胁，历经一番血战，而C集团军群从意大利的撤退令右翼更加岌岌可危。

奥地利（伦杜利克的南方集团军群）的战事一时偃旗息鼓，那边的前线后方还有一批可观的预备队。

在捷克斯洛伐克的中央集团军群（费迪南德·舍尔纳统领）右翼激战正酣。

德军前线后方唯一一支规模较大且完整的军队是新成立的第12集团军，但是它的一部分兵力在西线作战，如今两面受敌，外强中干，自身难保。

尽管如此，包括东南战线的集团军群和第12集团军在内，德军在东边尚存可观的军力，应付当务之急有余。而在意大利、巴伐利亚那边的军队和第7集团军濒临崩溃。

事已至此，还有任何负隅顽抗的借口吗？

由于可用的师如今全部被挤在一块弹丸之地，还留在战场的德军完全被捆绑在了同一条船上。无论是为帮助友邻军队而坚守阵地，还是拽着友军共坠深渊，都不过殊途同归，在劫难逃。举例而言，南德的防线一瓦解，必危及其他在阿尔卑斯山、东南方、西南方和南方的集群；在意大利的军队灭亡就意味着在巴伐利亚的军队不保，巴尔干也顿时危如累卵。

在所有人生死与共的局面下，士气的波动将呈野火燎原之势，更严重的话，无需考虑大局的独立行动也会受到波及。出于最基本的袍泽道义，一个正直的军人明知战友正在最后的战役里苦苦支撑时不可能自顾自地放弃战斗。如果投降或弃守关乎那些有赖于自己支持的战友们生死，那么做是不堪设想的。

这就是痛苦、剧烈地萦绕在我脑海的想法。现在，问题不再是为争取仁慈的和平而战斗，让我们的德国战友逃离苏联人的魔掌才是头等大事，是不容推卸的责任。

仅此一个理由，决定了我们就只能拼到最后一刻。

战争最后几年里，有个疑问日渐盘踞在我心头：要继续打到哪一步才算合理？显然，一名指挥官有多大可能性影响到部下及部队的士气，这取决于他是否采取坚决果断的态度看待这个问题。自从败走斯大林格勒战役和突尼斯，“胜利”化为泡影。至于盟军成功登陆诺曼底是否终结我们的命运，这个问题如今没有意义了——既然西线后方土崩瓦解，我们就彻底无力回天，走投无路。

这就是 1944 年秋天我为什么支持党卫军沃尔夫将军的计划，他打算联络在瑞士的美国人。作为一个军人，我确信战争到了这一刻，进行政治层面的和谈势在必行，这种途径的宗旨也正在于此。在政治方面，盟军从不掩饰他们的目标是摧毁德国，尤其要消灭一切国家社会主义和“军国主义”，这就涵盖了这个国家绝大多数人口和全部高层头面人物。宣传机构令我们坚信不疑：我们这些剩下来的人绝无生存希望。面对盟军铁了心要毁灭我们——官方辞令中宣称的“无条件投降”——我们只能以尽可能抬高自身筹码作回应。换言之，负隅顽抗，直到有望拖垮敌人，从而提升对方谈判的意愿。1918 年，我们曾经屈服过，结果被迫接受残酷的《凡尔赛和约》，如今自然无人愿意重蹈覆辙。

4 月 20 日左右，所有难题真正开始令我如坐针毡。寄予东西两线的防御战的希望都破灭了，柏林危在旦夕，然而我又一次下定决心要撑下去。

元首大本营发来一纸命令，赫然强调军人断不可“自作主张”。最后两个月里，希特勒不厌其烦地严令阻止盟军前进，或者迟滞对方行动，争取时间，直到国境之内的东线战场胜利在望，直到一支“最精良的”新军横空出世，扭转颓势，直到以“国民战斗机”① 为首的各类“新式武器”能大施拳脚。

然而，正如美方准确研究我国生产力遭受的破坏后所断言的那样，只有大幅提高防空能力，才会对结果产生明显效果，但恐怕也只是殊途同归。不过通过这种方式，政治干预或许有望带来一种可以忍受的和平。

前线的德军士兵知道武器在手心中不慌，但按字面意思毫不夸张地说，他们一想到沦为苏军俘虏就不寒而栗。任何指挥官都不可能在这个生死攸关的时刻弃危难中的东线战友于不顾，何况是我这个德累斯顿以南的苏联战场责任人。为了东边的德军有时间撤退到英美占领区，我们只能战斗。

我急迫地建议麾下三个东边的集团军群同当地苏军进行谈判，但遭到全体一致

① 英译本注：指亨克尔公司生产的 He162 型喷气式战斗机，希特勒相信这种航速快、成本低的飞机能量产，并寄希望于靠它称霸天空。

拒绝，因为没有一丝希望。基于同样的原因，5 月初，南方集团军群在格拉茨的会议上要求继续战斗下去，我断然否决，明确命令脱离战斗，急行军退到美军占领区。

希特勒死后，海军元帅邓尼茨接任了军事总指挥，他立即制定出往后的程序，决心尽快争取到和平，但也不能让我们在东线的士兵落入俄国人手里。我因此可以心安理得。

5 月 3 日，也就是西南战线总司令部约定投降那天，我刚一接管南方的总指挥权，立即致信艾森豪威尔，传达了投降的意愿：所有与美军交战的德军缴械投降，并准备代表海军元帅进行德国武装力量全体投降事宜。如今回首往昔，我依然觉得，身为军人，我当时别无选择。

结果，仅勒尔、伦杜利克和舍尔纳手下就有数十万德国士兵逃离俄国人魔掌，而且他们几乎是在停战协议刚签署完便被释放。如果当时美国人行事有所不同，这个人数恐怕会有上百万。任何人亲眼见过或亲耳听过从俄国回来的德国战俘的讲述，都不会怀疑我们做了正确的事。

如果有哪个将领随心所欲的行为迫使德军最高司令部不合时宜地约定投降，也就是说，当事情仍尚存一丝转机，即使只是政治方面的转机；当还有一丝希望能让灾难至少不要降临在德国人民身上，在这种时候过早投降的人应当被视作卖国贼，将受到历史的裁决，成为千古罪人。贝当和魏刚[①]的前车之鉴何须多言。

那时我就对早一步投降能换取更宽容的条款不抱幻想。有了雅尔塔会议和波茨坦会议以及后来的事，没有人再坚持这个主张。唯一需要指出的是，个别单位的自愿投降无论于自身还是于大局没有好处，或许做出或执行这种决定的指挥官可以捞到私利，但国际舆论迟早一定会谴责他们那些投机分子。

战争最后阶段，阿尔卑斯山脉（它有别于臆想出来的阿尔卑斯要塞）成为了西南集团军群、东南集团军群、G 集团军群和部分南方集团军群的集合点，此地无法长期坚守，但足够守到东边几个集团军群甩掉苏军，撤退进度取决于最前方的部队和最依赖于其余友军运动的部队。

在巴尔干地区，E 集团军群主力的撤退必须穿过一个狭窄瓶颈，此间会耗费一些时日，而且倘若其右翼发生不测，被从意大利冲回国的 C 集团军群撕破就会前功尽弃，因此它的右翼必须得到巩固，两个集团军群的路线也要进行协调。而在奥地利的南方集团军群一举一动更是深深牵动着巴尔干的形势，南方集团军群若是过早

---

① 译者注：1940 年 6 月法国投降时的法国总理和法军总司令，当时两人均为主和派。

撤退，尤其是其右翼过早撤退，将阻塞E集团军群退路，届时后者的命运就要靠铁托高抬贵手了。

在捷克斯洛伐克，中央集团军群如果锋线被击穿，同时侧翼又处于来自北边的包抄威胁之下，那么撤退会相当棘手。因此中央集团军群同样首先有必要倾尽可用的预备队，巩固危险点。从美军第3集团军针对我第7集团军的举动推测，捷克斯洛伐克不在美军利益范围内，这就意味着我们无需提防会严重危及中央集团军群的敌对行动。

南巴伐利亚，敌军在最短的时间内成功做到了我认为极不可能的事——他们几乎是不费吹灰之力就攻下了最坚固的防区。于是问题就来了，我们是否还能守住从罗伊特到布雷根茨这段通往阿尔卑斯的门户？有了格外有利的乡村地形，这个任务看似可行。另外，法军将全体出动还是只出动那几个拥有山地战训练和实战经验的殖民地师，令其尾追着第19集团军余部进入阿尔卑斯山？他们会不会在山脉北缘停止前进？我们所宣传的“阿尔卑斯要塞”是否发挥了作用？如果发现有可能打击到意大利境内的C集团军群后方部队，敌人或许会忍不住攻入阿尔卑斯。

结果，法军一口气进入了阿尔卑斯山区，并向北实施了一次侧翼包抄。4月27日兵抵阿尔卑斯山北麓外缘，至30日已经在一条宽大正面上打进了阿尔卑斯山。法军占领齐尔（Zirl）和费恩（Fern）隘口后，我同意了第19集团军协定投降。这时期阿尔卑斯地区出了一些节外生枝的岔子，霍弗所作所为不可理喻，对我们的行动实施横加干涉，以至于我不得下达一道命令，要求搁置因斯布鲁克大区长官对军务的指示。其他事务上，他亦打着自己的小算盘。结果双方只好用这点捉襟见肘的力量各让一步。而达成的折衷命令执行起来又愚蠢至极，或者干脆完全被抛到一边。阳奉阴违或者露骨的叛变招致了一些不必要的损失。

即使到了最后时日，第1集团军仍以楷模风范继续坚守，溃败自然也存在，例如在迪林根、在瓦瑟堡—米尔多夫（Wasserburg- Mühldorf），但多亏了集团军司令部及下级指挥官们急中生智，想出了新的应对之道，也多亏了官兵们巧妙化解了长久以来被包围的危险。诸多范例之中，我只提里特·冯·亨格尔将军，他以区区百来人马挡住了来自南北两边以及后来的西边的攻击，他顽强不屈的抵抗证明了训练有素的德国军队即便濒临绝境也斗志犹存。在更东边的美军到达了伊施尔（Ischl）和哈莱因（Hallein），并于5月7日接受了那里的德军投降。

在奥地利，第7集团军正同伦杜利克的南方集团军群协同行动，他们本该更有作为，然而有些事情属于当局者迷，难以决断。5月初，我在采尔特韦格（Zeltweg）和格拉茨同东部战场的指挥官们几番会商，南方战线总司令部的参谋长温特陪同在侧，在那些艰难的日子里他给了我极大的帮助。西南（勒尔）、南方（伦杜利奇）和中央（舍尔纳）这三个集团军群的情况给我留下的总体印象是出人意料的良好，都没有紧迫的危险。南方集团军群面对的敌对行动大体已经停止了。不过那边即使不至于心惊胆战，整体局势仍然较为悲观。另一方面，预备队的数量、实力和人员结构都好过我的预期，装备充足、补给也没有问题，而且居然比西线的军队还优裕。第二天，我下令加快西撤的速度。尽管前夜南方集团军群参谋部投降（勒尔被铁托的游击队俘虏，随后被处决，这对我们是个不幸的打击[①]），使得撤退一波三折，但该集团军群大量人员和东南集团军群主力军总算退到美军边界线上。在我向美方发出紧急请求后，这批德军终于进入了美军地盘。

中央集团军群运气欠佳，第 7 集团军个别人的高压手段令舍尔纳的命令几乎不可能得到执行。不幸的是，在全体投降协议的生效时限过后，该集团军群还在负隅顽抗。

我被授予全权处理权

4 月 24 日，国防军最高统帅部南方参谋部到来后，我实际上就开始行使新职能了，只不过直到 5 月初才收到正式文件。类似这种解决办法乃形势发展需要，个人想法无足轻重。我早在 4 月中旬就得到了关于计划草案的通知，尽管也向上表达了诉求，可直到当月月底也没等到正式任命。因无暇脱身，我遂遣了经济部的海勒博士去见邓尼茨元帅，请求我的职务即刻名正言顺，这才达成所愿。

我把司令部搬到巴伐利亚后，总司令权责随之从纯军事领域大大扩展到政治领域。职能倍增的原因在于，德国南北割裂后，南方每个政府部门有一位部长或国务秘书作代表，这些人都试图同当地一言九鼎的最高军事长官扯上关系（帝国领袖[②]和包括保护国捷克在内的各大区长官同样如此）。

从开始投降到实现和平这段时间内，做好武装力量指挥机构与大区长官之间的协调工作、公共安全的组织工作都是必不可少的。

即使是大区长官，也有盼望战争立即结束的人和一心顽抗到底的人，奥格斯堡

① 亚历山大·勒尔被控在南斯拉夫和希腊犯有参与屠杀犹太居民和战俘的罪行，战后被引渡到南斯拉夫，1947 年 2 月在贝尔格莱德被枪决。

② 帝国领袖（Reichsleiters）：纳粹党的最高党务官员，希特勒前后共任命了 22 人。

和萨尔茨堡的长官便是前者的典型，后一类典型出在慕尼黑和纽伦堡。5月3日，一场会议在最高统帅部南方参谋部所在的国王湖[①]召开，当地的大区长官不肯接受现实，要求继续战斗，或者至少由纳粹党掌控局势，否则无法维持秩序。如果我拒绝，他们会派一名代表即刻乘飞机前往邓尼茨处，以便明示他们的要求是无条件的。如果要让他们稍微开窍，认清现实，非得苦口婆心唇枪舌剑不可。我告诉他们，他们必须意识到，这个世界抱着消灭纳粹主义的目标同我们血战了五年之久，不会在赢得胜利后留这个政党继续掌权。其实我很清楚，纳粹党只培训其信徒们处理国内政务，完全没教国际政治基本常识。

****

重新适应投降后的时期需要一个全新的开始，还要断绝任何游击战的想法。

这些目标最后都实现了。一小撮躲进山里、逃避被俘的人不成气候，也不属于所谓的“志愿兵”。

由占领国接管前，过渡期的德国需要一套由无纳粹主义倾向的非政客组成的行政机构。虽然时间紧迫，这个主意获得普遍赞同并部分落实。为了整治“无政府状态”时期的劫掠现象，这个机构还组织了地方志愿保卫小组，后来经占领国批准，它们被地方警察机关取代。

第三，在占领国接手前，我们还必须采取措施，满足军队和百姓的粮食需求。之前只有在大量伤员和难民从俄国前线涌向贫困和偏远地区的时候，军队给养才成问题。

为了避免哄抢打劫，军需库里剩余库存都给了民众。

国务秘书海勒博士无比高效地组织起了可持续发展的定量配给系统，并拟定措施，鼓励批发和零售。最后只需要占领国当局批准即可，预计等到一次有艾森豪威尔将军出席的会议，我们的措施就能获得通过，然而那场议题堆积如山的会议始终未能召开。

我向德弗斯将军[②]建言，各技术兵种部队不但应保留，还应通过从全体队伍里网罗技术人员予以加强。然后可以根据与美国当局共同协商的计划，在对方监督下，

---

① 国王湖（Konigsee），位于德国和奥地利边境的小城贝希特斯加登旁边。

② 指盟军第6集团军群司令雅各布·劳克斯·德弗斯，他在慕尼黑附近接受了凯塞林所部投降。

即刻将这批技术人员用于修复受损桥梁或者在几处要地重建新桥，进而能恢复最急需的铁路及轨道车辆，最终让电话通讯系统正常运行。我们也准备尽快召集劳工和马队，恢复萧条的农业。

美军集团军群宣称大体同意我的建议，德军西线总司令部便着手制定必要的指导意见，以便为启动最迫切的项目做好一切必需的准备工作，令其得到美军认可，然而这些指导意见全部被驳回！

这里仅举一个例子。5 月末，共有 15000 名通信兵处于待命状态，准备维修公共电报和电话网。我确信，要不是因为摩根索[①]的影响力延伸到了美国军队，德国交通通讯系统和经济生活水平到了 1945 年年底可能足以支持国家重建，美方也能因此节省很大一笔开支。

战争尾声的指挥层问题

关于我心目中一个独立战区三军指挥链和指挥系统的最佳组织架构，这个话题太广泛，难以一一详述，但我想提一两点，它们或许是大众关注点所在。

希特勒采用的是多重组织机构并行的系统，也就是说，多个组织机构在同一领域内相互独立地运作。只有站在一个信不过任何人的独裁者角度才能理解这么一套组织系统。而它对于战争的实施是致命的，主要弊端在于内部互不信任——比如陆军与党卫军之间、政府部门与纳粹党之间；权重标准不一致；存在独立的权限范围等等。

在一场需要有统一的权力机关和经济体制的战争中，党委办公室这些累赘早晚会在某个时期、某些方面坏事。如果有谁想暗中破坏国家武装力量的结构，搬来这种机构——更准确地说是机构破坏者再灵验不过了，它们深得希特勒欢心。

对新队伍的集中控制显然是必不可少的，只有这样，新兵征募和训练才能与可用的战争物资相适应。仔细的提前规划对于新队伍同样有益，但不要忽略优先顺序（例如将空军置于陆军装备之上），不要最后迫不得已才拆西墙补东墙。压下供给新队伍的人员和物资也是大忌，等到形势有变，它们的用处已经大打折扣；反之，如果它们被立即投入使用，摇摇欲坠的战线兴许还有救。被希特勒寄予厚望的新军除非确实骁勇善战、装备精良，足以左右战局，否则没有存在必要。

---

① 指时任美国财政部长的亨利·摩根索，主张严厉处置德国，并起草了一个苛刻的“摩根索计划”。

1945 年又不一样了。我始终认为，如果在年初，或者最晚在一二月期间，倾尽所有可用的战斗人员和资源去防守莱茵河，当时完全沦为陆战的莱茵河之战或许会有另一种结局。错过这个时期，西线总司令部手中全部军力就再难有作为，除非几个老牌劲旅还能切实发挥余热。奈何我再不厌其烦地大声疾呼，上面也是充耳不闻。

投降

3 月底，曾担任过我的西南战线参谋长的勒蒂格将军[①]三番五次来电，恳请我能去他那里共商战局。当时我无暇顾及指挥区之外的集团军群，但到了 4 月，他真的归我指挥了。于是当月 27 日至 28 日，我便去因斯布鲁克见了他——反正正好顺路。会议在大区长官府邸举行，与会者还有冯·维廷霍夫和德国驻意大利大使拉恩博士，党卫军的沃尔夫将军本来也要出席，但是因游击队出没而被迫滞留某处。

在喋喋不休的开场白中，大区长官详述了政治局势、最近同希特勒的一次会谈以及绝望的南方战事。他慷慨激昂、直抒胸臆，表示我们必须趁还来得及的时候审视投降的问题了——当然了，应该等到继续战斗也毫无胜算的地步再做决定。借着他去洗手间的片刻，哈恩和维廷霍夫点评曰：仅仅过了几天，这位区长就口风大变。此话一出，我也忍不住竖起耳朵。

接下来维廷霍夫汇报军情，战况恶化到即将一溃千里。他也认为有必要讨论投降的问题并拿出一个明确的决定，现在还来得及。哈恩博士默不作声。

当时我还不知道他们向美国人发出和谈信号（这是我以前允许过的）已经到了谈判投降的形式，所以我仍然从军事角度出发做决定。沃尔夫的缺席令我抱憾至今，好歹我们上了一条船，如果他在场，一定会为我指点迷津[②]。

我争辩道，我们要以大局为重，身为军人必须服从命令，除非我们能问心无愧地说确实走投无路，否则决不投降。我们还必须考虑间接后果。C 集团军群过早投降会把东南集团军群和阿尔卑斯山以北的 G 集团军群推到悬崖边上。同样的，还不能忽略对那些仍在柏林城里城外浴血奋战的将士们造成的心理冲击。我们自身利益是其次。此外，我还告诉他们，我假设，或者说希望前线实际情况会有所好转，渡

---

① 汉斯·蒂勒格（Hans Röttiger），时任 C 集团军群参谋长。

② 作者注：同美军谈判一事我对自己手下任何官员都守口如瓶，哪怕我的参谋长也不例外，我不希望连累他们。

过我们现在担心的危机，就像曾经多次发生过的那样。

对于继续战斗的决定，现场没有异议。我感觉自己给维廷霍夫吃了一颗定心丸。但如果我当时知道内情：他们已经着手安排全体投降，恐怕会做出不同的决定和行动。道义上，我定然要信守立下的契约。我不是事后诸葛亮，时至今日不能说自己当初会作何反应，但有可能不会选择那条后来看上去适合西南西集团军群的路。

这里必须补充说明的是，有两名充当西南线总司令部特使的军官和党卫军的沃尔夫将军已经到慕尼黑附近的普拉赫（Pullach）的司令部拜访过我，他们应该是打算把我拉进他们的秘密计划里。但他们都相当谨慎，没有透露任何能引导我做出重大决定的信息。其中一位“奥地利自由运动”领导人甚至没踏进我的大门，而是通过我手下一个军官递交来一份隐晦的消息。

完成因斯布鲁克会议并取得心照不宣的会议成果之后，形势发展很不顺利，事实上可以说搅得我们双方均狼狈不堪。5月1日到2日晚上，我从前线视察回来，参谋长报告称，舒尔茨将军认为他这支完败之军继续抵抗也没有意义，请求立即授权他停战。

我批准了，次日冯·维廷霍夫便对他的军队播报了这条消息。与此同时我也将此事上报最高统帅部，报告中我为这次自作主张和受罚行为请罪，同时简单概括西南集团军群投降的后果，请求批准E集团军群和G集团军群投降，稍后我得到了许可。

5月3日，我任命指挥第一集团军的弗奇将军展开投降谈判，他的外交和政治造诣很适合这种艰巨任务，当天他在我位于艾姆（Aim）的司令部接受了具体指示。5月4日，应我方请求，投降谈判在萨尔茨堡举行，弗奇回来时垂头丧气。连最微不足道的愿望都落了空，所谓谈判其实无异于听命行事，卡萨布兰卡会议诚不我欺！西南集团军群亦同病相怜，5月1日至2日晚上会面时，该集团军群的谈判代表告之于我，恐怕要对他的“首长”做一些特殊让步。而这些特殊让步在我要来的谈判书范本里一字未提。

同样在那几天，为了手下与美军交战的部队投降事宜，我首次尝试接洽艾森豪威尔。后者回复说，除非是所有地区全体德军的投降谈判，否则他不会出面。我随即要求国防军最高统帅部着手于必需的下一步措施，那边也很快完成了。

5月6日，G集团军群的无条件投降生效。而为了避免进一步抵抗和无谓的流血，我早在5月2日或3日就宣布了指日可待的投降。我向官兵们致以谢意，呼吁他们以实际行动维护德国武装力量的名誉。无论在这一次，还是过去面向部队的各种讲话致辞中，我都解释过，唯有保持无懈可击的军人行为举止才能赢得盟军士兵的尊重，而且对于随后的高层谈判也是一份无价之宝。

我有一种印象，我军官兵们历经将近六年的战争并身处绝境时，依然能自重、自持，后来美军指挥官也证实了这一点。

5 月 6 日，我的司令部是阿尔卑斯山地区唯一还没投降的单位。奥地利萨尔费尔登（Saalfelden）一条侧轨上正空置着希姆莱的专列，我决定将一个经过缩减的参谋班子转移到那里，然后再次联系美方，与此同时我的总参谋长留在旧司令部，按照我的周密指示制定投降细节。我提议豪塞尔将军作为我的特别代表处理党卫军投降事宜，其间要严格按我指示行事，简而言之，切勿在最后一刻犯傻，比如逃进山里。豪塞尔是党卫军里最有人缘也最有才干的将军，他成功贯彻执行了我的指示，但这无法避免那些训练有素、久经战火洗礼的党卫军官兵受到区别对待，他们的待遇偶尔不人道。

这时，我才有得空思索个人命运，我是否应该主动从不可避免的未来、沉重的负担彻底解脱？想到自我了结只会将重担转嫁他人，我放弃了这个念头。

没过多久，我等来了一名美军少校及几个手下士兵，他们由我的警卫员接待，少校通知我，（美军）第 101 空降师师长泰勒将军在接下来几天会来见我。那位在当时资历尚浅，但没带武器且彬彬有礼的美国军官[①]（顺便一提，他后来先后担任了驻柏林的美军最高司令和朝鲜战场上的美军总司令）邀请我搬到贝希特斯加登酒店[②]住。谈妥了我的参谋部解除武装和投降具体事宜后，我被允许保留自己的武器、勋章和元帅权杖，然后在这位将军的陪同下乘车来到贝希特斯加登。

沿途，我还能向位于我指出的路线上的各德军单位致辞。

贝希特斯加登酒店最好的房间给了我们一行人，我被准许自由活动，但必须有布朗少尉陪同，他出生在慕尼黑，还算随和。我能够无需美军护送就去采尔特韦格和格拉茨探访同苏军作战的集团军群同僚，那位美国将军典范的品行可见一斑，但也同样折射出盟军内部的紧张关系。那段日子里曾拜访过我的美军集团军群总司令德弗斯将军就相当冷淡，尽管他仍维持着军队传统礼节。他的态度令我对自己今日的处境有了更加清醒的意识。

自搭乘列车开始，接下来几天我不停面对同盟国新闻媒体。这些采访按部就班、波澜不惊，说着双方基本上互相理解的话。此间我认识了库尔特・里斯（Kurt

---

① 指美军第 101 伞兵师师长马克斯维尔・泰勒。1945 年 5 月 6 日凯塞林代表德国南部战区总司令部在萨尔茨堡的石海山麓萨尔费尔登向美军投降，随后受到泰勒的热情接待。后来两人在贝希特斯加登酒店一起喝茶的照片被媒体登出后，在美国方面引起了一些争议。

② 贝希特斯加登是位于德奥边境的德国拜恩州城镇，战争期间是希特勒在阿尔卑斯山的战地指挥所“鹰巢”所在地。

Riess)，他后来为我做了特别辩护。

我再三请求同艾森豪威尔将军对话，希望力劝他采取得力措施对待德国军队和民众。然而我非但未能如愿，反而在 5 月 15 日被带到靠近卢森堡的蒙多夫战俘营，途经奥格斯堡时被迫留下了勋章和元帅权杖。这里得说句多余的话，无论我的两个总参谋长（韦斯特法尔和温特）还是手下任何军官都想象不出我卸甲后的结局有多么不堪，他们都对我知根知底，了解我在战争期间的几乎一切活动，做梦也没想到审讯或死刑宣判的下场。他们以为我要被带到艾森豪威尔面前，而不是特别战俘营。其实，开诚布公有何不妥呢？

投降一事在不同时间，从不同方面困扰过每个德国指挥官，尽管它其实首先该是政府关心的政治问题。

其次，投降可以是经政府认可或者下令而实施的军事行为。G 集团军群的无条件投降是前一种情况的完美范例，而通常意义上的德国武装力量停火属于后者。

如果一支军队被打败，如果抵抗失去了意义，抵抗本身成为徒劳，如果一支军队作为战斗力量的消亡不会直接损害军事和政治利益，那么投降或许是必要的。然而也要谨记于心的是，轻率产生无条件投降的念头会涣散军心，削弱战斗意志。有一种无条件投降，尽管置大局于被动，却是结束战斗的唯一可能的出路，典型例子便是在突尼斯的轴心国军队和在鲁尔的 B 集团军群，尽管两者具体情况迥异。

最后还有一种情况：继续战斗也无法牵制敌军，同时因为军队自身弱势而毫无希望，或者继续战斗对于战争结局无足轻重，这时指挥官是可以做主投降的。

无论上述哪种投降，都必须首先认真审视对邻近友军或者大局造成的影响再做定夺。

不顾对邻近友军的义务，突然实施有预谋的无条件投降是相当不负责任的。这些指挥官往往扯政治方面的借口，其实他们只具备相当有限的大局观。这样的例子在二战中同样存在。到了技术的年代，不与上级协商就擅自做出如此影响重大的决定的现象应该越来越罕见。

所有争议又把我们引回“政治军人”这个老问题上。我重申，德国武装力量不允许这种人的存在。作为冯·泽克特将军教导的产物，军人具备“宪法赋予的忠诚”，完全脱离于政党纠纷。

然而纽伦堡的国际军事法庭判处了这些军人死刑，法庭不要求他们表明自己有能力对重大国际政治事件施加决定性影响力，反倒要求他们证明自己处理关键性国内形势时去犯罪化，或者证明自己以暴力推翻政府。

1947 年年中，我在一篇文章中详细解释了“政治军人”的问题，不涉及第三帝国的具体案例，此文摘取引用如下：

我要求每个位高权重的高级军官都要具备政治眼光，它有利于深入、准确地洞察国内外政治生活中的事件。有了这层觉悟，一名军官就能全面认识自己的责任，并据此承担好自己作为国家首脑的可靠顾问的角色；才能预知军事需求，同时还能更好地适应政治环境。当然，这种微妙却必不可少的结合可能引发激烈的思想斗争和外界争议，涉身其中的将领必须考虑清楚，自己对于对外政策的态度会带来怎样的影响力。

但是，我无论如何也不认可“政治军人”，这种人以个人政治活动践行其政见，因而也曲解了“军人”一词的真正含义。他们兀自以特权者自诩，可是除非愿意归顺，否则国家和政府首脑不会容忍这种特权。即便今日，在 1947 年，很多国家都不乏能证明这一观点的事例。

关于上述引文，我还要强调两点。首先，一个军官，尤其是高级军官的立场应高于党政。第二，每个军人都应该遵从合法政府和合法国体。他必须信守入伍誓言，这便要求军人以服从命令为天职，至于服从长官和合法政府也无需多说。放宽这些军人义务就是鼓励“武装颠覆政权”，后者少有以造福祖国和人民为动机的。届时本该维护和保卫国家的军队却成了毁灭者。几个反例说明不了什么，反而显示出在极少数情况下，解除誓言对一个位高权重的军人而言或许可能就是一种道德责任。此人必须知道，自己是在万众欢呼和诅咒之间走钢丝。

另外还有一点，军政之间存在与生俱来的对立，只有少数人能将两者融会贯通。所谓将注意力投向政治的军人不再是一个好军人，这是有一定道理的。我从自己的战场亲身经历知道，政治协商在关键时刻下可以影响军事绩效。对我而言，分权不失为一种可取的办法。然而事实是，部队是好是坏都与指挥官休戚相关。我们身处的启蒙时代需要军官领悟到政治关联性并解释给手下。只有这样，才能把“穿军装的百姓”从“党派的百姓”打造为“心系国家的军人”。这项任务之难，再怎么高估也不为过，因为两个世纪以来，大部分时间里德国战火连天，国人已经忽略了政治教育，而且在极左和极右主义的政党政客之中，我们还得应付那些对自己国家或多或少持全盘否定态度之人。

由此可见，将“穿军装的百姓”培养为忠贞爱国、履行誓言、坚定不移地效忠国家与宪法的军人，这始终是至高无上的法则。

二十四　我的战后经历

· 蒙多夫的“阿什战俘营”
· 纽伦堡
· 达豪
· 肯辛顿战俘营
· 1947年2月-5月在威尼斯受审，阿尔代蒂内墓穴事件和报复。
· 死刑判决
· 对意大利古迹和文物的保护
· 在德国韦尔服刑
· 总结

第一年的牢狱生活

这时谈判进入到让“无条件投降书”生效的阶段——然则我压根不愿重温投降后这段时期及其间所有痛苦的遭遇。我认为，在这片伤痕累累的古老的欧洲大地，我们必须消除分歧，学着相互理解，开拓一条通往欧洲大团结的道路，它终将取代那个已经成为过去的群雄割据的欧洲。我一直相信白里安[①]的理念，特别是成为航空兵后，对于有必要建立欧洲新秩序的最后一丝怀疑也烟消云散。任谁驾驶一架1934年产的低速飞机从柏林起飞，不得不在飞了一个小时后停下来研究地图，以免越过捷克斯洛伐克的边境线，那么他就会豁然开朗了。正如我在1948年早期对美军历史

① 阿里斯蒂德·白里安（1862年—1932年），20世纪初的法国政治家、外交家。法国社会党创始人。他担任法国总理期间，于1925年推动签署了对德和解的《洛迦诺公约》，从而与时任德国总理的施特雷泽曼共同获得次年的诺贝尔和平奖。白里安还以积极倡导欧洲联合，呼吁建立欧洲合众国而闻名。

部门一名官员所解释的那样：“如果我选择了西方，一直在我有限的活动范围内战斗不止，为了实现欧洲联盟，顺带也为帮助美国历史研究部门，这对一个感觉自己被英国法院不公正地判处死刑的人而言意义重大。”

尽管对个人而言可能很难，但我们必须学会遗忘。可是还有太多已经发生的事、太多是非曲直必须得到继续讨论，并非抱有反将一军之心，而是为了从我们过去的错误中吸取教训，造福未来。

辗转于盟军各种战俘营和监狱的日子充满艰辛。1945 年在蒙多夫的“阿什战俘营”[①]——多么意味深长的名字，我遇到了曾经的德国政府、军队和纳粹党头面人物。我和前经济部长施未林·克罗克西（Schwerin Krosigk）伯爵或许可以宣称是我们安抚了那些人躁动不安的情绪，拉近了彼此的距离。看守我们的军官和士兵都善解人意，与战俘营营长安德鲁斯上校形成鲜明对比，后者坐上纽伦堡国际军事法院典狱长位置大概也正是这个原因。我们所有人都发现这位美国军官阻碍国际间礼仪及互相尊重的精神，一些年轻的美国军官认为我不该在这个战俘营，尝试着把我转到别的营，那边没这么重的煞气。他们的好心令我感激不尽，即便这番努力功亏一篑也无损于我对这群没有被仇恨蒙蔽心智的军官的看法。

我在上乌瑟尔得到照拂，只有几天在一个临时审讯营里受过无事生非的挑衅。但那边的所见所闻谈不上愉快，我得出一个结论——后来的经历也证明了，情报工作会在从业者身上打上独特的烙印，能把他们改造成一种人见人厌，乃至令人发怵的类型。如果没有这么多德裔入行，何至于横生如此多的事端。指望这些遭遇过不幸，然后被自己国家驱逐的人保持客观和人道主义也是为难他们了。

1945 年 12 月 23 日，我到了纽伦堡（要知道，这里对一个羁押候审的囚犯而言永生难忘，五个月的单独监禁，不给任何解释）。无论是锻炼还是做礼拜时，我都会感觉自己像个麻风病人被避之不及。没过多久，我就作为戈林案件的证人接受了无休止的交叉盘问，正如律师对我感慨的那样：“总算来了个经典的证人，可以换个花样了！”作证期间两件事令我记忆犹新。在一次冗长的解释过程中，我一直在证明波兰战役初期的空袭属合法行为，我说（帝国）航空部以《海牙公约陆战法规》为依据，起草过空战的适度规制。检察官戴维·马克斯韦尔·法伊夫爵士（David Maxwell Fyfe）遂从他的交叉盘问中得出结论：

“就是说，你们允许这么干，允许违背国际法，袭击这么多波兰城镇吗？”

① “阿什”（Ash）一词在英语里意为“灰烬、废墟”。

法庭上片刻的沉寂后，我提高了声音："作为有过四十多年职业生涯的德国军官、一名德军元帅，我给了自己的证词并宣过誓。如果我的证词像这样得不到半点尊重，那么接下来我也没什么可招供的了。"

惊愕之下，法庭一时无言，直到检察官打破沉默，说："我无冒犯之意。"

后来，辩护律师拉特恩泽尔博士希望了解意大利的游击队情况，苏联检察官鲁坚科立即起身："在我看来，这位证人是最不适合谈论这一话题之人。"他宣称道（关于此事，我已经省略了很多），这个叫鲁坚科的人在他工作中做过什么事，我可是有所耳闻。我很遗憾法官席上无人有同样的认知。总之，长时间的庭外审议后，这个话题就此结束。

纽伦堡之后，下一站是达豪。同行的同志们都被警告过不准同我交谈，我也得到了类似的警告。结果，到了达豪"碉堡"，我想不同任何狱友说话都难，因为我、勃劳希契元帅、米尔希元帅、国务秘书博勒（Bohle）、大使冯·巴根（Bargen）以及一位下级指挥官被塞进同一间巴掌大的牢房。看守是一个吉普赛人，他对我的手表表现出异乎寻常的兴趣。进入这座碉堡后，每当思绪飘荡到一切更积极的事物上，我就重拾起立正不动的艺术。

因身体虚弱，我们被转到一座临时营房，并被获准在管辖区域内自由活动，这时党卫军战俘们重新开始关注起我们的命运。

之后我又回到纽伦堡，接着到了朗瓦瑟（Langwasser），在那儿和许多同志短暂重聚后，我和斯科尔兹内[①]被单独关在一间壁垒森严的牢房，条件是无可否认的优越：舒适的房间、最可口的美国菜与友善的狱警。可惜好景不长，我被带到另一个战俘营，受到严密监视，连最隐私的活动也不能例外。三个看守中两人手持汤普森冲锋枪，一人拿着手电筒。这日子跌宕起伏，两天后我又和利斯特元帅、冯·魏克斯元帅以及另一名下级军官被一辆豪华轿车带到位于阿伦多夫的美军历史研究部门驻地，一名军官兼绅士随行陪同，他的友善令我们感觉回归到同类之中。在优秀的波特上校领导下，历史部门的官员们不辞辛劳，为我们纾解走战俘营惯常的艰苦作风。在阿伦多夫，我开始说服一些将领和总参谋部军官参与二战史的编纂工作。我对他们表达出自己的主要观点：这是我们唯一能致敬我军将士的机会，同时也是唯一能点拨同盟国历史学家研究真相的机会。至于记载我等个人经历倒是其次。这项工作主

① 奥托·斯科尔兹内：党卫军特种部队头目，二战期间策划实施了一系列令人瞠目结舌的特种作战行动，其中最著名的一次行动是1943年带领一小队伞兵空降进入大萨索山，兵不血刃救出被意大利人推翻并囚禁的墨索里尼。

要难在我们缺乏档案材料。同样的，依我所见，我们的工作对于任何事关那段历史时期的盖棺定论都能提供有用的证据。我想向历史部门里所有理解我们及家人处境的军官致以谢意，只可惜无法一一列出那么多的名字。他们无一例外，堪称友好与亲善的使者，那时如此，现在依然如此。

1946 年秋季，我在著名的伦敦“肯辛顿战俘营”关了一个月，那里由斯科特兰上校执掌大权。关于此地，众说纷纭，但我个人倒是被多加照拂。我几乎每天都要与斯科特兰上校会面，逐渐建立亲密的关系，也从中感受到他是个公正不阿的人（事实上，他坚决主张还我自由）。有天晚上，一个爱摆谱的虾兵蟹将对我出言不逊，我将此事告诉了上校，从此以后再无人有过僭越之举，即使那位刁钻的军士也不例外。

这里顺带简单复述我与一位有犹太人血统的审讯官员之间的谈话，话题是反犹太主义在全世界呈抬头之势，而这次是在同盟国国家许多地区暗地里流传。

“你没摸清时局动向，”我告诉他：“你们可能正在错失一个千载难逢的机遇，即为犹太人民在全世界立于不败之地奠定基础。你们可以理直气壮地要求严惩犹太人的罪人们，要求他们补偿所造成的伤害。每个德国人和全世界人民都能理解，八方支援也会源源而至。但要命的是被复仇的心态牵着鼻子走，因为冤冤相报只会生出新的冤孽。”

他明显为之触动，回了一句：“说得不错，只是未免太苛求我们犹太人了。”

“我明白，”我表示同意：“但能换来万世太平，莫非不值得一试吗？”

在阿伦多夫的好处是对探监网开一面，于是 1946 年岁末年初，我们得以和家人共度圣诞节和元旦，这对我方眷属也是莫大的安慰，她们能熬过往后的年月肯定需要归功于这些探视。

1947 年 1 月 17 日，我途经萨尔茨堡被转送到意大利里米尼接受公开审讯。包括波特尔在内的两名上校将我护送到法兰克福，再移交给另外两个和蔼的英国官员。由于时局混乱，在萨尔茨堡，我和最后这批官员在当地一位美国平民家留宿了几日，不料在曾是马厩的房间里一起过了一夜。到了里米尼，我们又受到一个大型代表团的迎接。这短短几天里，我看到了国界线与败军之将的身份差距并未阻隔同志情谊，很是欢欣鼓舞。

我发现，军人往往比那些自认具备职业才干的政治家更优秀，也更具政治敏锐性——这点一直令我欣慰。讽刺的是，按照记载，这些军人每每备受全世界否定、中伤和奚落，到了真正需要他们的时候被推上头把交椅，万千荣耀加身。只需看看美国，就能找到不少例子（马歇尔、艾森豪威尔、麦克阿瑟）。这还不足以提醒世人，评判军人时少一份敌意与偏见吗？

我的审判

清晨6点，我准备动身前往威尼斯的梅斯特雷镇（Mestre），战俘营狱友们举行了感人的送别仪式，他们都对我表示了支持，我也承诺会捍卫他们和德国的荣誉。由于一些非德方责任的意外，我的律师迟迟未到，检察官遂打算在我缺席的情况下就进入审判程序，或者只指派一名担任过控方证人的法官来协助我。这一次，仍旧是一名英国官员挺身而出，告诉检察官："这场审判绝不能以闹剧开始。"

冯·马肯森和马尔策先我一步，于1946年11月在罗马受审，两人和我一样都被指控于1944年3月24日在罗马附近的阿尔代蒂涅枪决了335名意大利人，也都在审判当月30日被判处死刑。那时我为这两名部下作了证，但都无济于事。

在威尼斯梅斯特雷，对我的审判始于1947年2月，终于5月，持续了三个多月。其间激烈程度超过我在罗马出庭作证的六天。死刑判决结果下来那天，我与一位英国官员一番长谈，末了，他说："元帅先生，您不知道审判过程中，尤其在今天，你赢得了在场所有英国官员多么崇高的敬意。"他们或许认为我在苦苦支撑，我回道："少校，倘若我表现得有丝毫异样，我也不配为一名德军元帅。"

除了都有军法官这个位置，威尼斯和罗马的军事审判庭结构完全不一样。在威尼斯，法官作为唯一的司法官员能够做的只是为那些军事审判员们提供建议，而军事审判员们没有受过任何正规的司法培训，因此他们经手过的审判几乎无一例外都以死刑为结局。如果这位法官的最终陈词宣布我"站在最后的暮光之中"，那我可以确定地说，我在这位法官刺眼的偏见中看不到丝毫光明。当时一份瑞士报纸表示他是"第二好、甚至是最好的"检察官。

这个法院的构成不符合国际惯例，其成员除了一位将军（哈克威尔 - 史密斯），还有四名英国上校。审判后半程里，庭长看上去很享受一个随性的审判官角色，当我正遭受的不近人情的百般讯问不存在一般。斯科特兰上校在一份宣传小册里处理过"凯塞林案件"，他评论此次裁决，大意是：在英国和德国，所有思维正常的人心中自有一杆秤：谁成了这两场审判的牺牲者。可以说这是奉国王陛下旨意召开过最拙劣的审判……

现在来说案件本身。我的起诉书中列举了两项罪名：一，指控我参与杀害335名意大利人，上文已有提及；二，指控我通过两道命令煽动手下军队采取报复性手段和违反陆战公约规定及惯例的方式杀害平民——这些命令最终导致总共1087名意大利人蒙难。至于起诉书，简单得好像预兆到了未来，附件里的证据只有证人誓词，也就是所谓的“士官证词”（sergeant-affidavits），此外空无一物。

总结案件时，军法官向法官们提议，所有报复行为的责任方当时已经从德国武装力量转换到党卫队保安局，如果法官能接受这个说法，那必判我无罪。依我之见此为罪项一的关键所在，可从“死刑——枪决”这一判决结果来看，法院不认为上述提议得到了证实。然而我的总参谋长、作战参谋、情报参谋都宣誓并证明了希特勒明确下过一道命令，将报复行动的执行权转给党卫队保安局，此事后来得到德国官方每日跟踪报道战争的文书员证实，甚至党卫队保安局指挥官也在审判过程中供认不讳。

在这些证据面前，为什么判决结果仍旧为“有罪”？唯一合理的假设是法庭认为我的参谋们宣誓过的证词不可信，这令我们所有人都难以理解。最后，我告诉自己，究其原因，只不过是对方对于誓言的含义另有解释。两场审判下来，我愈发确信，在盟军的审判程序里，宣誓不是促进真相的方式，而是强行从不幸的牺牲者身上榨取合理真相以外的东西的手段。

我有权假设法庭会考虑到此案的依据在国际公认的准则里至少是存疑的——这方面证据确凿，而且鉴于英国法院曾有先例，我还假设被告定然适用于“疑狱从轻”原则，因此没料到会被判决有罪。

再看诉讼——法院从没给出可以证明判决成立的理由，根据大法官向军事法庭做出的指示，或许可以进一步推知，报复行为的合法性是为法院所接受的。此外，法院一定也认为，我和冯·马肯森被证明了在我们的权责范围内没有允许过任何报复行为——按照希特勒的命令，我们没有这个责任。但是另一方面，我们也被证明处决了一些在国际法里罪有应得之人以儆效尤。像这样故意违背希特勒命令的行为本来至少应该被法院视作正直地践行人道主义的努力。

希特勒一纸圣谕，决定按10倍的比例血债血偿，并指定由党卫队保安局执行。按照这道命令，德国军队置身事外且无任何发言权。法院似乎对比例问题存在分歧（我们努力减小了报复比例，这点却被他们无视），但反正认为它超过合法范围。倘若如此，一件众所周知且被证实的事实就更令人称奇了：盟军将领们也曾以相同甚至更高的比例下令实施报复，况且他们当时既无军事险情，也不存在罗马阿尔代蒂涅一案里那种突发状况的前提条件。他们定下的报复比例数是否合理，我尽量不予评论，因为报复行为本身还公开存在争议，这在本书第21章详述过。

不管怎么说，事后多年，不知道当时的大环境就宣判是非对错是很困难的。单凭他们身为胜利者，我的案件法官们如果能考虑到这一点，那肯定不是坏事。意大利，这个受枪决影响至深的国家，开设于同一个法院的法庭曾裁决过党卫队保安局成员卡普勒[①]无罪，我想英国法官们兴许对此良心不安，于是试图弥补他们以为的错判。

回顾报复一事，千万别忘了事出有因：其一，有一批警察、老人和可敬的提洛尔人在履行本职工作、保护意大利人民过程中被屠灭；其二，大批当地民众遭到杀戮，罪魁祸首假爱国之名，行破坏之实，暗地里开展他们的勾当。这些人不是初犯。由于先前发生过几起暗杀，罗马人得到了公共布告和教会的警告，知道恐怖主义行为再不收敛会有什么后果，他们本应引以为戒。

一个英国友人告诉我，他们认为我承担了不该我承担的责任，只不过这件事无法适用于阿尔代蒂涅案，因为我向法庭证明过军队无权管控党卫队保安局。但是，这个问题不值得争论。

我已经说过，我和冯·马肯森都尽了最大努力去阻止报复（英国法庭对此不以为然）。另一方面，纽伦堡的第五美国军事法庭明确表述过更合情合理的观点：

> 要逃脱这种行为所牵涉的法律制裁和道德污点，只需证明他们一有机会就规避了所有这些罪恶的命令即可。

我和冯·马肯森、梅尔策均被判处死刑，只因我们努力规避希特勒的命令却以失败告终，可这绝非我们的过错，因为我们被剥夺了与报复相关的权力。

在这种情况下，法院未能查实诉状（各界对此都颇有微词），更是凸显了司法公正被歪曲。

至于罪项二，我已经在第21章尽可能客观地描述过意大利游击队的发展和战斗方法、德方对策的性质等等，最后一点清楚地表达了我对所有涉及游击战问题的基本态度。1945年年底我致信意大利总理德加斯佩里，请他考虑到我正遭受新一轮极端不公的迫害，动用身居高位之便公布事实真相，信中一句话如下：

> ……我对意大利父母们白发人送黑发人的苦楚深表同情，唯有向这些悲痛的人和所有为国捐躯的人们无声地鞠躬致敬，他们没有沦为外国势力的工具。但是，难

---

① 1944年开普勒驻罗马的德国党卫队保安局和秘密警察头子，阿尔代蒂涅案件的执行者。

道这些男男女女认为德国的父母在得知他们的爱子被背后的冷枪伏击身亡或者被俘后受尽折磨而亡后不会悲痛欲绝吗？难道他们不懂，我的职责正是要保护手下将士们不至于沦落到这种下场吗？

罪状二的起诉书依据牵涉到我在意大利先后于1944年6月17日、7月1日、8月15日和9月24日下达的几道命令。这里我只谈检察官的最后陈述中定罪的几点：

“要以一切可行和最严厉的方式贯彻执行同游击队的斗争。我支持任何指挥官选择超越常规制约措施的方式和力度。”（选自6月17日的命令）

最早的英译版中，“方式”一词被翻译成“手段”。这样读来，这句话似乎就坐实了对我的指控。令我震惊的是，不久后在帕多瓦对党卫军将军西蒙的审判中，检察官再次使用了“手段”一词，可此前他还在我的审判中担任检方的低级顾问。继续保留这一误译真的合适吗？

另外，古训有道是，宁可为实现目标而选错了方式，也不要掉以轻心和坐视不理。要对游击队予以打击和摧毁。

这句引用显然是指导意见，它被通告给了师长及以上级别的全体指挥官。遇到此机密文件框架内的案件时，他们必须发布命令。它和后续几道命令的目的都是防止双方斗争恶化到一发不可收拾的地步，同时强迫指挥官们重视以前不上心的游击战。另一方面，也是为了赋予反游击与前线战斗同等的重要性，并允许使用现阶段所有可行的手段。

有人相信“我支持任何指挥官采取……”可以被解读为我支持任何报复行为。可这明显是曲解，从命令同报复行为本身毫无关系这个再简单不过的事实里就能看出来。

同6月17日的命令不同，1944年7月1日我的第二道命令是纯粹的作战令，不过它包含了设想到的报复行为的原则，参见（b）和（c）段：

（a）我在向意方的呼吁中声明了毫不妥协地同游击队战斗到底，这份声明绝不是虚张声势的恐吓。我要求，所有军人和宪兵都有义务在形势需要时采取最严厉的斗争手段。游击队干下任何暴力行为，必严惩不贷；

（b）在游击队员大批出没的地方，按一定百分比逮捕该地区男性居民，比例需即刻确定。如果发生暴力行为，他们将被执行枪决；

（c）如果士兵和其他德国人在村庄遭到射杀，则烧毁该村庄，公开绞死罪犯和元凶。

既然巴多格里奥和亚历山大通过广播呼吁杀害德国人，激化游击战，上述命令便是我的回应。我相信在我的案件中，拟定起诉书的英国当局若是知道美国的陆战条例第358项条款，就不会有涉及（b）段的指控了。该条款规定如下：

为了防止敌方战斗部队或平民做出非法行为而逮捕和扣留人质，且明确声明了目的，在非法行为还是发生的情况下可以惩处或者处死人质。

不仅如此，美国人的权利观念甚至允许就地处决游击战士兵和游击分子，就是说可以省略过去的法定程序。不过我不需要行使这种权利，因为我这里从来没有一起游击队成员在做出敌对行为后未经军事法庭审判就被处死的案例。如果法庭力图从我在9月24日的命令（“我还要求，将来军事法庭必须是当场即时召开……”）中得出相反的结论，那就不可思议了。因为法庭上已经指出并通过证据证明过，句中关键词是“当场即时”。这意味着军事法庭不是出事后才第一时间设立，相反，它原本就一直存在。其实，这些措辞的用意是提醒官兵，如果国际法运用得当，合法、有效地惩处违法犯罪行为的措施是存在的。如果审判庭认为我的指示是煽动“针对意大利平民百姓的恐怖主义”，那我必须驳斥一点，我的指示中从没出现过“平民百姓”“妇女儿童”字眼，因而也没有这层意思。

我受审期间，所有住所地址已知的德军总司令、军长和师长都在法庭做过口头陈述或者递交过书面誓词，表示他们始终无法理解我的指示被检方提炼出的那层意思。当时只有伦敦肯辛顿监狱里一位总司令因为不难理解地患上囚犯精神疾病，压力之下对我的命令做了批判性评论，但这些评语未经宣誓，而且他后来作为自愿证人，在法庭宣了誓，收回了过去的话。看来法庭不承认这种改口的证词有效，所以我恐怕还需要做出更彻底的解释才能得到宽大处理。

我的命令原话是:“我支持任何指挥官选择采取超过常规制约措施的方式和力度。”

证人回忆的是:“我支持任何指挥官采取远超规定之外的方式和力度。”

后一句措辞理应引发异议，除了它本身是个错误之外。即使有人希望把关注重心引到其他一些未经证人宣誓的口头和书面陈述，证人的评论（“这道命令置军队于极危险的境地”“元帅的命令给了军队太多的自由”）也不能被解构为煽动针对平民的恐怖主义。此外，那位能干的军长的参谋长提供过证据，法院从而必然知道军队士气其实未受危及。

难以理喻的是，在宣誓证词整体得到阐明之后，法庭仍然坚持采用了那位证人在伦敦做出的书面陈述。可事实就是如此！

我7月1日的命令最后一句原话是“严禁任何形式的抢劫，一经发现，严惩不贷。所有措施必须严厉但公正。此为维持德军的良好声誉所需。”

上述言辞是对法庭裁决的有力驳斥，它们才真实体现了我的命令的用意。

8月21日和9月24日的命令或可以说服那些抱有成见的法官们相信我从没打算实施恐怖主义。下文就选自1944年8月21日的命令：

近几周来，在打击匪徒的重大行动过程中发生多起事故，严重损害了德国武装力量的良好声誉和纪律，而且它们同报复措施毫无关系。

同游击队的斗争必须以最严厉的方式贯彻执行下去，偶尔伤及无辜是在所难免的。

然而，舍姑息安抚政策而选择采取大规模作战行动，结果只在民众中引发更大的骚乱，还造成供应困难——其后果到最后全由德国武装力量承担，这就说明行动实施方式有误，而且只能被视作军队劫掠。

在致我国驻意大利大使拉恩博士的亲笔信中，领袖对我军打击游击队的行动方式和万不得已的报复措施大吐苦水，为这些措施承担苦果的是意大利百姓，而不是游击队匪帮。

整项任务的结果已经严重损害了意方对德国军队的信任，树立了新的敌人，还帮助敌人宣传。

以下出自我在1944年9月24日下达的指令：

领袖再次向我转达了一份书面声明，事关我驻意单位成员对百姓犯下的恶行，它们违反了我于1944年8月21日发布的指令，且方式粗暴，以至于那些正直激昂的百姓都被迫转投了敌军或游击队阵营。我不想继续纵容此等行径，因为这种懦夫的暴行会带给无辜群众怎样的苦难，我再清楚不过。

领袖的抗议正转呈给总司令部，某位有能力的将军正受命对几桩最为恶劣的案件展开调查并将调查结果汇报于我，还要递交给相关责任指挥官做最终决定。这些军官同样要向我汇报结果。

然而，上述命令而言，根本问题在于当时所做的官方调查证明不出德国士兵有罪。而且我在法庭上拿出证据证明过，我也调查了我军一名军官犯下的违法案件，翻阅了所有报告，并打算事情一经查明属实，就将此人交由军法审判。关于8月21日的命令，如果法庭的理解是，我在6月17日和7月1日的两道命令中隐晦煽动恐怖主义（也就是暗指我只是下达了有罪的命令）至此发展到公然煽动的地步，以图将罪责转嫁给执行任务的部下，那么实在不符合我过分揽责上身的名声。倘若果真如此，我也绝不可能成为"广受爱戴"的总司令——我过去的部下们时至今日仍忠贞不渝。事实上，对我的指控放之任何法庭都无法成立。即便我在另一起案件中承认了自己的部队有可能违反过国际法，那个意大利军事法庭也判决我无罪。

简单谈谈士官证词，这种证词不是当着经授权的宣誓主持人的面被记录在案，而是在事后多年基于上百人时不时地陈述做出来的，他们当时仍然处于游击队和其他人的压力之下。同时期意大利人审理的大部分案件证明了这些证人的陈述要么失实，要么夸大其词，因而作为证词也无甚价值。现在水落石出了，这些存疑的罪行有一部分被记录在像"黑色旅"那样的新法西斯组织或者穿着德军制服的意大利犯罪团伙账上。英国的调查法官在一份以我的名义递交的诉状里确认了此事，他对战时驻意德军采用的办法有独到的了解，因而还在诉状里强烈呼吁我和冯·马肯森和梅尔策不仅该被释放，而且该被赦免。

最后还必须要说的是，所有为我辩护的德意两国证人都被认为"不可信"，相反，意大利证人天花乱坠的故事和英方的士官证词却被视作"可靠"的证词予以采信。我们这些坐在被告席上的人自小接受的就是德国的司法概念，对于法院没有采用"疑狱从轻"，随后"死刑枪决"的判决居然能通过，我们都难以理解。

我的四个辩护律师——拉特恩泽尔博士、弗罗魏因博士、舒尔茨博士和施温格教授事先怎么都不肯相信我会被定罪，后来，军事法官在两个法庭做出"有罪"裁决时，他们信誓旦旦向我保证，除了不确定能否争取到一个非常宽大的处理之外，其他都不是问题。尽管我持相反看法，他们仍坚持己见。结果听说自己被两个法庭均宣判死刑时，反倒是我要安慰我的律师。这就是当时的真实一幕，之所以写下来是因为我需要深入阐明诉讼过程。这个审判程序是为胜利者审判所有众所周知的战争罪应运而生，批评存在其中的过错只是浪费口舌。

判决结果公布那天晚上，我在一封信里一吐心声：

1947年5月6日，尘埃落定。结果乃我预料之中，不是因为我不相信自己行事正当，而是因为我怀疑这个世界的公正意识。我的辩护律师和很多人都对裁决难以置信。在他们看来，即便我的良心已经无力承担，我也应该寻求一个合理的解释。但这个裁决结果是必然的，因为

1）作为军事法官拼命争取的结果，对我的审判被安排在罗马审判之后；

2）游击战在今天仍然被歌颂，不能以罪行之名载入史册；

3）整体而言，德国军官及其军事职业必须受致命的打压。

今天，西方大国轻率地忽略一个事实：他们这样做会害到将来的自己。我还记得发生在纽伦堡的一段对话，那时一个见多识广的熟人告诉我：

“无论以何种方式，你一定会遭到秋后算账。你地位太高，太受拥护，是一个威胁。”

这句评语提醒了我，应以证明我们行事光明磊落为己任，而我个人所作所为的出发点是爱民之心、是我的名誉和军衔。我努力不辜负世间对自己的要求，而且籍着上帝恩助，我尽量忍受着可能要承担的最深重的苦难。我敢说自己一生都在精益求精。如果我跌倒，那么请让那些清白无瑕之人审判我。满口圣贤者的非难无法动摇一个迄今或者曾经自尊自重的人。我的人生很充实，忙于工作、操心事业、履行职责，不会做以苦难结束的坏事。但如果在这种情况下，我依然能在战友们心目中占有一席之地，如果那些德高望重的人仍然愿意与我一叙，那就是莫大的恩赐了。如果我甚至得到了过去的敌人认可，所有人都为我的判决震惊、摇头叹息，那便意义非凡了。如果意大利方面声称我应该被授予四枚黄金勋章，而不是被推上审判席，这就是努力超越当今一些负面情绪的反映。

1950年和1951年，巴伐利亚的去纳粹化法院处理过与威尼斯审判相同主题的案件，最终决定被告“不受牵连”。尽管我、还有英国人都看出了诉讼程序有违“一事不二审”原则，我仍然很感激法庭裁决里开诚布公的批评。

我在这一章开头就说过，法庭至少应该注意到此案的法律地位是有疑问的。根据国际法制的惯例，审判应该完整考量我的所作所为——我的律师认为就凭这个思路，就可以判我无罪。恕我直言，当时军法官勤勤恳恳、一字不漏地记录下了其他所有细节，唯独到了证人在就后面出示的证据接受质问时，军法官一脸不耐烦地放下了他的钢笔，明显漠不关心。

尽管整个人连同报应被推上风口浪尖的滋味不好受，但我还是要在这里提一点，它已然成为历史过去，可能很多重要人士还会质疑它究竟源于何处，我甚至要因为

决定坚持这个观点而承担不寻常的责任。但我依然认为这个观点中的一些细节值得一提，因为应该让德国人民和其他西方国家人民知道：战争固然是血腥的，然而德国军人受人道、文明和经济因素引导，已经超过了这种规模的战争所容许的尺度。

保护意大利平民和文物的措施

担任南线总司令时，我制止了疏散数百万罗马居民的计划，1914—1918 年的战争期间，临近前线的城市居民通常主动或者被强制撤离，这次罗马已不可同日而语，它距离战场仅 14 英里，人口却大约增加了二分之一。从这座城市疏散人口——哪怕只局限于特定人群，也会因盟军空袭而面临交通不便和供养困难，进而必然导致成千上万的人员伤亡。

按照希姆莱的命令，罗马的犹太人群体将被驱逐到未知的地方。我亲自断绝了这道命令的执行可能。然而在罗马的犹太人群中，我至今仍背负着刽子手共犯、罪人等恶名，可见他们对我当初的援助知之甚少。

我还成功阻止了其他人口密集的城镇和村庄的疏散，措施如下：

受限于交通落后等困难，意大利政府机构无力供养该国中部地区民众，即使有德国的援助还是很吃力。多亏我们通过恰当的线路组织起粮食供应，还用货运列车和卡车从德国的仓库和军需品舱位站调运来食品，帮助意方渡过难关。我们冒着调走前线士兵的风险，保证了意大利人民的最低生活需要。我还批准将奇维塔韦基亚港口设为中立地带，供红十字会使用。此外，罗马教廷也以其有限的资源予以了协助。尽管每辆往来于意大利北部和罗马之间公路上的卡车车身上清楚标明了红十字标识，上述种种措施都因盟军空袭而举步维艰、损失巨大。

但凡战时在罗马呆过的人都知道德国技术部队有多么频繁地被派去修复爆管的自来水主管道，而且每个意大利人都该知道德军哪怕撤离，也将供水设施和其他公共设施完好无损地留给了他们，因为我们冒着军事上极其被动的风险，克制住自己，没有炸毁桥梁等设施。

最后还应提一点，由于德方积极主动，提供人力、物力和武器，在向来拥挤不堪的乡村和城镇，盟军空袭造成的损失才被控制在合理的范围内。

对教会和意大利文物的一般性保护措施自 1943 年 9 月开始实施，这项工作基本上由德方独立承担，一部分来自教会里几位亲王以及意大利教育部的请求。随着工作量越来越浩瀚，到最后，一个专门的“艺术品保管办公室”在我的司令部里应运而生，由哈格曼博士领导。保护艺术珍品的指令非同小可，因而绝大部分方案都必须先提交给运作机构审核其可行性。

文物转移工作根据地面和空中局势来分阶段进行，但是即便如此，实际情况也不尽如人意，我们渐渐不得不转而诉诸一切权宜之计。下面我个人仅就南线总司令部完成的事项解释一二：

最简单的方法莫过于凭借有我签名的布告牌，封闭极具文化价值的镇子和村子的交通。我签署了数百张这样的布告牌，可以说，印象中没有发生过一起违规事件。

许多城堡、教堂里的艺术品、档案古籍和藏书都转移到拥有货仓的安全场所。例如，举世闻名的卡西诺修道院里的文物都由“赫尔曼·戈林”装甲师搬到奥尔维耶托，随后遵照我的命令被移交给梵蒂冈教廷保管。更不要说其他无数被德军抢救下来后交给梵蒂冈的文物。

第二项工作是将佛罗伦萨的艺术品搬到附近几个隐蔽的别墅，当那里也面临威胁，就像卡马尔多利和圣埃雷诺的修道院那样，它们又被继续运送到南蒂罗尔。根据我的直接命令，美第奇家族别墅所在地波焦阿卡亚诺（Poggio a Caiano，佛罗伦萨附近）被排除在防御地区之外，而佛罗伦萨派作品就珍藏在别墅里。此外，临时存放在马尔扎博塔（Marzabotta）的艺术品最终都安置到了费拉拉。最后，由于缺乏仓位，难免会有一些艺术品留在原属地，但它们四周也会加筑防空掩体保护。这在不属于“医护城市”或“不设防城市”的地方也不例外，连维罗纳也属于这种情况，它作为交通中心枢纽，格外受盟军轰炸机“关照”。

第二，具有文化价值和宗教历史的城镇作为医护城市被列为非战斗地区。通常经由梵蒂冈转告后，盟军也会知悉这一情况。声明为医护城市需要撤走除医疗相关服务之外一切军事机关，正如我们在阿格亚利（Agnani）、蒂沃利、后来被宣布为不设防的锡耶纳以及阿西西（Assisi）等地所做的一样。出于安全考虑，一些传世之作从翁布里亚被带到阿西西，最后到了梅拉诺（Merano），这是我们与红十字会相互尊重的范例。

一座不设防城市的声明要完全生效，存在某些军事和外交方面的困难。我们在许多地方做过努力，但不是次次都能成功。有时解决之道是宣布一座城镇“中立”或“非军事化”，两种情况都意味着从该城撤走所有军事机构和部队，并派宪兵戒严和隔离，禁止一切军事人员进入，还需要更改交通、封闭公路。不消说，这些措施未必总能受到官兵们热心拥护，而且还会引发军事上的重重顾虑。罗马是个正面范例，它被卡瓦莱罗和巴多格里奥宣布为不设防，然后得到时任西南线总司令的我亲自确认，军队绝不踏足城内。

下令禁止在奥尔维耶托、佩鲁贾、乌尔比诺或者锡耶纳这些中世纪古镇设防意味着更进一步地解除武装。拥有举世无双的艺术瑰宝的佛罗伦萨早在1944年2月就被我们宣布了不设防。枢机主教曾请求弃守该城，但我无法从敌军那边得到类似的退让，故而未予同意。于是，连接佛罗伦萨的道路被不同类型的炸药阻断，阿尔诺河上的精美桥梁因此不幸毁于一旦。

由于及时撤军，比萨城中那家喻户晓的历史文化遗产幸免于难。

和锡耶纳一样，圣马力诺有战术意义，它是一条重要防线的中心，饶是如此，我还是宣布圣马力诺为不设防城市，此事或许能体现出我善意取舍的尺度。

在意大利北部的艾米利亚大道上，雷焦、博洛尼亚、摩德纳以及帕尔马都于1944年7月得到了“中立化”，而华美的法尔内塞剧院就位于帕尔马的皮洛塔宫殿内。当时，博洛尼亚是我军防御的关键点，市长和大主教请上书请愿，希望他们的城市被宣布为“不设防”，出于体谅，我考虑了这个要求，也制定了几套安全保护方案。多亏了第14装甲军军长冯·森格尔-埃特林（von Senger-Etterlin）将军，博洛尼亚的历史文化中心实际并没有发生争斗。在拉韦纳，我军提前解除武装，稍后平静地撤离了。威尼斯被选作意大利东部地区所有文物的汇集地。尽管海军表示过强烈反对，保全威尼斯的问题还是得以圆满解决。

随着所有军事运输改道而行和军队的撤离，维琴察实际上已经中立了。

应当地主教的请求，帕多瓦也完全解除武装，珍贵的乔托教堂以及其他文物珍品才得以保全。

按照我的直接命令，位于米兰以南的切尔托萨－迪帕维亚的修道院也得到了类似的保护。

这几个来自西南线总司令部的实例应该足以反映出德国军队做了力所能及的一切去保护意大利的历史文化。那些不了解意大利的人恐怕无法对我们付出了怎样的努力形成正确认识。不过他们可以将上面列举的这些完好无损或者只是轻微受损的意大利城市与维尔茨堡、纽伦堡、弗莱堡、德累斯顿以及其他许多德国城市两相对比，就能豁然开朗了。这对其他国家里善于思考的人们而言应该是发人深省的。

战时意大利教会和民间机构寄来的感谢信不计其数，我想摘录其中一封来自基耶蒂市（Chieti）的大主教的信：

八个月以来，我们基耶蒂的市民距离德军控制的战线只有70公里，我从未受到过德军指挥官的冒犯，凯塞林元帅及手下将领更是秋毫无犯。相反，每当我们挽救基耶蒂的城镇、挽救任何有救的事物时遇到问题，他们——尤其是凯塞林元帅总是在军事条件允许的情况下以一切可以想到的方式提供支持、伸出援手。

总结而言，基于良心，我必须做出声明，而且可以斩钉截铁地说，凯塞林元帅的态度和行为无愧于人们交口称赞。我的牧师们以及就我所知的所有正直的基耶蒂人也持相同看法。遍地战火纷飞、生灵涂炭之下，我们的镇子却幸免于难，对此我们必须感谢凯塞林元帅。我还要对京特·巴德、福伊尔施泰因和马尔策这三位将军特别致以谢意，感谢他们在凯塞林元帅的指导下在本镇所行善事，他们和元帅的名字将永远受到这里的祝福。

亲爱的拉特恩泽尔[①]，我和大主教一样，写下这些话时遵循着自己的良心。我很高兴能为证明凯塞林元帅的清白尽一份绵薄之力。落笔时我向万能的主祈祷，愿这篇证词能对法官们本着公平正义的原则做出裁判有所启发。

我的服刑

我乘坐火车从意大利梅斯特雷来到奥地利卡林西亚[②]的沃尔夫斯贝格，同一列车上还有几位为我作证的军官，但我们彼此隔离。同志们相当消沉。不过，沃尔夫斯贝格的英军司令官善解人意，将我当做一名可敬的军人待之以礼，一如对待冯·马肯森和马尔策那样。我很感激他和战俘营的官员和士兵们，承蒙他们友好体贴的照顾，待在这座“地堡”的几天才不至于度日如年。唯独某位美国上尉是个例外，此人曾是奥地利难民，铁石心肠，满脑子怨恨与报复，却拿无辜者开刀。一年后我听闻他遭到报应，到了当初被他那愤世嫉俗之心加害和打发走的可怜人之中。不过，我也永远铭记监狱里的德国牧师格鲁伯，他与人为善，有如守护灵魂的牧羊人。

沃尔夫斯贝格是一座奥地利军营，我们不再感觉自己是异类和侵入者，这里只有一群知道如何靠艺术创作、讲演和劳作来充实生活的在押犯，我们就身处这个封闭的圈子中心。我来这里没多久，一名前党卫军少校找上我，说已经打点好一切，可以助我越狱。我谢了他的好意，但是坚定地表示，绝不会落下把柄，令我的敌人相信他们对待我是公正的（对于自己的审判，我没有第二种观点），如果重获自由意味着承认自己有罪，这样的自由不要也罢。

① 我的法庭律师。

② Carinthia，今奥地利的克恩滕州。

7月4日，判给我和几位同僚的死刑被减为无期徒刑，我当时就说，名为减刑，实为严惩。这话后来也常挂在嘴上。一名英国上校曾问我何出此言。我说，不能忍受无期徒刑。对于我一个德军元帅而言，清者自清。“死于枪下”不失为军人应有的最终归宿，而以戴罪之身在监狱苟延残喘却是一种奇耻大辱。

1947年10月，冯·马肯森、马尔策和我从奥地利沃尔夫斯贝格一起被转到德国韦尔，足可见我们三人同舟共济的袍泽之谊。感觉随行护送的官员特别体恤，仿佛试图以此否定连他们也觉得难以理解的裁决和刑罚。当韦尔的监狱大门在身后轰然关闭，一股真切的疼痛袭来，仿佛硬生生与这个世界一刀两断。我们被押到副监狱长面前，对方公事公办地告知，我们仅拥有与最凶恶的重刑犯同等的特权，意思很明确：我们与那些职业罪犯相比没什么区别。

春去秋来，几个年头就在牢狱中一晃而过。到了1950年，沉闷的日子才因为待遇改善而多少有了起色。我很窘迫地发现，只有在英美两国管理方支持下，我们才能将自己的请求递交到德国当局，尤其是巴伐利亚当局，可是到了最后，经济方面的需求总能突破当局能力范围，例如，应该付给我等战犯的补贴和服刑人员的薪酬都很难发放下来。除非遇到限制令，同盟国监狱最后一任监狱长维克斯中校一直和蔼可亲。除他之外，毕晓普将军也值得一提，他的干预首次促成了后来的囚犯待遇改善。法律界人士之中，我只提一个名字：阿尔弗雷德·布朗爵士，英国高级专员[①]的高级法律顾问，无私地向我们伸出援手。而且身处必须代表的司法环境里，他作为一个负责任的法学家，明显受到内部的压力。我对一位名将的印象欠佳，他向我阴冷潮湿、条件恶劣的牢房匆匆一瞥，搁下一句评论“好极了”。

我在监狱的工作是糊纸袋，对于一个65岁高龄的老元帅而言，我的业绩相当了不起了。狱友都是正人君子（大多数人都是“战犯”），我工作和生活因而较为轻松。几个月下来，有人问我工作体验如何，我回答道：“很不错了，过去我做梦也没想到自己还可以当一个糊纸袋的工人。”

次日，体力劳动的日子到头了，随后我便接受了历史研究工作。

在一个晴朗的清晨，按照一通历时一个半小时的通告要求，我们搬到了另一片区，原因讳莫如深，我至今仍云里雾里，但很可能他们希望我们处于英方更严密的监视下，因为狱友正是英国犯人。那真是一段难受的日子，任谁同我们搭话都深受其苦，即便监狱牧师到访也必须有一位看守在场。我因监狱伙食害上胃病。妻子有一次探

① British High Commissioner，指英联邦各国之间互派的大使级外交代表或殖民地、托管领土的行政长官。

监时带来一些蛋糕和润喉糖，她将小包裹交给德国官员，后者又托一位英国官员转交，这位英国官员把东西拿到办公室，准备带给我。一名英国记者正巧在场，目睹了这串流程，于是编了一篇只能被称之为一派胡言的报道并发给报社，文章里描述说我们源源不断地收包裹，享有同英国人一样的伙食以及饱食终日云云——所谓同英国人一样的伙食，我们只有在它们每日发放给英国犯人时才得以一见，对于只能喝令人作呕又少得可怜的德国菜汤的我们而言它们好比一席盛宴。这篇报道的结果是包括负责人在内的三名英国官员被调走了。

不过，我们终究从那些日子里熬出了头。我们被安排进一栋重建的侧厅，独占一层楼及其配套的“餐厅”“休闲厅”，那一刻仿佛全新一天的曙光初露。个别国人为牢狱生涯最后一程所做的贡献表明我们能够践行基督的教义，其中威斯特伐利亚的红十字会副会长威克夫人尤其值得称道，不知疲倦的她被称为“韦尔的天使”。

另一方面，改判和减刑毫无进展，英国的官爷们顽固地维护着既定判决，对于越来越多的确凿的无罪证据和当年审判时未能提供的追加证词，他们统统不理会。即便柯克帕特里克[①]致媒体的公开信值得深思，我还是无法想象，负责任的英国业内人士会相信诉讼是合法的。英国高级专员的声明与我们对每个案件的认知相左，我们的认知虽然主观但透彻详尽。由于这些原因，经西德总理同意，我打算上书英国下议院，请求对战争罪案件在法律和整体层面展开调查，此事应由一个混合的议会制委员会实地——也就是在韦尔进行。考虑到独立议员的公正意识，我觉得这个调查委员会应该可以得出一个与法院相反的观点，应该会注意到审判档案中各种缺陷和疏漏，而且定然会就补救办法提出建议。然而很可惜，他们断了我这个念头。[②]我知道下级就算心生质疑，也必须执行上级命令，可不想不出来的一点是，我们这些德国人因为奉命行事而在 1945 年以后被判处死刑或监禁重刑。我从未找到一个合理的原因可以解释当局拒绝重审我们的案件。然而，公平正义终将取胜，即便是面临不近人情、误入歧途以及明显被煽动的公众舆论。同样难以理解的是，拿已经失去正当性和合法性的四强条约[③]作挡箭牌。无论如何，一份否定“降福于全城与全世界”[④]

---

① 指英国外交官伊冯·柯克帕特里克（Ivone Kirkpatrick），时任处理德国事务的高级专员。

② 英译本注：1951 年 7 月 15 日，凯塞林被获准假释出狱，接受比尔克勒教授操刀的手术，10 月 14 日他被特赦释放。

③ 《法德英意四国谅解和合作协定》，法国、英国、德国和意大利 1933 年 7 月 15 日在罗马签署，旨在用协商的方式调节利益冲突。因为欧洲其他国家的强烈反对，四国最终都能批准此条约。——摘自《第二次世界大战大辞典》（华夏出版社，2003 年）

④ urbi et orbi，罗马教皇祝福用语，“全城”指罗马城。

的公约绝不是有效的国际法。

1947年，死刑判决下来的一刻，我相信自己有勇气直面眼前的命运。我已经度过充实的一生，有过登峰造极的生涯。五年后的今天，我必须承认，这辈子不乏诋毁的冲击，也总有新的慰藉，汩汩如泉涌，充盈我的生命。我习惯了在每个深夜沉思这一天的得失，却从没有花时间认真审视自己，审视周遭和这个时代。现在，我尝试着做出客观评判，把我的失意当做时代积弊所致，也试图放下满腔报复与仇恨，化干戈为玉帛。尽管我也有情绪，却完全是自然而然地想要去开导那些不幸的伙伴，调和他们与监狱负责方之间的矛盾。功夫不负有心人，我们逐渐博得了新的同情，被当作活生生的凡人和军人，而不再是宣传出来的敌人。前文已经提过一些拥有足够地位，能顶住不利的大环境尽力为我们说话、改善我们生存状况的人，他们做了大量工作，胜于那些致力于让我们“洗心革面”的人，赤诚相待比莫名其妙的尝试更管用。

在我身陷囹圄几年里，发生的很多事情令这个一度身处世界舞台中心的人叹为观止。一个人越是远离日复一日的吹毛求疵，就越容易看穿表象。我若是说我们在战争中的表现达到了某种成就，那也只是陈述一个广为人知的事实，正如李德·哈特也确信的那样。可是和他的观点形成对比的是，一些来自德国人的言论和文章大相径庭，谈及德军统帅机构是何等“天才”——说得直白一点就是何等“愚蠢”，根据在于德国步兵是一群身不由己的可怜虫，任长官摆布，屡屡遭到仗势欺凌。作为一员从军四十多年，有资格声称尽管自己严厉又苛刻，却始终受到拥戴的老将，我无法理解这种新闻报道。我们固然犯下过错误，但既然我们曾在战争头几年里无往不胜，那就只能假设盟军那边还有更“浅薄无知之人”坐镇。所谓我军的训练和教育体系错得一无是处，我们必须在民主原则指引下转换思路，比如向美国陆军看齐，这些话在任何有理智的人听来肯定更加匪夷所思了。

我有幸统领过很多精锐之师，所以很清楚，如若没有官兵之间彼此立誓，与子同袍，德国军人不可能赢得一场场胜仗。每次视察前线，目睹这种团结，总能带给我莫大的喜悦。尤其令我骄傲的是，1945年投降期间，德国军人的行为举止整体上也堪称典范。当时我便认为，这是纪律、训练与和谐的指挥链的胜利。是的，我们可以改变很多事，我们可以与时俱进，吸取新的宝贵的经验教训。但是请保持我们的民族性，尊重我们的传统，警惕沦为无根的游民。

此书的写作非一时兴起，之所以最终下定决心，是希望以我的经历和见闻为留存一段真实完好的德国历史尽绵薄之力；能帮助这个世界全面看清战争的残酷。

凡事都有相对性，我这里的陈年往事向思索过它们的人印证出了这个道理。对于年轻一代，我要说的是，人生的意义在于努力为所应为，而世事无完美。古语有云，人无完人。从中我们能听出，人们对于自主的殷切需要以及切勿对他人妄加评断的警示。